里山と
地域社会の
環境史

多摩ニュータウンにおける
社会変動と
〈根ざしなおし〉

岡田航——著

新曜社

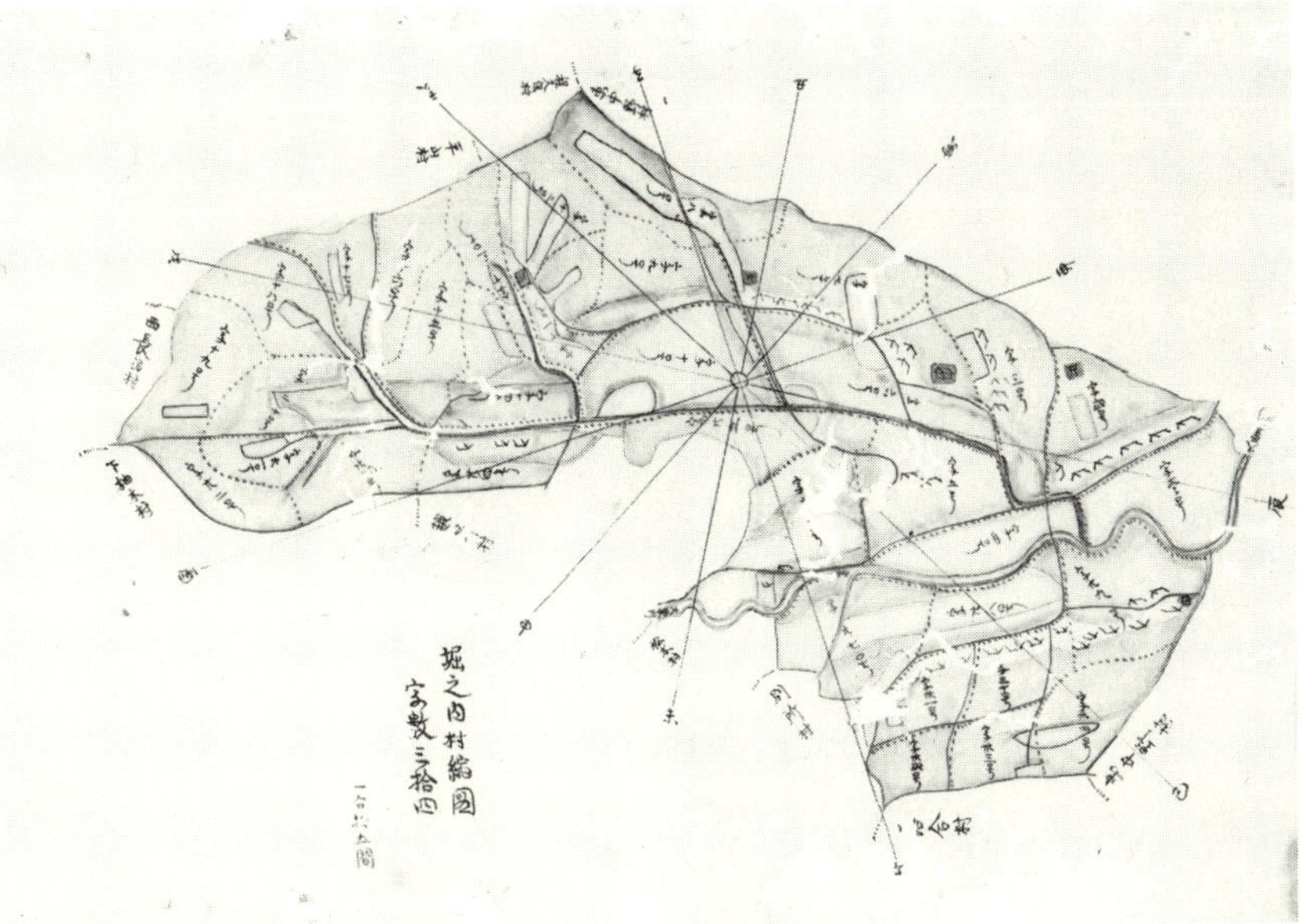

堀之内村全図（明治初期・町田市立自由民権資料館所蔵）。

芝原地区の春の田うない（田起こし）。右上の高台にみえる建物が堀之内集会所（旧誨育学校）。1960 年代、堀之内住民提供写真。

芝原地区の秋の稲刈り。いずれも現在は住宅地になっている（1970年代、堀之内住民提供写真）。

寺沢ねぎの畑と収穫作業。写真は収穫したねぎを運搬している様子（1950年代、堀之内住民提供写真）。

最後となった草屋根（かやぶき屋根）の葺き替え（1975 年、堀之内住民提供写真）。

番場地区の畑と山。現在ではニュータウン開発のために面影はない（1960 年代、堀之内住民提供写真）。

番場地区に残る畑。区画整理事業によって開発されたが、今でも住宅地のなかに畑が点在する。以下の写真はいずれも多摩ニュータウン開発後の 2010 年代。

引切地区の養蚕。蚕を回転蔟で繭にする（上蔟）。

宮嶽谷戸の秋。田んぼは里山ボランティア団体（里山農業クラブ）が耕作をしてきた。右斜面の山が旧御林の堰山。

畑を守るオオカミのお札。御岳講（寺芝講）で御師が配ったお札が祀られている。

道祖神と正月飾り。1月14日、どんど焼きが行われるので置かれている。

上寺沢の雪景色。これくらいの雪が降るのは近年では少なくなった。

明治時代から飾られる初午の旗（明治 19 年と 26 年）。作られてから 100 年以上経つ布の旗を使い続けてきた家もある。

野菜の育苗。囲いに用いられている藁は稲作によって得たもの。落葉は雑木林より集められた。

愛宕神社の夏祭りの準備。引切、番場地区の氏子によって担われている。

今でも使われる薪。この家では燃料として今でも薪が集められる。

はじめに　地域住民にとって里山と関わるとはどういうことか

自らも川崎の旧住民であるという小倉美恵子がプロデュースしたドキュメンタリー映画『オオカミの護符』『うつし世の静寂に』[1]は、大規模住宅開発の進んだ郊外都市である川崎市宮前区を舞台に、今なお農村だった時代から続く習俗を大切にしながら生きる旧住民たちの生活を映し出している。農村だった時代と比べると世帯数が約一五〇倍にもなった郊外[2]の一地区においても、竹林を丁寧に管理して特別な手間のかかる在来の技術を用いたかつての特産品である筍生産などを営む「お百姓さん」たちが紹介され、そうした生活の背景に御岳講などの講組織や、本編中で「むら」と呼ばれる地縁に根差した旧住民たちのつながりがあるというところへとストーリーは進んでいく。都市化の波が押し寄せた近代という時代に翻弄されながらも、今でも旧住民たちの精神世界にはかつての農村の姿が息づき、生活が成り立っているというのが映画のなかでポイントとなっている。

こうした農村空間を表した里山という用語が人口に膾炙するようになって久しい。林野や水域などの二次的自然環境や、それに加えて田畑や集落などの空間がモザイク状に立地している環境が生態系を豊かなものにすることを明らかにした保全生態学の進展に相俟って、自然保護活動においても環境行政においても里山保全は重要視されるようになっている。ただいうまでもなく、里山と称される環境はそこに住む人々の生活のなかで生み出された自然である。そして映画のなかでも、筍に与える肥料は雑木林で集めた落葉であるし、御岳講は山に棲んでいたオオカミへの信仰であると同時に山そのものへの信仰でもあることが映されていることからも、今の旧住民たちと里山を含む山との多様なつながりが分かる。こうした映画を観ずとも、郊外を歩けば住宅地やマンション群の間を縫うようにして田畑が点在しているのが分かるし、今でも丁寧に落葉が掃かれ、下草が刈られた雑木林を目にすることもある。

このような郊外の里山が、本書のテーマである。ではそもそも、郊外とはどのような場所のことなのであろうか。都市社会学者の若林幹夫が「現代日本の郊外論からもわかるように、「郊外」や「ニュータウン」のお定まりのイメージのひとつは、その均質性や同質性である」（若林 2007: 102）というように、郊外とは歴史性やそれに基づく共同性の欠落している場所だということが想起されやすい。実際、環境倫理学者の桑子敏雄も、「里山という空間にニュータウンが造成されるばあいに、しばしば過去の履歴は抹消されてしまう。そこでは、やはり新しい履歴がつくり出されているが、その履歴は造成の時点で断絶している。それ以前の空間の履歴はほとんど考慮されずに計画されるからである」と述べ、「では、いったいなぜ近代化のプロセスは、空間の履歴を一律化してしまおうとするのだろうか。また、多様であった地域性は、近代化の過程でどこも同じような相貌、景観をもってくるのだろうか」と問うなど、開発が進んだ現在の郊外について、均質性や歴史性の抹消という観点から批判的に捉えている（桑子 1999: 109–10）。

しかし従来の郊外論において郊外が均質的で歴史性の欠けたものとして捉えられてきたのは、これらの研究では主に団地や新興住宅街、繁華街、商工業地など、そこにあったものすべてを造成して、まっさらにした土地に作り出された場所を対象としていたからである。いうまでもなく、郊外であったとしても、かつての農村集落が都市に包摂され、混住化が進むなかで今に至っている場所もある。若林が同時に「都市近郊の農村地帯が郊外化の過程で混住地域化してゆくとき、郊外は決して均質的でも等質的でもなく、近郊農村を構成してきた旧住民たちと新たに移入してきた新住民たちという質的に異なる人びととその居住地区からなる、異質的で非等質的な社会や場所という様相を呈する」（若林 2007: 104）とも述べ、桑子も「しかし、ニュータウンの周辺では、しばしば伝統的な集落が異質な空間をつくっている。そこには、さまざまな伝承があり、また文化的な行事も行われており、古い履歴をもつ」（桑子 1999: 110）というように、その存在は一応確認されてはきていた。しかし社会評論家の小田光雄が「いつも僕は、社会学者などの研究者の方が描く郊外には不満を持っているのですが、それは郊外を、外部の目、すなわち流入人口の側に立って描いているという印象が強いからです。アメリカで言えば、アメリカの歴史をアメリカ先住民であるインディアンのほうではなく、白人の目から見ているという感覚に近いのではないでしょうか。しかしそればかりでは郊外の立体像と奥行きが見えてこない」（小田 2000: 158）と従来の郊外論を批判しているが、そうした面に深く立ち入って分析されることは近年までほとんど行われてこなかった。本書で対象としたいのは、こうした郊外化の過程で変質を余儀なくされたかつての農村集落である。

言い方によっては、かつての地域社会[4]は一面の里山だったということもできるし、生活のほとんどが里山とともにあったともいえる。そうした場所が現在、住宅やマンション、商店や工場などに蚕食されているのは、当たり前であるが高度経済成長期以来の大規模開発の結果である。郊外にある自治会や大字の名称の歴史を調べれば、中世まで遡ることができる古村を見つけ出すことも難しくはない。そこには、中世以来同じ場所に屋敷を構えてきたという来歴を語る住民もいたりする。しかしそのような永いむらの歴史のなかでも、戦後まもなく訪れたエネルギー革命と、追うように迫ってきた大規模開発の巨大な波は未曽有のものだったろうし、それへの対処方法も経験のないなかでの試行錯誤を求められたことだろう。それまで暮らしを支えるための生産の源となってきた土地は不動産という名の「資産」となり、貨幣経済の原理のもとで地価や土地にかかる税金が高騰していくなか、それを「経営」していく必要に迫られた。ひとたび開発計画が動き出せば、山は削られ谷は埋められ、住民たちが「ふるさと」と思ってきた里山の景色は一変していった。そして定住が基本であり、移住者が現れるのも数十年に一度だったようなむらのなかに、突如としてそれまでの人口の数十倍にも及ぶ新住民が流入し、コミュニティのあり方は根底から再考させられることになった。環境や価値観を含むあらゆるものがドラスティックに変わっていくなかで、住民たちはそれまで培ってきた行動原理では答えの出せない問題に判断を下し続けなければならなかった。このようななかで、地域社会における里山との関わりのあり方は、ここ数十年の間にかつてないほど変わった。生活を営む手段の多くが里山と否応なく結びついていた時代ではなくなった以上、総量として地域社会の住民たちと里山との関わりが減っていることは確かだろう。しかし、それでも冒頭のように、里山との関わりを希求する人々の思いが今でもみられるのもまた確かである。経済的にみれば必ずしも里山と関わらなくても生活できるはずなのに、である。

本書ではこの点について、彼ら地域住民にとって里山の持続とはいかなる意味を持っているのか、という問いをもとに探ってみたい。社会変動は地域社会に大きな変化を迫る。地域社会はその力に対し、時には抗い、時には変化を受容する。考えられる選択肢のなかから、より望ましいと考えた対応を取っていくことになる。けれども高度経済成長期に頂点を極めた社会変動の波がそうであったように、時として地域社会が被る影響が甚大なものとなり、それまでの地域のありようを根底から覆していく場合もある。そこで生活を続けていかなければならないのであれば、その状況を見定めたうえで生活の基盤を立て直すための選択が取られることになるだろう。いずれにしても、社会変動は住民たちに判断や選択を求めることになるのだが、そこでなされる判断や選択は重いものであるはずである。その際、それでも残そうとする里山との関わりがあるのだとすれば、それは何なのであって、なぜ、どのように残そうとするのか。換言すれば、社会変動とは、そのことに向き合わざるを得ない住民たちにとって大切にし続けたいものとは何なのかということを、平時以上に露わにさせる事象だともいえる。持続を考えるうえでこうした画期に焦点を当てる意義はここにある。

一方、近年の環境研究や環境政策においては、持続可能性概念が強く意識されたうえで里山という用語が積極的に用いられ、地域社会に有形無形の影響を与えつつある。詳しくは序章で説明していくこととなるが、里山とは持続可能な社会を創出していくためのモデルであるとして賛美すると同時に、現在では里山の持続可能性が喪失している、ないしはその危機にあるとして、新しい担い手を動員することによる再生が訴えられている。しかし生物多様性保全のような自然科学的なものであれ、地域活性化や農林業振興、文化財保全といったような人間社会にまつわるものであれ、それら自体を第一義的に目的化したうえで里山とされる空間を眼差したとしても、そこから地域住民にとって里山の持続が何を意味するかについて知ることはできないのではないか。そしてこの視点のずれが、現在里山の保全がうまくいかない大きな要因ともなっている。本書の分析は、そうした現在生じている問題点をいかに乗り越えればよいのかを示すことを目指したものでもある。

これから本書では、一つの小さな地域社会に焦点を据え、その歴史を辿っていくことを通じて、これら問題関心を解き明かしていくこととする。舞台となるのは多摩ニュータウンの一角にある地域社会。レジャーランドやショッピングモールが立地し、マンション群がどこまでも広がる国内最大のニュータウンが持つ一般的なイメージとは異なる姿がその地域社会にはある。いわば〝もう一つの多摩ニュータウン〟の姿を、これから見ていこう。

里山と地域社会の環境史——多摩ニュータウンにおける社会変動と〈根ざしなおし〉　目次

装幀＝加藤賢一

序章　里山概念の地域社会からの再検討

本書は、大都市郊外の里山と呼ばれる環境を対象にして、そこに関わってきた地域住民にとって里山の持続とはいかなる意味を持つものなのかについて考究していくものである。特にそこで社会変動が生じた際、里山との関わりが維持・再構成されるとすればそれはなぜ、どのようになされるものなのか、明らかにしていく。本章ではその前段階として、近年環境政策において推進されているものの必ずしもうまくいっているとはいえない里山保全について、どこに問題があるのか確認していく。その点を押さえたうえで、自然環境と地域社会との関係について扱った人文・社会科学研究のレビューから、本書の分析を進めていくための基本的な枠組みを示すこととする。

1　持続可能性概念としての里山

里山とは何か

環境政策で推し進められてきた里山保全とは何なのか。まずはそのことを確認していくべく、研究者や政策担当者たちの動向を辿りたい。その際注目に値するのは、そもそも里山という用語がどのように使われてきたのかということである。今では当たり前となったこの用語は、一部地域では集落近傍の林野を指す在来の言葉として使用されていたものの、それ以外の多くの場所では比較的近年になって登場した新しい用語である。

ほとんどの地域にとって目新しい用語であるはずの里山は、二一世紀に入る前後から爆発的ともいえるような広がりをみせ、ひところには「里山ブーム」とも呼ばれる社会現象になった。テレビ番組では美しい農村景観の映像が里山として積極的に放映され、行政当局は環境政策の柱に据えた。さらにそれは国内に留まらず、世界中に広く存在するという同様の環境とその利用体系を、自然共生社会のモデルとしていくことを、SATOYAMAイニシアティブと銘打って、国際的に発信されるようにさえなった。郷愁を掻き立てる田園風景や雑木林や、そこで昔ながらの生活を営む人々の〝美しさ〟が、この言葉とともに映し出されるのを多くの読者が目にしたことがあるだろう。現在ではこの用語に随伴して生じてきた様々な現象が、本書で探求しようとしている環境のあり方を決定していくうえでも有形無形の影響力を持つようにもなっている。そうである以上、この用語が有する意味について把握しておくことは避けて通れない作業である。

そもそも、里山とはどのような定義を持つ用語なのだろうか。実はこうした普及状況とは裏腹に、里山は厳格な定義がないあいまいな言葉だといわれ続けてきた[1]。そのなかで「里やま」（石井 2005）、「さとやま」（鷲谷 2011）、「サトヤマ」（松崎 1997）、「SATOYAMA」（武内 2010a）、「里地」（環境庁企画調整局里地研究会編 1996）、「里地里山」（武内 2001）、「里海」（柳 2006）、「里川」（鳥越 2006）、「里湖」（佐野 2017）、「縄文里山」（辻 1997b）などと、用語の使用者の意図に応じた派生語も量産され続けてきた。

里山という用語は、ただ実体としての自然環境やランドスケープを表すことだけを目的として使われてきたのではなく、何らかの意図を持った使用者が、それぞれの立場から様々な意味を内在させて用いてきたことに、大きな特色がある。だからこそ時代や使用者の立場によって定義が伸縮し、派生語も量産され、あいまいさを伴ってきたのである[2]。例えば古い用例でいえば、終戦直後の森林資源管理を計画したテクノクラートや研究者（法学者平野義太郎、河川工学者安芸皎一など）たちによるものがあげられる。そこでは戦中・戦後の濫伐によって災害の温床となっている山地という意味合いが里山という用語に込められ、「里山の休養」のために森林資源が残る奥地林の大規模な開発が主張されていた（平野 1946, 1948; 安芸 1949）。自然保護のため、里山の積極的な利活用が訴えられる現代の文脈とはだいぶ意味合いが異なることが見て取れよう。一九六〇年代前後には農用林や薪炭林が粗放な林野利用とみなされるようになるが、すると今度は「里山低位生産力地帯」と表象づけられ、テクノクラートたちによってその「構造改善」のための施策が進められた（科学技術庁資源調査会編 1958）。その末期の例として一九六八年から施行された、「低質広葉樹林」（藤沢 1969: 27）の高度集約化・林業生産集団化を目指した里山再開発事業がある。事業名に「里山という文学的表現」（林野庁計画課編 1971: 9）を冠した理由について、事業の実務を担った藤沢秀夫が「親しみやすい表現として用いられた」（藤沢 1969: 27）と述べていることからも、当時から里山という用語が選択される背景に、単に実体としての自然環境を説明すること以上の意味があったことは明らかである。里山について考えていくにあたっては、こうした用語の使用者の意図を見抜き、精査する必要がある。

里山と持続可能性概念との接合

では近年の「ブーム」のなかで用いられている里山にはどのような含意があるものなのだろうか。そのことについて探るため、まず里山という用語が現在のような形で普及していった、その過程と背景について確かめよう。

現在主流を占めている里山用語は、かつてテクノクラートたちが資源管理上の文脈で用いていたそれと必ずしも連続性があるわけではない。その発端は一九八〇年代にまで遡る。当時、自然保護活動の現場では、二次的自然環境の開発や利用減によって、そこで成り立ってきた生態系の存続が危ぶまれていた。そのなかで大阪自然環境保全協会（一九七六年結成）は、「大阪府民の〝ふる里の山〟、都市〝大阪〟と自然が共存する将来像を描く山ということで〝里山〟」（大阪自然環境保全協会 1983: 5）として、メディアやシンポジウム等の場で積極的に情報発信を行った。(3) 一九九〇年代以降、二次的自然環境保全を目的としたボランティア団体が相次いで結成されていくが、団体間で交流が図られ、ネットワークが形成されていくなか、この用語も急速に普及していく。現在に連なる里山用語は、自然保護団体の旗頭として生まれ、広がっていったものだった。

けれどもこの状況は、二一世紀になったのを境に再度変化する。「里山は、草の根的に使われてきた言葉」（武内 2001: i）とみなしていた研究者の間でも積極的に使われるようになり、そのなかの一部の者たちの手によって政策用語ともなっていったのである。こうした流れは前述した「里山ブーム」の加熱とも軌を一にしている。そしてその使用者たちの意図を辿ると、この頃を契機に持続可能性という理念が強く意識されながら里山が戦略的に用いられるようになったことが窺える（以降、序章の傍点はいずれも筆者による）。

それが端的に表れているのは、代表的な保全生態学者である鷲谷いづみが里山について解説した以下のような文章である。

> 里山に代表されるふるさとの自然、すなわち生活域の自然は、人々に有形無形の恵みを与えてくれる。適切に利用しさえすれば「自然の恵み」が尽きることなく、それに依存した人々の生産や暮らしが維持される。その意味で、里山は、模範的な持続可能なシステムであった。（鷲谷 2001: 14）

鷲谷が策定のための懇談会メンバーとして参画した「新・生物多様性国家戦略」は、里山の「放置」が生物多様性の「第2の危機」とされ、その解決が目指されるようになった、環境省としての方向転換が示された報告書であるが、そこでは「里地里山の保全と持続可能な利用」と題した一節が割かれ、具体的な検討が述べられている（環境省編 2002: 70–3）。また近年では環境省が中心となって、この用語をＳＡＴＯＹＡＭＡとして世界に発信していることは先ほど述べたとおりであるが、環境省はその理由として、

> わが国の里地里山のように農林水産業などの人間の営みにより長い年月にわたって維持されてきた二次的自然地域は世界中に見られますが、現在はその多くの地域で持続可能な利用形態が失われ、地域の生物多様性に悪影響が生じています。世界で急速に進む生物多様性の損失を止めるためには、保護地域などによって原生的な自然を保護するだけでなく、このような世界各地の二次的自然地域において、自然資源の持続可能な利用を実現することが必要です。[4]

と、やはり持続可能性という概念を強調して語っている。[5]これらの状況から垣間見えるのは、一部の自然科学者と政策担当者との連携のもと、里山がモデル化され、持続可能性概念と接合していくなかで、政策用語となっていった過程である。

　こうした言説は学際研究の広がりのなかで、人文・社会科学者たちとも共有される。「里山学」を提唱する環境倫理学者の丸山徳次がその定義を、

> 環境問題の解決に寄与し、持続可能な社会を追求する一環として、「里山的自然」とは何かを明らかにし、里山維持の伝統的な技法と作法を解明してそれを現在に生かすヒントを探求するとともに、現在と将来にわたって里山的自然を保全していくために諸科学（自然科学、社会科学、人文科学）が協同し、専門家と市民や行政が連携・協働する実践学、これが里山学である。（丸山 2007: 20–1）

としていることは一例だろう。

　里山という用語に魅力を感じ、積極的に用いる論者はそこに生息する生物種や生態系を守ることに使命感を持っていることは言うまでもないだろうが、その関心が自然環境の行く末のみに終始しているわけではなさそうである。実際、化石エネルギーの濫用による地球温暖化や資源枯渇といったグローバルレベルのものから、文化的景観の保全や

地域活性化、農林漁業振興といったローカルレベルのものまで、様々な課題解決の手段として里山に注目すべき理由が語られる。里山を保全し、生活の基軸に再び組み込んでいくことを通じて、近代化の弊害を克服する環境共生社会への展開が到達目標として据えられている。

すなわち、「里山ブーム」下で用いられてきた里山とは、この価値観が多分に含みこまれた理念形であると理解できる。そして、里山は文部省唱歌「故郷」とセットで語られることが研究者からも政策担当者からも目立つように[6]、〝美しい〟イメージを先行させノスタルジーを喚起するために使用されがちである。時として過剰に美化され、あたかも過去の里山で人と自然が共生してきたかのように語られる場合も少なくない。それは、あくまで持続可能な社会モデルとして里山を位置づけ、その普及啓発戦略として用語を用いているからだと考えられる。

2　なぜ里山保全はうまくいっていないのか

市民参加論とその行き詰まり

前節のような形で里山用語の展開を辿ってみると、あいまいで掴みどころのないようにみえたその用語の輪郭が浮かび上がってきたのではないか。一つは、人が利用してきた自然であり、そこに用語の使用者が考える問題が生じたため、それを解決していくことを目指して用いられてきたことである。もう一つは、特に二〇〇〇年代以降、持続可能な社会を目指していくうえでのモデルを示し、啓発していくための手段として用いられる側面が強まってきたということである。本書でもこれから、現在の地域社会にも影響を及ぼしている、このような含意のある用語として里山を扱うこととする。

これらの視点は一見すると、「はじめに」で取り上げた、郊外地域の住民の生活と親和的であるようにもみえる。

郊外地域の生活に著しい影響を与えてきた従来の開発や近代化のあり方を省みたうえで、こうした方向性を尊重した社会像を模索していくことは大きな流れでいえば重要であることは間違いない。しかし里山の名のもとに理念化されたうえで進められている実践が現在うまくいっているかといえば、残念ながらそうとは言い難い。

確かにこうした理念を内在させながら運動や政策、研究を展開させていくことによって、里山と呼ばれる環境の保全が一定程度の成果をあげてきた面はあった。しかし近年露呈してきたのは、それが次第に頭打ちとなり、うまくいかなくなりつつあるという現実である。

「都市近郊里山という視点は、21世紀の日本社会に対して、新しい持続可能な仕組みと社会的価値を提供する」と主張する環境経済学者の嘉田良平が、「現代社会において求められるのは、社会的な関係価値に基づいて組織され運営される「新たなコモンズ」である。そのためには、新しい担い手、新しい資源利用方式、そしてそれらを支えるべき政策の転換が不可欠」（嘉田 2011: 225）と述べるように、里山保全を進めようとする論者たちは、里山とされる環境において、そこを歴史的に利用してきた地域住民たちが管理放棄するようになったことが、その持続可能性を危ういものにしているとして、管理の担い手を代替ないしは補強することで環境保全を目指すことを構想する。そしてその担い手の中心として「期待」を集めてきたのは、地縁に縛られず超地域的に集う市民ボランティアたちだった。この潮流のなかで造園学、景観生態学、生態工学等の研究者たちは市民参加の促進に力を注ぎ、そのための技法を模索してきた。彼らは里山保全に参加する市民の数が慢性的に不足しているとみており、「圧倒的に多い無関心層をどのように環境形成の主体として巻き込んでいくか」（木下 1997: 219）という考えのもと、ボランティア活動の実態の把握をはじめとして、活動に市民が参加しやすくなる条件や活動を行うことによる参加者のメリット等を長年検討してきた。(7)

しかし、このような目的を実現するべく市民ボランティアを安定的かつ十分に動員できそうな見通しは今日でも立っていない。それどころかむしろ近年では、市民参加が進められた現場において活動を行ってきた、団体のメンバー自身の高齢化が問題視されるようになってきている（松村 2019）。かつて急増していた団体数が大きく伸び悩むようになっただけでなく、市民参加による植生管理に当初から関わってきた第一世代が高齢となり活動から引退していくなか、後継者がおらず存続の危機が顕在化している団体が増えているのである（特定非営利活動法人森づくりフォーラム 2019）。里山の持続可能性の構築を名目として進められてきた、「新しい」取り組みであるはずだった市民ボランティア活動が、早くもそれ自体の持続が立ちいかなくなっているともいえる状況が、現在の里山には現れている。

現場に降りかかるポリティクス

ではなぜ郊外において、里山という用語で形容されてきた環境の保全は頭打ちになっているのか。ここからはその疑問に対して、二つの点から答えを考えてみたい。一つ目の着眼点は、こうした研究者や政策決定者たちが抱く「期待」をもとにして実施されようとする動員が、ボランティア参加者へ及ぼす問題である[8]。

市民ボランティア活動の行き詰まりは、それを推進してきた研究者の間でも共有されており、渡辺真季らは「これ〔ボランティアの高齢化や後継者不足〕を解決するためには、これまでのように意欲の高い地域有志だけではなく、より多くの一般市民が緑地保全の活動に関わる仕掛けが求められている」として、「活動に参加していない一般住民への効果的な働きかけの方法を考案するべくその意識調査を実施している（渡辺ほか 2015: 2545）。高瀬唯らもそのことを踏まえて「誰もが参加しやすい緑地保全の仕組みづくりが今後一層求められ、参加者確保と多様な市民参加実現のための具体的な方針を緑地計画に入れこむことが重要」（高瀬ほか 2014: 553）といい、保全活動の現場において参加者確保や定着が進まない要因を取り除くことによって問題解決を図ろうとする。ただこれらの検討も含め、高齢化や後継者不足が顕在化してきた現状に対してもなお新たな参加者を呼び込み定着させることで問題解決を図ることを目的に置く志向が強いことには変わらない。そしてそのような研究の方向性は、「市民による環境保全活動の推進に取り組んでいる」（高瀬ほか 2014: 553）政府の政策動向に呼応したものだとされたりする。

これに対し、従来の里山保全における市民参加アプローチを批判的に捉えてきた環境社会学者の松村正治は、市民ボランティア活動が行われているいくつかの都市公園を事例地として活動への参加動機を調査し、生物多様性保全それ自体が動機になっているわけではなく、「里山において社会福祉サービスが提供されている」（松村 2007: 152）ともいえる多様な動機のために市民は里山に集っているのだということを示した。にもかかわらず政策レベルにおいては自然科学者が考える保全像が取り入れられて影響力を持ち、そのあり方が水路づけられてしまう実態があり、その力が市民活動に及ぶため、参加者が得られる可能性のあった多様な社会的福利が捨象されかねない現実を「生態学的ポリティクス」（松村 2007: 149）という概念から問題視している。それだけではなく、市民が里山保全のための協働のパートナーと「期待」されている一方、透明性の高い意思決定の手続きや、少ない費用で高い環境保全効果が求められることによる新自由主義的な統治術が浸透していき、保全を担う市民がそこから得たいと考えていた豊かさが損なわれているありさまを「環境統治性」として指摘する（松村 2013）[9]。

このような指摘からは、研究者や行政機構が、自分たちが抱く価値観の担い手としてボランティアに参加する人々へ自らの論理をもとに「期待」をかけ、それを前提として市民参加を求めることの危うさが分かる。そのような「期待」を前提として、参加者を大量かつ安定的に動員していこうとする方向性自体に、現在の里山保全をめぐる行き詰まりの背景の一つがあることが見え隠れする。

里山をめぐる主体間のすれ違い

二つ目の着眼点は、長年里山をめぐって生じがちだったすれ違いである。ＳＡＴＯＹＡＭＡイニシアティブの主唱者である武内和彦の「都市と里地里山の望ましい関係づくりは、都市全体の生態系再生に貢献するであろう。それはまた、地方自治体、企業、ＮＰＯ、市民など、さまざまなステークホルダーによって管理される「新たなコモンズ」

の創造にもつながる」（武内 2010: 9）との言に代表されるように、里山に注目を寄せる研究者たちは、多様な主体間のパートナーシップの構築を通じた保全を理想視していることが多い。

しかし、実際の市民ボランティア活動の現場に足を踏み入れてみた時、参加するための垣根を取り払って多くの主体に開かれたはずの里山に、歴史的にそこを利用してきたはずの地域住民たちの姿がほとんどみられず、みられたとしても関心を共有するごく限られた個人の参加に留まっているのもまた、よくある光景となっている。だからこそ市民参加を推進しようとする立場からは「活動に参加していない一般住民への効果的な働きかけの方法」（渡辺ほか 2015: 2545）という問題関心が出てくるのだろう。

このような里山保全が行われている現場において生じやすい問題について、哲学者であると同時に、森林ボランティアの中間支援活動を行うＮＰＯ法人の代表理事を務める内山節は、ある里山保全団体が開いた講演会の場で、里山保全において地権者たちとの信頼関係を築くうえでの突破口になるものは何かと質問された時、次のように答えている。

〔里山保全の担い手たちは、〕時にはごみ捨て場となっている里山があるとき、何とかこれを保全しようと考えます。これは当然なことなのですが、里山とともにある暮らしというのは、すべてのものがそれに絡まっているのです。自分たちの人生の大半を過ごす場所として、すべてが絡まっているのです。（内山 2001: 92）

やや抽象的な言だが、以下のような解釈も可能だろう。すなわち里山保全の担い手たちは地域社会のなかに「荒廃」した里山があった時、そこだけを切り取ってその問題性を主張し、保全を考えがちであるが、地域住民たちの目線に立てば、里山の現状とはマクロな社会情勢からミクロな地域内での社会関係までを含めた、ポジティブな面もネガティブな面も混じりあった総体のなかにあるのであり、それだけを改善すべきネガティブなものとして切り出して考えられるものではないということである。そして同時に、地域社会の環境改変の結果を引き受けるのはそこで生活する住民なのであり、超地域的に集い、何か不都合が生じればそこから離れることもたやすい里山保全の担い手たちとの間にある非対称性を乗り越えない限りにおいては、両者のすれ違いは埋まらないままだということにもなろう。そのように考えてみると、すれ違いが起きているのは、住民の意識が低いからであるとか、里山に対して無関心だからというわけではないということになる。

にもかかわらず、これまで里山保全が考えられる際、多くの場合地域住民たちは地権者（地主）としての側面がクローズアップされ、里山保全の推進のため、地権者にいかに協力してもらうかが到達目標として語られがちだった[10]。それは地価が高騰し、土地所有に関して税制面でもシビアな状況にある大都市郊外であればなおのことである。だがそこでは、制度整備等による地権者への経済面の支援・補償が考慮されたとしても、内山が「自分たちの人生の大半を過ごす場所として、すべてが絡まっている」と語ったような、総体としての生活の充足をいかに支えるかという視点が語られることはほとんどなかった。

こうした視点の欠落のために生じた環境ガバナンスの失敗を論じたのが平井勇介である[11]。平井はある都市近郊平地林で実施されている自然再生事業において、地権者たちが事業に一時「条件つき賛成」の姿勢を示したにもかかわらず、事業の協議会がそれを顧みず、最終的に決裂してしまった事例を取り上げた。平井は産廃処分場に土地を売却・貸借した地権者と平地林を守ってきた地権者との間に生じた経済的・心理的格差に起因した緊張関係が生じており、平地林に対する様々な意見があるなかで案はまとめられたものであることを明らかにして、それを軽視した自然再生事業におけるガバナンスの不全を炙りだした（平井 2014）。これなどは、内山の語りを実証的に示した一例であるといえよう。

3　本書の問題設定

地域住民の立場から里山を考える

前節でみえてきたことの要点を簡潔にまとめれば、里山と呼ばれてきた環境において現在生じている行き詰まりの根源に、大局的な理念をもとに形作られた研究や政策と、実際の自然を取り巻く状況との間のずれがあるのではないか、ということである。そのずれとは、前者の例でいえば研究者や政策担当者が想定する理念や目標をもとに市民の動員が図られているために、そうした目標が現場を拘束するポリティクスとして降りかかってくることにつながり、活動に携わる者が当初思い描いていた豊かさを果たせなくしているというずれであり、後者の例でいえば市民参加や協働が持続可能な里山の復権のためのモデルとして重視される一方、歴史的にそこを利用してきた住民たちが持つ論理が十分汲み取られてこなかったというずれである。環境社会学者の宮内泰介は、環境問題の解決を目指した取り組みが進められるに際しては政策や制度、または研究者や政策担当者の理念といったものと実際の現場とのずれが生じがちであり、それが問題解決を困難にしたり、別の問題を生んだりしていると指摘しているが（宮内 2013）、里山においても同様の構図に嵌っているのである。

このような論点を敷衍すれば、行き詰まりを打開していくためには、そもそも里山とはどういうものなのかということを、実際にそこを利用してきた住民たちの視座から再考していくことが必要不可欠だという点に行きつく。「今日の里山論が都市や研究者の側から提起された里山論であり、村の側から発せられた里山論ではなかった」とする内山（2006: 18）の言を借りて端的に述べるならば、「村の側」に立脚した「里山論」とは何かということを問う、ということにもなるだろう。

加えてこの立場性は、里山という用語の背後に潜み、その用語で語られる環境に影響力を強める持続可能性概念について考えるうえでも重要になってくる。福永真弓は、持続可能性概念[12]に強い統治性があり、「環境、生物多様性といった、ほかの規範性をもち権力性を帯びる諸概念の正当性を支える上位概念として働く」ことを看破する（福永 2014: 78）。里山が持続可能性概念と接合しながら政策用語となっていった過程を考えれば、この指摘は実に示唆的である。松村の例示も、この統治性が現実に機能していることの一端だといえるだろう。福永はさらに、そこに携わる研究者や学問をも無自覚のうちに絡め取り、統治の力を強める道具と化すことで、「人びとの生の脆さを増大させ、排除と抑圧をもたらしうる」、「現場にある個別具体的な文脈の豊饒さや、生を営むために発露する人びとの創造性、それらがもつ可能性をなかったことにしてしまう」ことに与する恐れがあると述べる。そして研究者がその論理に絡め取られず、「サステイナビリティと呼ばれる空虚な概念を現場から埋めていく」ために、「現場と《〔ママ〕》（その人びと）に「よりそう」」ことが重要であるとする（福永 2014: 89-90）。

他方、里山と呼ばれる環境を地域住民がどう利用してきたのかについて突き詰めていくことは、実際の里山の持続を考えることにもつながる。長い歴史のなかで、里山を利用し続けてきたのはほとんどの場合地域住民だったことは言うまでもない[13]。持続可能性を担保したポストモダン社会や生態系保全のあり方を構想していくにしても、理念が先走り、しかもそれが現場の実情とのずれを生じているようであるならば、その構想自体が失敗に帰す可能性が高まるだけでなく、そうした構想のために豊かさを失う人が出てくる状況を生み出す恐れすら孕んでしまう。むしろ、現実の地域社会において里山が持続してきた過程を掘り下げ、住民たちは持続というものをどのようなものとして認知し、未来を見据えるなかでどのようにそれを持続させることを求めてきたのか。その際あったであろう、苦悩や葛藤、亀裂も含めて肉薄していくこと。そのうえで、そうした人々の思いを汲み取り、支えていくためにはどうすればいいのか考えていくことこそが、前提条件として欠くことができない作業となるのではなかろうか。

多様な関係によって成り立つ地域住民の自然観

ではそのことを探っていくためには具体的にどのような枠組みから分析すればいいのだろうか。先ほどからたびたび取り上げている内山は「持続可能な社会とは何か」という問いに対し、「それは関係の持続がめざされる社会のことであろう。自然と人間の関係の持続、人間と人間の関係の持続である」と答えている（内山 2000: 39）。この言葉をヒントとして考えてみたい。

ここでいう関係とは何だろうか。内山は別の論考で「自然の無事」という概念を提起しているが、そちらでより詳しく説明されている。内山は自身が居住する山村の住民たちが「自然を客観的対象としてとらえて、人間が自分たちの外にある自然という対象を保護する」自然保護的な発想をせず、私も自然も村も「同じ世界のなかで相互に関係をもちながら生きているという感覚」を持っていることに気づく。「私の無事」が「自然の無事」「村の無事」と不可分なものとして一つの時空のなかに成り立つ「相互の関係性の無事」こそが、村での生活の安定につながっているというのである（内山 1998: 47-8）。これをもとにして考えるならば、「村の側」から考えた里山とは、単に山林や草原、水域等の二次的自然環境にも、それらがモザイク状に配置されているランドスケープにも留まるものではないということになる。里山という用語の中核をなしてきた、人が自然を利用するとは、これらと不可分の関係のもとに成り立ってきたのである。そうであるならば、里山と呼ばれる空間を取り巻くこれらの関係を実証的に分析していくことが、地域住民にとって里山がいかなる意味を持つものなのかについて把握するうえでの要点となりそうである。

この、関係という枠組みから「農山漁村の人びとの精神の底に流れていた資源観、自然観」（嘉田 2001: 274）を考察してきたのは内山だけではない。これと親和的な着想に、土地所有をめぐる議論を新しい形で展開させた環境社会学者の鳥越皓之や嘉田由紀子、藤村美穂らの研究がある（鳥越 1997; 嘉田 2001; 藤村 1996, 2001）。鳥越らは、「「むら」において、人々が周囲の自然とどのようにかかわってきたのかを、〈人－自然〉および〈人－人〉関係の成り立ち方という次元で考察」（藤村 1996: 71）することを通じて、農山漁村における人と自然の関係とは、同じむらで生活する周囲の人との関係から切り離して考えることができないという発想に行きつく。そして土地利用や処分も法的な枠組みではなく、その関係性をもとに決まっているのだとする。すなわちある者がある自然に対してどのような形で働きかけることができるかということも、農山漁村では法的な土地所有者かどうかということ以上に、周囲の人たちとの関係がものをいうということである。鳥越らはこうした「土地所有の二重性」ともいえる在地的な所有実態を「総有」と呼び、時に強大な力として作用し環境問題や景観問題の淵源ともなってきた、近代的土地所有権の相対化の糸口を見出そうとした。

内山のいう「村」を、むらで生活する人々と置き換えれば、実証研究に基づいた鳥越らの論が、やや抽象的な感のある内山の論に輪郭を与えるものだということが分かる。鳥越らは、最終的な問題関心を近代的土地所有権の相対化に向けているため、自然をめぐる関係の分析も土地所有に関連するものに集中している。けれども実際には、そうした関係性がもとになって住民たちの行動様式が決まったり、自然の利用体系として反映されたりするということは、生活のあらゆる場面でみられたはずである。それぞれの論を総合すれば、地域には無数の、人と自然の関係および人と人の関係が、分かちがたく結ばれた形で根差されており、それがその場所での生活の安定、すなわち「無事」につながっているということになるだろう。

本書の分析手法

一方で本書の問題関心を解き明かしていくには、こうした先行研究をそのまま援用するだけでは到達できないことも確かである。なぜなら、内山も鳥越らも、研究対象としてきたのはあくまで農山漁村だからである。一般的に考えれば、それは郊外社会になじみにくいものだろうと想定される。大規模開発を伴う都市化は林野や農地それ自体を大幅に消失させていくものである。地権者の流動化や地価の上昇も招き、土地が不動産として強く意識されるようにする。そして大量の人口流入は基本的に代々同じ土地に定住してきた住民が集まり、お互いの顔や素性も理解できていたむらのあり方も変容させていったことだろう。地域住民にとって里山がいかなる空間なのかを郊外において理解するためには、そのような状況を踏まえたうえでの分析枠組みを考えていく必要がある。

とはいえ農山漁村であっても、歴史上、地域のあり方を大きく変えていく社会変動は少なからず起こってきた[14]。にもかかわらず内山が「無事」だと実感されている姿を見出せたのだとすれば、そうした社会変動が起きたとしてもそこに根差された関係が維持されてきたか、たとえいったんは崩れたとしても、崩れた関係が再構成される営為があり、「無事」だと実感できる状態を回復した過去があったからなのではないか。「自然の無事」も、そのことを支える様々な関係も、静的に存在し続けてきたわけではない。そうだとすれば、地域住民からみた里山の持続を考えていくためには、それを取り巻く関係に変化が生じた、あるいはそうなりかねないような社会変動が降りかかった局面に着目することが重要だといえるのではないだろうか。

そこで本書では、この再構成の過程を〈根ざしなおし[15]〉と表現したうえで分析を進めていく。そして里山の持続とは、長い歴史のなかにおける関係の〈根ざしなおし〉の積み重ねだと措定したうえで、社会変動が降りかかった時点に着目し、そこで行われてきた〈根ざしなおし〉の過程について丹念に掘り下げていくことを通じて、里山の持続とは何かを析出していくことを目指す。

そのために、ここまでみてきた先行研究をもとに、次の二点に焦点を当てて分析を行っていく。一つは「人‐自然関係」である。これは人が自然に直接働きかけることにより成り立っている関係性を意味する。その関係性は、生活を送っていくなかで必要となる資源を確保するような動機とか、農業生産のような経済的な動機によって生まれることもあるが、自然を利用することによって楽しみを享受する、幼少時より働きかけてきた自然への愛着、自然そのものに対する信仰など、非経済的な動機によるものも含めた多面的な関係性である。それがある状況においては経済的な動機が高まることもあろうし、状況が変わり経済的な動機が後退しても、非経済的な動機がむしろ強まるということもあるだろう。

なお、ここでいう自然とは林野や水域のみならず、農地まで含めたものとする。林野を開墾し、栽培作物を耕作する農地は、ある意味でいえば本来の自然を喪失した場所であるともいえるかもしれない。しかし林野や水域であっても、人が自然に働きかけてきたことには変わりはなく、里山と呼ばれる環境もその結果成立したものだとされる。ゆえに、ある自然への働きかけの程度や内容の違いが、そこを林野にしたり農地にしたりしていると考える方が、本書の論旨からいえば適切だといえる。また国内の農山漁村では、林野だった場所を開墾して農地とするだけでなく、農地を放置、ないしは植林することで林野とすることも、当たり前のように行われてきた。住民たちの認識のうえでは、農地も林野も、地域空間のなかで連続的・一体的なものとして捉えられてきたと考えることもできる。

もう一つは「人－人関係」である。先ほど触れた鳥越らの研究からも分かるように、人はただ個々人が自然を利用したいと思っただけで利用できるわけではない。周囲の人間がその自然に働きかけることを承認しているからこそ「人－自然関係」が成り立っていることもあれば、むらのようなコミュニティの慣習をもとにして成り立っていることもある。自然を利用した遊びであれば、ともに遊ぶ人がいてこそ成立するものも多いだろう。人と自然の関係だと思っていたものが人と人の関係ともなっていることは、在地的に行われてきた自然利用においては一般的である。あるいは、むらの成員になるうえでの義務として、道普請や堰さらいのようなその地域の環境管理に携わることもあろう。これなどは、「人－人関係」を成り立たせようとしたら「人－自然関係」に突き当たった例である。内山のいうように、農山漁村において両者は不可分だったのである。

さらにいえば、こうした関係性は、現在同じ地域社会で暮らしている住民同士のみに留まる関係ではない。かつてその土地で自然と関わってきた先祖との関係でもあり、同時に将来自然と関わるであろう子孫まで含めた関係でもある（藤村 2003）。人が自然と関わるとは、その土地に息づく歴史や未来と関わることでもあるのである。

社会変動は、自然をめぐるこれらの関係性に影響を与えたはずだということは、先ほども述べた。土地に根差された関係の「無事」が危うい状況になるわけである。それでは人々がそこから関係の「無事」を再構成するとしたら、どのような過程を経て再構成されるものなのか。「人－自然関係」および「人－人関係」の再構成の過程を〈根ざしなおし〉としたうえで、人々がなぜ、どのように〈根ざしなおし〉をするのか、辿っていくのが本書のこれからの作業となる。

そして本書では、一つの具体的な大字に事例を絞り、通時的な研究を行っていく。そもそも里山がいかに持続されてきたのかについて理解しようとするならば、時代ごとに異なる場所の出来事を比較したとしても把握できるものではない。それぞれでなされた判断も、自らの経験や過去にその土地で生きていた人たち、さらにはかつてそこにあった自然との関係性も多分に意識されたうえで決められてきたに違いない。そうである以上、里山の持続の意味を探るためにはそのことを把握できる通時的かつ一つの地域社会に絞った調査手法を取ることが重要な意味を持ってくる。

本書が対象とする大字は江戸時代の幕政村であり、町村合併により大字となった明治時代以降も、代わって組織された自治会によって成り立ってきた。入会林野のようなローカルな自然利用の基盤となってきたのも、歴史的にむらであったことが多い。そして本書でこれからみていく事例からも分かることなのだが、地域住民たちが里山とされる環境と関わっていくうえで常に意識されるのも、この単位なのである。本書が大字に焦点を当てる理由はここにある。

少ない事例地を掘り下げることにより簡単にはみえてこないディテールに迫るのが質的社会調査の強みであるとはいえ、ここまで小さな単位のみをもとに、長いタイムスパンを掘り下げた研究は決して多くはない。もちろんこうした手法からは、普遍性の担保についてどう考えるのかという問題も出てこよう。けれどもあえてこのようなやや特殊ともいえる調査手法を取り、個別性のなかから普遍性をも見出していく研究があることも重要であるはずである。「ミクロコスモス」と譬えられるように、このような調査を進めていくと小さな地域社会のなかであっても比較するべき多様さがあることが見出せる。そのためにはそこで暮らす人々を取り巻く複雑で重層的な社会関係、人々が地域社会やそこにある里山と関わるなかで刻まれてきた精神性や身体性、人々がこれまで生きてきたなかで抱いた葛藤や生きがいなどの総体にでき得る限り迫っていくことが必要となってくるが、それは個別具体的な対象を徹底的に掘り下げることによって可能になるはずである。本書では、住民同士や地域のなかにいくつかある住民の集合体である小字同士、そして過去と現在とを比較することで、設定した問題関心に答えることを目指していく。

住民たちはそれぞれの時代のなかで、地域に降りかかる社会変動といかに向き合ってきたのか。そのなかで〈根ざしなおし〉が行われてきたとすれば、住民たちは何を望み、そのなかで大切にされてきたこととは何だったのか。そこで時代を超えた共通するものがあるとすればそれは何なのか。農業生産や生活資源の採取を主な目的としていたかつての里山利用と、近代化の進展のなかでそれを行う必然性がなくなった現在の里山利用とでは、表出している利用形態のみから比較すれば別物のようにみえる。過去と現在とを比較していくなかでそれらの底流に共通点があることが浮かび上がってくるならば、それこそが地域住民にとっての里山の持続とは何かという問いに迫るうえでの重要なポイントになるのではないか。これから本書では、そのような観点から分析を行っていくこととする。

4　事例地概要とここからの本書の構成

本書では、東京都八王子市堀之内という場所において起こった、五つの事例をもとに分析を進めていく。堀之内は東京西郊の中核都市、八王子市の東南部に位置する、現在の面積二・五八六平方キロメートル[16]の大字である。現在は八王子市の一部であるが、一八八九（明治二二）[17]年までは堀之内村という独立した村だった。同年施行された市制町村制のため周辺一〇ヶ村と合併されて以降、その際成立した由木村の大字となり、一九六四年の由木村と八王子市の合併により現在に至っている。そのため八王子市の一部といっても、かつての宿場町である市中心部とは野猿峠（猿丸峠）を隔てて七キロほど離れており、長年異なる文化圏を形成してきた。域内には、日影、番場、引切《ひっきり》、芝原、上寺沢、中寺沢、下寺沢という七つの小字（集落・ネガラ）がある。

写真序-1　多摩ニュータウン開発直前の堀之内の遠景（1960年代）
堀之内住民提供写真。

堀之内が位置するのは多摩丘陵の一角である。東京都西南部から神奈川県にかけて広がる多摩丘陵は、里山を論じる研究者たちから高度経済成長期の大規模開発のために里山が「消失」した場所の代表例として扱われてきた。[18]そして彼らのいう里山の大規模な「消失」の最大の要因が、多摩ニュータウン開発である。堀之内も、大部分で多摩ニュータウン開発が進み、地域社会は甚大な影響を受けてきた。

多摩ニュータウン開発前の堀之内は農村だった。ひだのような丘陵の谷戸には数多もの湧水地があり、その流れは川となって、最後は堀之内を東西に貫流する大栗川《おおくりがわ》[19]へと注がれる。この豊かな水が、土地の高い農業生産性を支えていた。水域にはかつて、ギバチ、ウナギ、コイ、ハヤ、フナ、ナマズ、ドジョウ、オババドジョウ[20]などが生息しており、ニュータウン開発が始まる直前まで「ウナギやフナはいくらでも獲れた」という。山はその大部分がマキヤマとされ、立木は日常生活を送るうえで欠かせないエネルギー源として、落葉や下草は農業用の肥料として採取された。また堀之内ではメカイ[21]が地域の特産品として盛んに生産されてきたが、この原料となっていたのが山に生えるシノダケ[22]である。シノダケが隅々まで刈り尽くされた当時の山林は明るくきれいだったという。[23]堀之内の住民たちにとって自然は、生活を営むうえで欠かせない資源だったのである。

住民たちにとっての自然の意味は、単に生活資源としての利用に留まらない。山も川も、子どもたちにとってはもちろん、時には大人たちにとっても格好の遊び場だった。墓地や屋敷神は山にあるという家が多く、お盆に「ご先祖様」を迎え、送り出すのも山だった。

けれども前述したとおり、地域住民の自然との関わりは、同じ様式のまま静態的に存在し続けてきたものではない。例えば今生きている住民は、開発前の堀之内の山を一面の山林として記憶しているが、さらに前の時代にはそこに草地が散在している景観が広がっていた。メカイが地域の特産品として確立され、シノダケの大量採取が始まるのも明治時代以降のことである。自然との関わりのあり方は、時代状況に応じてたびたび更新され続けてきたのである。そして歴史を遡ってみれば、多摩ニュータウン開発以前の堀之内にも、土地に根差された様々な関係を切断しかねないような社会変動が、幾度となく降りかかってきていたことが分かる。自然との新しい関わりのあり方が生成されてきた背景には、こうした外部社会からの影響とのせめぎ合いの結果が少なからずあった。

写真序－2　現在の大栗川

直線化、三面コンクリート化されている。写真右に合流点のみ見える別所川（谷戸川）をはじめ、寺沢川、小池川（勝負沢）といった支流にいたっては暗渠化され、視覚上どこにあるかさえ分からなくなっている。

これから本書では二部構成で論を進めていく。まず第Ⅰ部として、堀之内の歴史のなかで、土地に根差された関係を揺るがす社会変動が降りかかった時代について取り上げる。第一章では、近世の堀之内村に焦点を当てる。それ以前の政権と比して著しく中央集権体制を強めた徳川幕府の思惑により、様々な政策・制度が村に降りかかってきた時代である。新田開発の号令のもと、自然の姿も大きく改変していき、村のコミュニティ自体にも分断が生じさせられていく。そのような時代のうち、本章の舞台となるのは幕末である。幕府の新たな政策のため、村に残された草地も新田開発することが迫られる。村は強く抵抗していくこととなり、いくつもの手段が講じられた末、最終的に草地を守ることに成功する。

第二章でみていくのは明治時代の堀之内村である。明治新政府が主導する強権的な近代化政策は、再び村に大きな社会変動となって押し寄せてきた。社寺林や、村の知行主であった旗本から事実上の入会林野として認められてきた御林など、村の生活を成り立たせてきたいくつもの林野が公有地として囲い込まれた。近代的教育制度整備のなかで求められた小学校建設や運営の費用は村の財政の大きな負担となった。村はこれらの問題に対処するべく奔走するが、そのなかで編み出されたのが学校林という、それまでの村の歴史のなかでほぼなかったとみられる、財源としての林野利用だった。他方でこうした新しい林野利用が土地に根差されたものとなるのは簡単でなく、紆余曲折があったことも見て取れた。

なおこのような歴史研究は文献史学が中心的な役割を担ってきた。詳らかな歴史的事実の解明・確定の作業に力点を置く文献史学の研究手法に対し、本書の手法は現代社会に生じた問題を考えるために歴史を含めて分析するというものである。本書の分析にあたっても、史資料の読解をもとにしているが、分析手法や文章表現の点で一般的な歴史研究と異なる点も多いことだろう。それらはこの立脚点の違いに基づいたものである。

そして第Ⅱ部では、高度経済成長期から現在に至るまで、多摩ニュータウン開発に伴う社会変動を受けてきた堀之内についてみていくこととなる。多摩ニュータウンは一九六五年一二月二八日に都市計画決定された国内最大のニュータウンである。現在の稲城市・多摩市・八王子市・町田市にまたがり、東西一五キロ、南北五キロにも及ぶ。面積は二八八四ヘクタールとなっており、二〇一八年一〇月時点での総人口は二二万四一〇五人となっている。高度成長のなかで生じた都心部への著しい人口集中は、深刻な住宅難の発生につながった。時の行政当局は膨大な人口を吸収する場所を確保するため、まだ当時農村だった近郊地域に目をつける。そのなかで首都東京の人口を収めるべく、最大規模のニュータウンとして建設されたのが多摩ニュータウンである。都市計画決定から半世紀以上経た現在では京王・小田急・多摩都市モノレールの三路線が乗り入れ、住宅地のみならず、いくつもの大学キャンパスや大企業の本社から、サンリオ・ピューロランドのような大型レジャーランドまで整備された、国内を代表する郊外都市としてその名が知られるようになっている。
　多摩ニュータウン開発を経て、堀之内を取り巻く環境は大きく変わった。そのことを端的に示すのは急増した人口である。堀之内の人口は明治初期の一八八四年段階で一一〇世帯五五〇人、それから約七〇年後の一九五八年には一二六世帯七八〇人と長年漸増傾向に留まってきた。ところが一九七〇年代以降人口の急増が始まり、二〇二〇年末時点では三九五〇世帯八二四六人と、半世紀あまりで人口は約一〇倍、世帯数は三〇倍以上にまでなっている。一八六八（明治元）年から一九四五年までの間、他地域から堀之内に移住してきた世帯は、一時滞在者を除けばわずか四世帯のみだった。時に分家を興しながら、何代にもわたって同じ場所に定住し、外来者の転入は少なかった、国内の農村の典型的な住民構成がかつての堀之内にはあったのだが、現在ではその構造は根底から変わっている。サラリーマン世帯のベッドタウンとして、上京した大学生の下宿先として、堀之内は様々な来歴を持つ人々が集住する場所となっている。

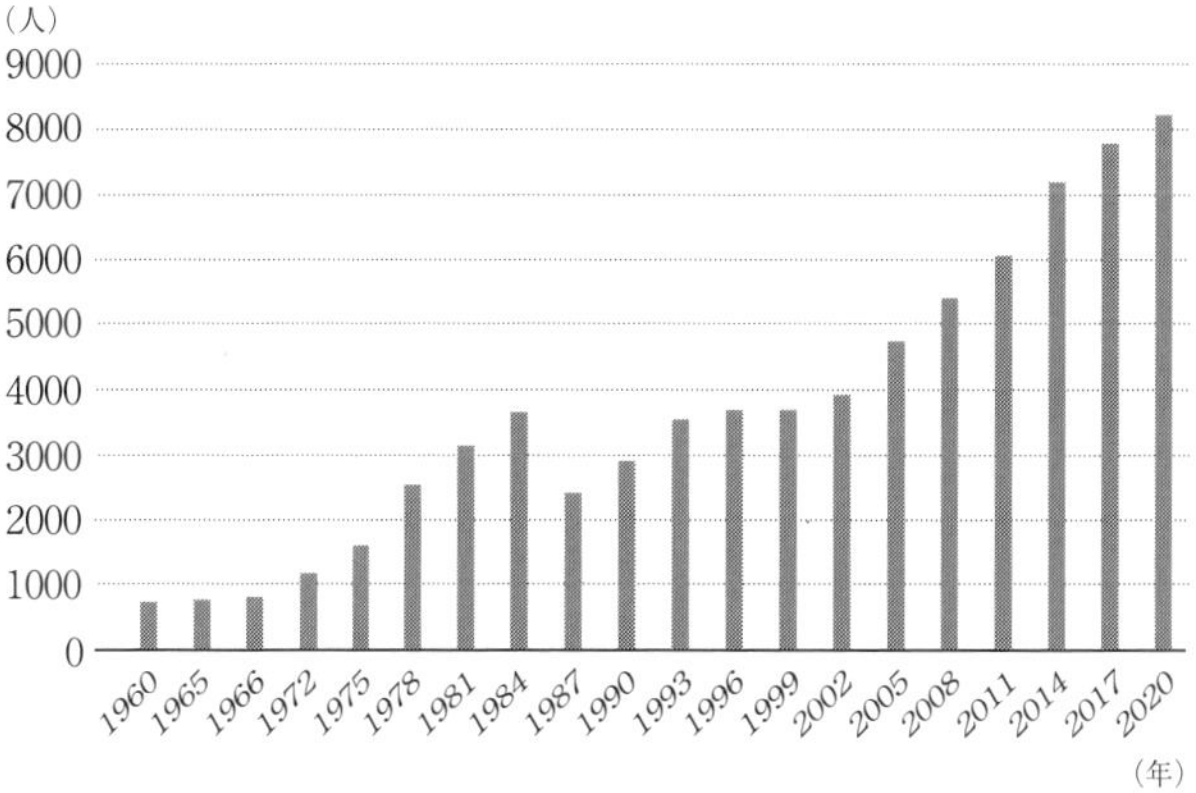

図序－1　堀之内の人口変遷（1960 年～2020 年）
八王子市市役所ホームページ統計等より筆者作成。1987 年に人口が激減しているようにみえるのは、前年に新興住宅街区である南陽台地区が堀之内から分離独立したからである。

　第三章で扱うのは、そのような開発を免れて残存した農地についてである。多摩ニュータウン計画をめぐっては住民の間にも多様な意見や考えが生まれた。営農の存続を望む農業者グループは農地を事業区域から除外することを求める運動を展開し、運動に共鳴した専門家グループとの連携のもとでその一部を除外することに成功した。彼らは連携を深め、残された農地を外部から訪れる市民との協働によって持続させることを目指す農業公園構想が生まれた。都市農地管理の新しい担い手として市民を措定し、地元農業者や研究者など多くの主体との協働を進めていくことが重要視され始めるようになったこの時代において、農業公園構想はその先進事例として高く注目された。にもかかわらず農業者たちは最終的に協働から離脱し、農業公園構想も破綻する。なぜ農業者たちはそのような判断を取ることとなったのか。ここではそこにガバナンス上の問題点があっただけではなく、農業者たちにとっての合理性があったなかでの主体的な選択だったことを明らかにした。

第四章では一転して、公園運営がうまくいった例を取り上げる。農業公園構想を提起した専門家たちからその一部として位置づけられていたこの場所は、構想の破綻後、堀之内自治会が計画を主導することとなり、里山公園として開園した。自治会は有志のボランティア団体を結成し、日ごろの管理活動を行うだけでなく、自治会の各組織と連携のうえで様々なイベントを開催してきた。これらの取り組みにより、里山公園は多くの住民たちが集う場となっている。いったいなぜ、農業公園構想はうまくいかなかったにもかかわらず、里山公園は住民たちに受け入れられ、意味ある場として機能しているのだろうか。その背景について、開発後のニュータウンで土地に根差された諸関係の再構築を希求する意思が新住民・旧住民問わずあったことを示すとともに、住民間の価値観や置かれた状況が多様化している現在の堀之内のなかで、住民の総意形成を図っていく自治会の工夫が、公園のあり方を多くの住民に納得させていることを論じた。

住民たちが共同で自然と関わる場は里山公園のみならず、堀之内の地域空間のあちこちに埋め込まれている。なかには一年のサイクルのうち、特定の時期になると立ち現れるものもある。続く第五章にて主題となるのは歴史的に行われてきた小正月の民俗行事・どんど焼きである。この行事の実施主体となってきたのは小字（ネガラ）という、道普請など地域の生活環境を管理する主体となってきた小さなコミュニティである。堀之内では域内五ヶ所で続けられてきたが、ニュータウン開発を画期としてそれぞれの実施主体が行事のあり方を五者五様に変化させていった。空間の均質化や歴史性の抹消が議論されがちであった郊外社会において、それに逆行するような民俗行事の多様化はなぜ起こったのか。それぞれの実施主体ごとの論理をつぶさに辿っていくと、そこには共通する住民たちの論理があることがみえてくる。

最後に終章では、再び地元住民にとって里山の持続とはいかなる意味を持つものなのかという問いに立ち返り、ここまでみてきた五つの事例を比較しながら、そこにあった共通している面を浮かび上がらせたうえで、本書の総括を行う。

ところで、二〇二〇年に発生した新型コロナウイルス感染症（COVID‐19）は世界各地の自然利用の体系にも著しい影響を与えた。それは堀之内においても例外ではなかった。一応の終息がみえてきた二〇二四年時点までの間、住民たちは様々な試行錯誤をしながら前へ進もうとしてきたが、現在でも休止、あるいは縮小を余儀なくされたままである取り組みもある。もちろん長い目で見れば、それも社会変動の一つとして捉えたうえで、〈根ざしなおし〉の過程を分析していくこともできようが、そこまでの分析はできていない。そこで本書は二〇一九年段階の状況をもとに記していく。以下、事例のなかで「現在」という言葉が示すのは、特記しない限り二〇一九年時点での「現在」という意味である。

第Ⅰ部

かつての里山利用と〈根ざしなおし〉

民家（芝原・1970年代）

民家の前には畑が広がり、その背後には林野が広がる。
多摩ニュータウン開発が始まる前、堀之内ではこのような風景が一般的だった。
（堀之内住民提供写真）

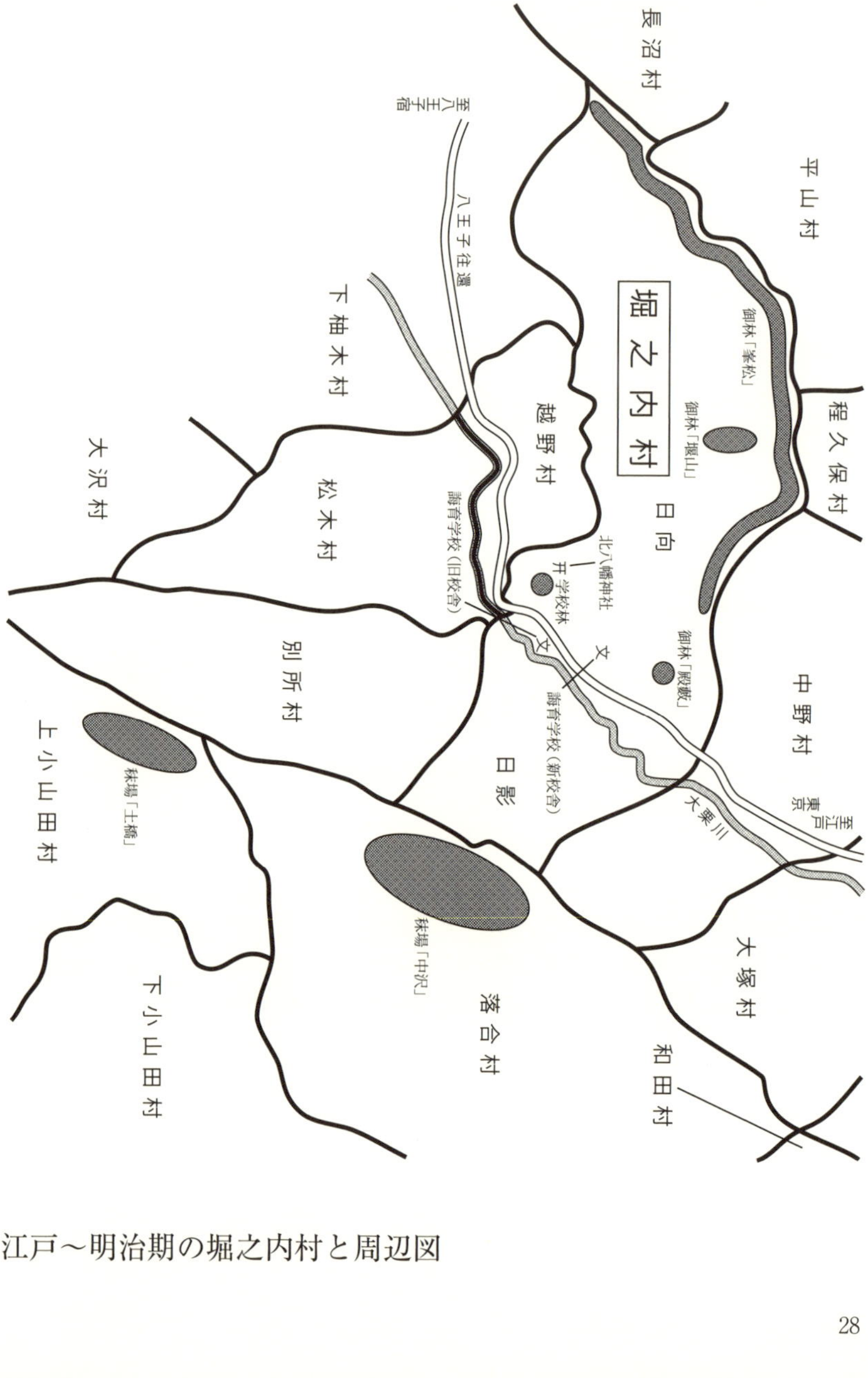

江戸～明治期の堀之内村と周辺図

本論に入る前に

これから第Ⅰ部では、現在里山とされる環境が、序章で確認したような、地域社会に根差された、自然をめぐる関係性という視点からみた時どのようなものとして考えられるのか、堀之内という具体的な地域社会を対象として、過去に遡って分析していく。そこで扱う対象となるのは江戸時代と明治時代であるが、堀之内で人が生活してきた歴史はそれより遥かに長いものである。本論に入るまでに、それ以前についても環境史的な観点から、簡単に確認しておこう。

堀之内は古村である。堀之内の名について、現在の住民たちからは平安時代の武士団、武蔵七党に由来するものだと語られることが多い。その事実は定かでないが[1]、現存する文書記録から少なくとも中世までは遡ることができる[2]。もちろんこうした記録によらなくても、鎌倉時代の元号を刻む板碑や中世の歴史を伝えるとされる地名[3]、畑を耕せばすぐに見つかるという土器片、石器などの遺物は、この土地に刻まれた歴史の古さを住民たちに認識させてきた。水に大変恵まれた環境にあった堀之内では、古くから人が生活可能な環境にあったのだと想像される。

そうした土地を重機で全面的に削り取った多摩ニュータウン開発は、皮肉なことに堀之内の歴史の古さを科学的に証明することとなった。開発に先立ち綿密な文化財の発掘調査が行われ、先史時代から近代に至るまでの遺跡が相次いで発見されたのである。

調査を通じて堀之内の各地からは旧石器時代の遺物も出土してきたが、なかでも現在の芝原にある多摩ニュータウン No.72 遺跡から発見された斧形石器やその製作痕跡は後期旧石器時代前半期前期のものであるとされ（八王子市市史編集委員会編 2013a: 455–60）、これが現在までに堀之内で確認されている最も古い人間生活の遺物である。それは少なくともこの頃には堀之内に人間が到達し、原生自然に手が加えられていったことを示してもいる。

写真Ⅰ－1　縄文時代の住居（復元）
多摩ニュータウン No.796 遺跡（堀之内芝原地区）出土の敷石から復元したものである。

多摩ニュータウン No.72 遺跡は旧石器時代のみならず、近代に至るまでの多種多様な遺跡・遺構が発掘される巨大複合遺跡であるが、特に縄文時代の遺跡としては出土した遺物の総数一五〇万点を優に超える、多摩ニュータウン地域はいうまでもなく全国的にみても有数の規模を持つ遺跡として著名である（財団法人東京都スポーツ文化事業団・東京都埋蔵文化財センター編集 n.d.）。当然大集落を維持できる規模での狩猟・採集が行われていたはずであり、多量の黒曜石製の石鏃や漁業用の網に付けたという土錘、木の実をすりつぶすための磨石・石皿など様々な道具のほか、野生動物の捕獲用だったとみられる陥し穴状土杭も三〇〇基以上発見されている（八王子市市史編集委員会編 2015: 512–28）。

ここに隣接する多摩ニュータウン No.796 遺跡からは縄文中期の花粉や種子、木材などの植物遺体が発掘され、トチノキやコナラ類、ヤマグワ等を中心とした当時の堀之内の植生復原が試みられている（辻ほか 1986）。クリやクルミの果実には人間が利用した痕跡がみられ、とりわけクリの果実は野生種よりも大型で、現行の栽培種との中間的な大きさだった。調査グループの一人である南木睦彦はこの遺跡を含む一四遺跡から発掘されたクリ果実の大きさを比較分析し、縄文早期には野生種と変わらない大きさだったものが時代を経るにしたがって大きくなり、縄文晩期のものになると野生種の倍ほど、現行の栽培種に匹敵する大きさのものが現れるようになったことを示している（南木

1994）。これらの研究成果からは多摩ニュータウン No.796 遺跡から出土したクリも人為による選択の繰り返しの結果巨大化したことが示唆されるが、そうであるとするならば当時の堀之内ですでに「半栽培」（中尾 1974）が行われていたということになるだろう。(4)

引切地区の多摩ニュータウン No.446 遺跡からは七世紀末から八世紀初頭にかけて操業していたとみられる二基の須恵器窯が、集落跡と有力者のものと思われる横穴墓群、そして多量の須恵器とともに発掘された。当時は古代官衙が整備された時期にあたることや、発掘された須恵器が官衙的な色彩の濃い特徴を持つものであったことから、須恵器窯は武蔵国府や多摩郡家への供給を目的として操業していたとみられている（八王子市市史編集委員会編 2013a: 575–9）。こうした須恵器窯を経営していくためには燃料として大量の薪を必要とするため、この時代は薪を確保するため周辺の山林の伐採も進んだものと予想される。関東に大和王権の力が伸長し中央集権体制が整えられてくると、堀之内にもその権力の影響を受けた社会が生まれ、それに応じて登場した自然利用のあり方もあったということだろう。とはいえ八世紀から一一世紀まで継続して存在し、「大栗川中流域の中心的な位置を占めた」（八王子市市史編集委員会編 2013a: 583）とされる寺沢地区の多摩ニュータウン No.436 遺跡は数棟の竪穴住居から成り立つ集落である。積極的な開発は短期間で終わり、その後しばらくは人間の生活自体が小規模だった時代が続いたようである。

写真 I－2　中世の板碑

ニュータウンの一角に残されている板碑だが、康暦（南北朝時代の元号）の文字が読み取れる。

一二世紀になると堀之内周辺の一帯は船木田荘《ふなきだのしょう》（横山荘）という、藤原摂関家領、のちに東福寺領の荘園となる。堀之内を含む荘園を構成する郷村では開発領主たちによって年貢供出のため、あるいは自らの勢力扶植のため、林野の耕地化も進められたと考えられる。あるいは、元来船木田荘は船木を供給するための林業が重要な生業となった荘園だと考えられており（原田 2011: 195）、そのことを象徴する地名の一つだとされる木《き》伐沢《きりざわ》村[5]は堀之内の近隣に位置する場所にあった。堀之内の林野で同様の用材伐出が進行した可能性もあり得るだろう。多摩ニュータウン No.796 遺跡からは当時（一三世紀～一四世紀）の民家遺構や遺物が出土しており、そこから丘陵の尾根裾部一帯に数百メートルおきに民家が点在する、散村的な集落景観が見出されている（八王子市市史編集委員会編 2016: 615–6）。

船木田荘は戦乱が続いた室町期の混迷のなかで形骸化していき、やがて消失する。代わって一帯を支配したのは国人領主大石氏、次いで戦国大名北条氏だったが、実質的に地域経営に携わったのはそれら勢力に臣従することで堀之内の領有を認められた井上氏や小田野氏といった土豪たちだった。信濃国高井郡井上郷から進出したと伝えられる井上氏は天文年間（一五三二～一五五五年）、北条氏より堀之内村など計八八貫文の領有を認められ[6]、堀之内村長谷戸に屋敷を構えて村域開発を積極的に進めたといわれている。江戸時代後期に成立した地誌「新編武蔵風土記稿」は「堀ノ内を開きし人」として井上藤太の名をあげ、その息子井上広太は新田開発を行いその領域を越野村（現在の八王子市越野。堀之内の西南に隣接する）として堀之内村から分村したとある[7]。考古学的資料としては、堀之内と越野にまたがって所在する多摩ニュータウン No.105 遺跡で発掘された複数の民家遺構から、一六世紀から一七世紀にかけて散村から集村へと展開していく集落の様子が見出される（八王子市市史編集委員会編 2016: 658–9）。この一帯は堀之内のなかでも特に古い歴史を持つと伝わる家が立ち並ぶ場所でもある。こうした一連の開発のなかで、近世以降につながる堀之内村の原型が形成されていったのだと推測されるが、それに合わせて自然環境や民衆によるそれとの関わりのあり方にも変化がみられたことだろう。

ここまでの堀之内の歴史をまとめれば以下のようになる。一つは堀之内の自然が先史時代より様々な形で、そこで暮らす人々に利用されてきたこと、もう一つは人々の生活空間はたびたび外部環境からのインパクトにさらされ、諸々の開発がもたらされたこともあれば社会のあり方を大きく変えたこともあったと考えられること、そしてその結果、人々と自然との関わりのあり方も変化が繰り返されてきたことが想像されることである。それは本書でこれからみていく問題関心とも通底する論点である。

もちろん、だからといってそれに合わせた形で安易にここまでの歴史を一体的・連続的なものとして捉えようとするのは誤謬のもとである。明らかになっている当時の歴史は断片的なものであり、それぞれの年代にみられる集落が歴史的にどのような関係性を持っていたのかについては判然としない。何より本書の中心課題となる地域社会の様相について考察するために欠かせない、そこで生活する人々の意識を追跡できるような史料はほぼ現存せず、今となってはその実態の解明すら困難である。例えば中世社会にも民衆による自然環境の共同利用があったことは先行研究[8]より明らかになっているが、堀之内でそれがどのようなものであったかはほとんど分からない。あくまで本書が主たる対象とするのは史料の残存率が高まる近世以降の歴史であり、それ以前については上記のような点の確認に留めておく。

一五九九（慶長四）年、当時の井上氏一族の惣領とされる、井上七兵衛が検地をめぐって罪を問われ、処刑されてしまう。事件を契機に残された一族は堀之内を去り、隣村の中野村（現在の八王子市東中野）へと移住する。その経緯については諸説[9]あるが、関ヶ原の戦いの前年に起きたこの処分は、堀之内村が土豪を中心とした郷村的村落から近世村落へと移行していくのを象徴する事件のようにも感じられる[10]。そして実際、新たに国土の統治者となった徳川幕府の政策によって村は大きく変わっていく[11]。本書の分析は、ここから始めていくこととなる。

第一章　幕末期新田開発の展開と地域社会の抵抗

環境史的な観点から里山を考えていくうえで、まず本章では近世末期という時代を取り上げる。先ほども述べたように、近世に確立した中央集権体制は、地域社会のあり方も大きく変えていく契機となった。そこにある自然自体の姿も、コミュニティの形態も、民衆たちの価値観も、強制させられたものも含めて、変化していくこととなる。こうした時代である近世は、現在里山保全を目指す者たちの注目を浴び、過去の里山として積極的に紹介されるようになっている。しかしマクロ的な観点から里山を捉えようとするそれらの言論からは、里山とされる環境を実際に利用してきたはずの具体的な民衆たち一人一人の顔が見えてこないことがほとんどである。本章では、実際にその土地を利用してきた民衆たちに焦点を当てたうえで、幕府権力から新田開発の要求を突き付けられるなか、それに抗った村の事例を取り上げる。そのなかで彼らが守ろうとしたものは何だったのか、掘り下げていくこととする。

1　里山としての近世林野

近世林野と進行する開発

近世は開発の時代だった。それは城郭や巨大寺社の相次ぐ造営のために発生した近世前期の大規模森林伐採（所

1980）はもちろんのこと、幕藩勢力が石高の向上を目指して競うように行った大規模新田開発も林野の消失を推し進めた。水本邦彦の調べによると、一五九八（慶長三）年の武蔵国の石高は六六万七一〇八石だったのに対し、一六九六（元禄九）年段階になると一一六万七八六二石と、一〇〇年足らずの間に一・七五倍もの拡張をみせている（水本 2015）。この間、全国の林野は当時の技術をもって可能な限り切り開かれ、地域社会のあり方もそのために大きく変わっていったのである。

江戸近郊における新田開発の代表例としては武蔵野があげられよう。かつて関東平野中央部には武蔵野と呼ばれる広大な草地が広がっていた。この草地は周辺の農村に肥料や燃料、牛馬の飼料を供給する場として、民衆たちの生活に欠かせない場だった。ところが幕府財政の悪化が顕著になった享保年間（一七一六〜一七三六年）、時の将軍徳川吉宗は改革の一環として米穀の増収による財政再建を企図して新田開発を強権的に推し進めた。殊に武蔵野においては「武蔵野は、開発しようとする者と、これを維持しようとする者の間で、絶えずと言って良い様に野論を生み出し、それが決着するごとに、開発を認めず、野として維持することが守られてきたのであった。しかし享保の新田開発政策は、この方針を一擲し、武蔵野の全面的開発に踏切ることになった」（伊藤 1990: 61）と歴史学者の伊藤好一がいうように、関係村の反発はほとんど聞き入れられず、抵抗むなしく秣場は徹底的に開墾され、多くの新田村へと改変されていくこととなった。新田開発による江戸周辺の環境の変貌ぶりは当時の農政家・田中丘隅が「錐を立てる隙間もなし」と評したほどまで徹底されたものだったという（武井 2015）。

武蔵野に限らず、当時、多くの林野ではローカルルールに基づいた共同の体系が築きあげられ、そのもとで自然資源の利用がなされてきた。民衆たちが脱落者を出すことなく生活し続けていくことを念頭に置いた時に、自然資源の共同利用というものは極めて重要な意味があったのである。こうしたコミュニティによる慣習的な共同利用が行われてきた林野のことを入会林野と呼び、社会科学の諸領域において古くから盛んに研究対象とされてきたのだが、村にとってそれが失われていったことによる影響は甚大だった。

このようにして林野が全国的に減少していく一方、商品経済の進展が森林資源の需要を押し上げていった。大都市・江戸の発展は材木や薪炭の需要を高めたが、それに応えるため関東近郊の山村では林業や薪炭生産が発達し、市場や商人を介した売買が盛んになっていく（伊藤 1966）。中部地方から瀬戸内地方にかけては製塩業や陶器生産が発達していったが、商品経済化が著しく進展し、かつ森林の生育に適さない土壌であった場所においてはこれら商業資本が必要とした薪炭需要の膨張のなかではげ山が発生し、入会林野の利用システムすら崩壊へと至る場所もあった（千葉 1956）。

需給バランスの悪化による林野の資源量の逼迫は、その所有や境界をめぐって村同士で争われる野論・山論の頻発にもつながった。結果、それまであいまいなままとされてきた山野の境界が明確化されたり、村々入会（複数の村が共同利用していた入会林野）の分割につながったりした。社会経済史学の分野ではこうした動向を村々入会→村中入会（一つの村で利用していた入会林野）→私有へと入会制度が解体していく近代化の過程の胎動として捉えようと試みている研究もある（原田 1969）。

近世の里山をめぐる二つの言説

ところで近年、里山を考えるうえでこうした近世期の林野がにわかに取り上げられるようになり、それにつれて議論を呼ぶようにもなっている。その一つの方向性は「里山では、近世からすでに「模範的な」生態系管理が実施され、それは、おそらく世界にも類をみない健全性や持続性を誇る優れたシステムであった」（鷲谷 1999a: 10、傍点は筆者による）と説明されるような、エコロジカルで自然共生的な里山像をアピールする言論である。里山保全を目指す一部の論者からはこうした言説が好んで用いられ、造園学者の養父志乃夫はこうした里山像をもとに「里地里山文化論」を唱える（養父 2009）。けれどもそれは前述した研究を通じて明らかにされてきた当時の実態とは齟齬が多い。もう一方の方向性は、こうした里山像が歴史的事実と異なる虚構だと批判を強める、一部の環境史学者たちの言論である（瀬戸口 2009; 太田 2012; 結城・黒田編 2017）。例えばそのことについて北條勝貴は鼎談のなかで、近世の山地にはげ山や草山が発生していた事実を指摘したうえで、以下のように語っている。

たしかに、現実の歴史過程において、里山的な環境を舞台にした循環型経済が成り立っている、維持されてきた地域があったかもしれませんが、それは偶然的要素が非常に強く、そこに暮らしている人たちが計画して成立させたものではないだろうという気がするのです。そこに暮らしている人たちは、もっと豊かになれれば豊かになりたい、楽になれるなら楽をしたいわけであって。でもできないから、ある程度のレベルで諦めている。それが後世からみると、あたかもサステイナブルにみえるということにすぎないんじゃないか。（北條ほか 2017: 278）

こうした批判は、「里山ブーム」が前者のような言論とともに昂揚していくなかで、そうした〝美しい〟ストーリーを喧伝していくことが、当時の里山が持続不可能な状態に陥ることもあったという歴史的事実（例えば、林野の新田開発やはげ山化、それによって生じた土砂崩れのような災害、など）を糊塗するものだとする主張を基本としている。

こうした言論を本書の問題関心に即して考えてみると、いずれも里山という用語と持続可能性という理念を結びつけてなされる点に特徴を有するものであることはたやすく見出せる。現在、近世の環境利用は里山の持続可能性を強調するための素材とも、持続不可能性を強調するための素材ともなっているといえそうである。もちろん前者の主張のような、近世の民衆に自然と調和したエコロジカルな性格を投影するというのはいささか極端であるし、こうした言説をもとに啓蒙を図っていく戦略は「エコ・ナショナリズム」（森岡 1994）に絡め取られてしまうような危うさも大きい。しかしそのことへの批判が念頭に置かれているからであろうが、近世の里山の持続不可能性を強調する言説から漂ってくるのは、そこで自然と関わってきた民衆へのシニカルな目線である。大きな歴史を語ろうとするあまり、具体的な地域社会の人々の姿は後景にそれてしまっているのである(1)。

写真 1-1　かつての入会林野・堰山（左）と峯松（右）
いずれもニュータウン事業区域から外れ、堰山は堀之内里山保全区域、峯松は平山城址公園の一部となっている。

本書の方針は通文化的な理念の賛美でも、事実の冷ややかな指摘でもなく、現場の具体的な営みから里山の持続とは何かについて考えていくことである。近世が開発の時代であったということは、新田開発を進める幕藩勢力の思惑にしても、急速な商品経済の伸長のような社会経済的要因にしても、林野利用に変動を及ぼしかねない力が土地へ絶えず降りかかり、そのたびに対応を迫られていたということでもある。そうであるならば、そうした変動をもたらしたような外部からの力に対し、人々はどのように向き合ってきたのかについて考えることが重要になってくる。そこで本章では、一八六六（慶応二）年から翌々年にかけて起こった、新田開発を促す幕府の政策を拒絶してその環境の維持を目指し、最終的に成功した事例を取り上げ、その選択の背景にあった論理を探求していくこととする。こうした草地は時としてはげ山とともに過剰利用が進んだ荒廃地の例として、エコロジカルな里山像を強調する言論の虚構性を示す論拠とされることもあった場所である(2)。しかし当事者の眼からみれば、採草は当時の生活を成り立たせるのに欠かせない「人―自然関係」の一つであり、民衆はその空間を持続させるために腐心し、時には巨大な権力にも立ち向かうことさえあった。これから本章でみていく事例も、その歴史の一つである(3)。

2　近世堀之内村と林野のあらまし

本論に入る前に、近世期の堀之内の林野についての概況を確認しておこう。堀之内村はかつて、幕府から「山之根九万石」と称される、多摩丘陵から関東山地の山麓一帯に広がる支配領域の一部とされていた。(4)「山之根」がどのような単位を示す用語だったのかは歴史学者の間でも結論が出ていないが、林政史学者の加藤衛拡は「武州山之根筋は基本的には畑作村落であり、加えて村域の大きな部分を「山」が占めることに特徴がある」（加藤 2007: 36）としており、少なくとも平場農村と比較すれば、林野の存在が民衆の生活に大きな影響を与えてきた場所だったことは想像に難くない。

堀之内村において入会(5)が行われてきた場所としては主に山林と秣場とがあった。前者は御林、つまり堀之内村を治める領主が管轄する林野であった。峯松（村境に沿って植えられた松を主体とする並木）、堰山（用水堰修繕のための用材を確保するための山林）、殿藪（堰の蛇籠用の竹材を得るための竹藪）の三種があり、日ごろは村が管理にあたり、許可を得れば村で利用することもできたことから、領主直轄の御林といっても実質的には村の入会林野として機能していたようである。このうち唯一起源が明確な峯松については、寛文～延宝年間（一七世紀後半）に堀之内村を領有していた幕府老中・土屋数直（常陸土浦藩主）配下の役人・江口加右衛門が植樹を行ったのが始まりであると記録されている。(6)

後者はいわゆる村持山であり、多摩地域の方言では散在ないしは散在野(7)と呼ばれ、村民が生活に必要な薪や肥料、農耕馬の飼料などを得るための場であった。村内北方の山岳地帯各地に散らばるように存在していたほか、堀之内村と南隣する落合村と上小山田村にまたがる村境一帯に、周辺七ヶ村(8)が入り合って利用する村々入会としての秣場(9)が

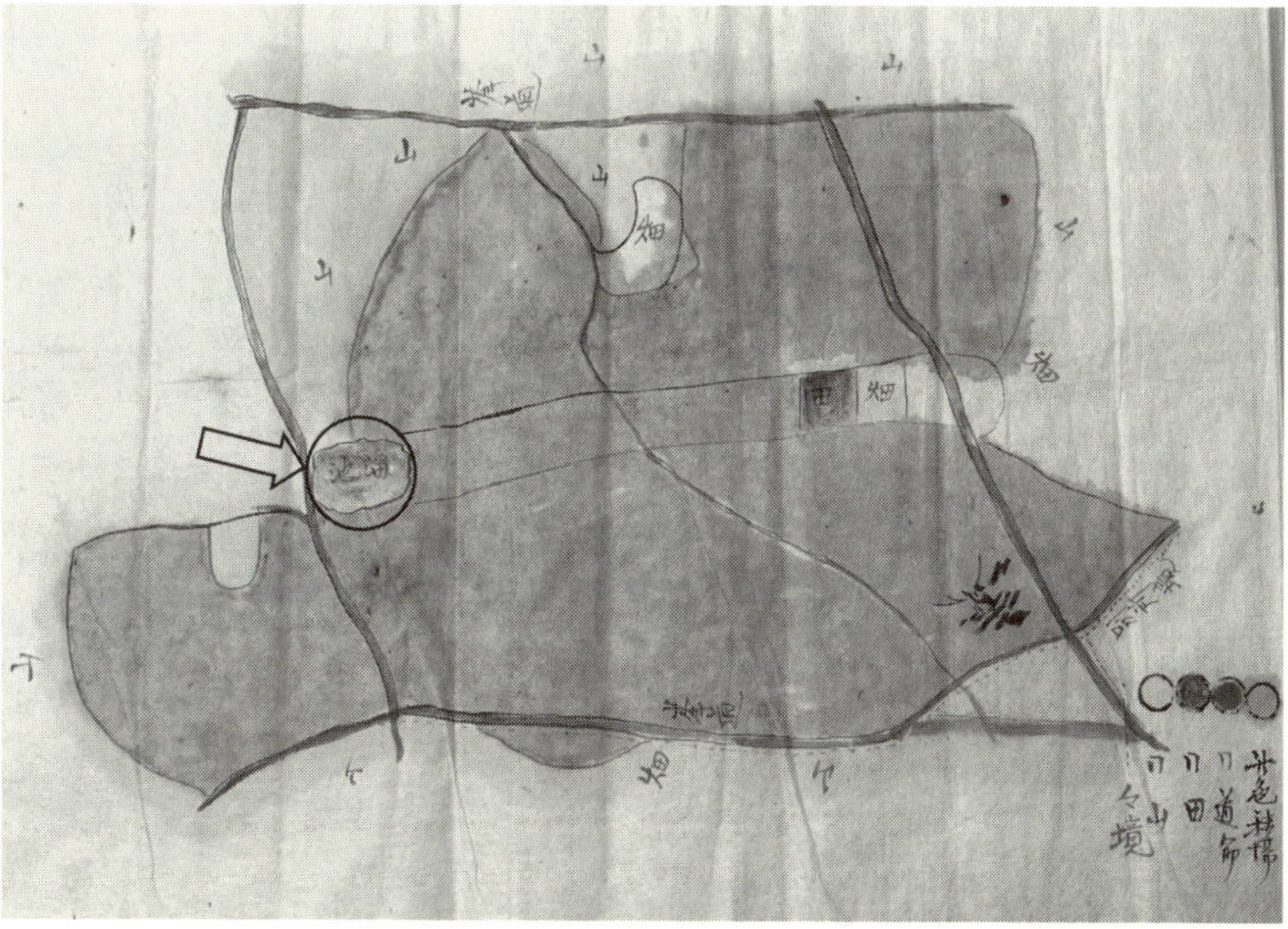

図 1-1　入会林野「中沢」絵図（年代不詳）

村野家文書（目録番号 83-3）。中央左の矢印の先にある「溜池」が中沢池。

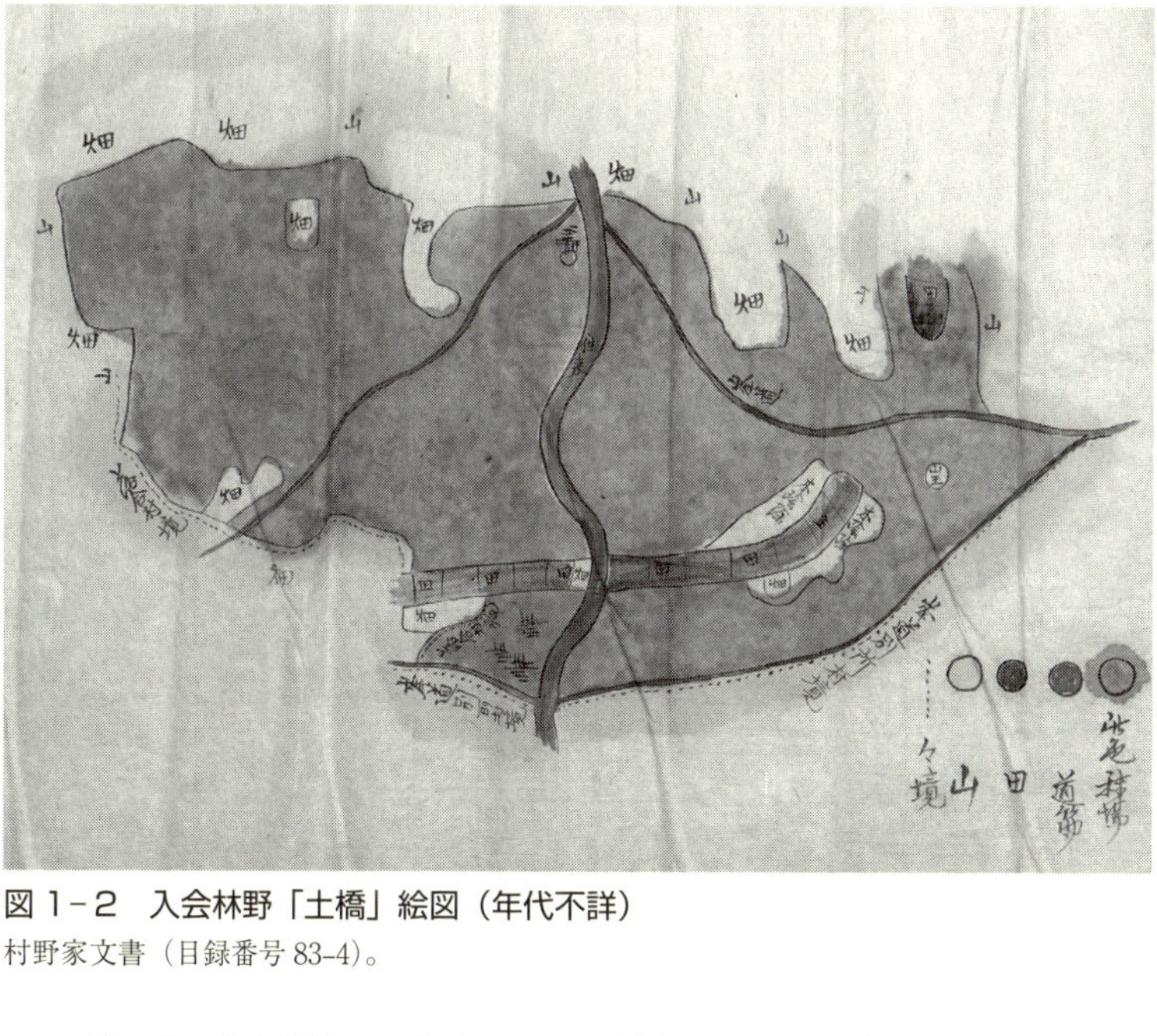

図 1-2　入会林野「土橋」絵図（年代不詳）

村野家文書（目録番号 83-4）。

写真1-2　中沢池

幕末当時はこの池を取り囲むように、堀之内村をはじめとした入会林野だった秣場が広がっていた。

あった。堀之内村もこのうち、当時「中沢」（落合村）、「土橋」（上小山田村）と呼ばれていた二ヶ所を[10]、周辺村とともに利用していた。いずれもその起源ははっきりしないものの、一六八九（元禄二）年の落合村明細帳には「芝野馬草場〔中略〕是ハ御支配所之内越野村堀之内村先規ヨリ入合野ニ御座候」[11]と、上小山田村の一七二一（享保六）年の明細帳には、「馬草場　当村比丘橋谷岸通リ迄柚木領之内越野村堀之内村より入申候」[12]とあり、遅くともこの頃までには堀之内村の入会利用が確立されていたようである。この二ヶ所が、これから本章で詳しく読み解いていく舞台となる秣場である。ここではひとまず、農業が生活の中心となっていた当時の堀之内村において、入会林野はいずれも生活を支える資源を得るための重要な場所であったことを確認しておきたい。

　こうした近世の堀之内村の入会林野を検討していくにあたり重要なキーワードとなるのが、相給村落という統治形態である。近世前期の堀之内村は前述の土屋氏を含め領主が短期間のうちに立て続けに交代していたが、いずれも一つの村を一人の領主が治めており、その意味で幕政村としての体系はシンプルだった。ところが一七〇六（宝永三）年に実施された分郷によって相給村落とされたことにより、村の自治組織は大きく変容を余儀なくされる。最終的に堀之内村は四分割され、それぞれ旗本である倉橋・勝田・遠藤・千葉各氏が領有することとなり、名主・組頭・百姓代、いわゆる地方三役も知行地ごとにおかれた。年貢の納入や五人組の組織をはじめ、村政の大部分が相給村落ごとに執行されることとなった。いうなれば堀之内村という一つの村のなかに、上からの突然の線引きによって四つの行政主体が現出する事態となったのである。そのことは、当時の堀之内の社会関係のあり方も大きく混乱させたと思われる。

三種類の御林もこの時四分割され、相給村落ごとに持ち場が定められた。以来、入会林野のあり方をめぐってそれぞれの相給村落ごとに判断が分かれるということも増えていき、時として紛争も発生した。一七六四（宝暦四）年には材木商が堀之内村を知行する旗本から御林の松を買い受け、製材された角材を運び出そうとしたところ、倉橋・勝田・遠藤三給の村方は角材を差し出し協力の姿勢をみせたものの、千葉知行地である村方は角材を差し出さないどころか名主・組頭以下三〜四〇人もの村民が押し寄せて商人の通行妨害をするという事件が起こっている。[13] 一八五〇（嘉永三）年には御林・峯松で倉橋氏が知行する村方の村民たちが自身の知行所の持ち分の場所の木を伐採していた際、両者の境を示す「さけ俣松」を大幅に逸脱し、勝田氏持ち分の場所の木まで無断で大規模伐採し、材木を売りさばいていたとして、勝田知行所の村方の組頭より訴訟を起こされている。[14] もちろん行動を起こした側には何らかの動機や言い分があり、それらの行動をとる判断をしたのであろうが、ここで注目したいのは、入会林野のあり方は相給村落ごとに判断が下され、行動や意思表明につながっていたということである。次節以降でみていく事件も、それぞれの考え方の相違や調整が重要な意味を持つこととなった。

3　秣場開墾計画と村々の攻防

争いの前触れ——落合村上組による漆植え付け騒動

堀之内村はじめ多数の村々が入り合ってきた「中沢」「土橋」を含む一帯の入会秣場には、長い江戸時代を通じて幾度となく新田開発も念頭に置いて幕府役人が見分に訪れてきた。例えば寛保年間（一八世紀中頃）には荻野藤八郎という人物（手代か）が、天保年間（一九世紀中頃）には当時の幕領代官中村知剛が見分を実施しているが、そのた

写真 1-3　近世期の民家（1950 年代）

長年倉橋知行所組頭を務め、安政期と慶応期の２度の秣場存続の危機に対峙した、文次郎家の民家である。堀之内住民提供写真。

びにこの秣場に入り合う村々の役人はそれに立ち合い、開墾への反対の姿勢を取ってきた[15]。とりわけ前者の見分は、実施された時期から考えると前述した享保期の開墾奨励令に基づく政策の延長線上で実施されたものであろう。管見の限り当時の一次資料は見つかっていないため詳細は不明であるが、この時秣場を維持するにあたっては多大な労苦を伴ったと想像される。いずれにしても江戸幕府が武蔵野をはじめとした各地の新田開発を進めていく間も、この場所は秣場として維持され続けてきたのである。

こうして保たれてきた秣場の平穏が再度打ち破られたのは一八五九（安政六）年のことだった。秣場へ入り合っていた相給村落の一つである落合村上組[16]が他村と話し合うこともなく独断で秣場へ漆の植え付けを企て、知行主である松平治郎右衛門へ秣場の図面を提出したのである。漆は多摩丘陵地域で目立った生産があったわけではなかったが、商品経済の進展のなかで新たな換金作物としてこの時代の村民たちが目をつけたのであろう。多摩丘陵に隣接する相模野（現在の神奈川県相模原市一帯）ではこの前年、後述する韮山代官所の指導のもと技術者が招かれ漆苗木を植え付けていく殖産興業策が展開されたばかりであり（韮山町史編纂委員会編 1996: 480）、こうした周辺地域の新規事業に触発された可能性も考えられる。しかしこの土地が秣場であり続けることが大事であった他村にとっては寝耳に水の話だった。

七月八日、このことに驚いた落合村を除く関係村役人は急遽会合を開き、落合村上組にこのような道理に合わないことをされるいわれはないこと、秣場が減ってしまったら牛馬の飼料から田畑の肥料まで差し支え、村々は困窮し年貢の支払いもできなくなってしまう恐れがあること、そのため秣場はこれまで通りの状態を維持することを確認した。そのうえで訴訟を起こすことも辞さない姿勢で落合村上組へ説得を行う方針を決めると同時に、万一訴訟になった際に各村が分担する費用の割合を決定し、議定書を作成したうえで一同連印した[17]。その一〇日後には上組とともに落合村を構成する下組の役人一同も自分たちは上組からこの話を一切聞いておらず、秣場の減少は困る旨を表明して議定書への連印に加わり、上組への包囲網は一層強まった[18]。こうした圧力を前にして、上組は最終的に漆の植え付けを断念することとなった。

相給村落への着目という本章の趣旨に基づいてここで確認しておきたいのは、この一連の出来事に際しての堀之内村の動向である。八日作成の入会村間の議定書において堀之内村から名を連ねているのは、勝田知行所の名主忠右衛門の代理として出席した組頭勘兵衛と、倉橋知行所の名主惣次郎の代理である組頭文次郎の二名である。いずれも署名にあたって所属を「堀之内村日影」と記している。堀之内では現在でも、大栗川を挟んでその南方のことを日影、北方のことを日向と呼んでおり、ここから倉橋・勝田両知行所の領域が大栗川南方に位置していたということが示唆される[19]。

そして一八日以後堀之内村内において訴訟費用をめぐる合意形成が進められていくこととなるが、そこから見て取れるのは相給ごとの積極性の濃淡である。同月二三日、一八日の村々間の協議の結果を受けて日影の上記二給の惣百姓が議定書を作成している[20]。そこでは村々間で取り交わした議定書の内容が再確認されたうえで、村民各世帯の訴訟費用の分担割合が「半分高割半分家別割」と定められた。さらにそれに前後して作成されたとみられる議定書では、堀之内村内の分担割合をめぐって四給の地方三役が連署しているが、そこで決定されたのは以下のようなものであった。

一、雑用金高半金日影両給出金之事

一、残り半金御四給高割合ニ而下願高分助合出金之事
一、上願之儀者日影両給高割半減助合出金之事

日影両給の負担割合が高くなっており、遠藤・千葉両知行所（別文書[21]に「日向日影四給」という文言があるので「日向両給」と呼ばれていたと推測される）の負担については「助合」だとみなされていたのだと考えられる。

この時は実際に訴訟に踏み切られることはなかったものの、それに備えた村の周到な行動が文書上からは見て取れる。同時に浮かび上がってきたのは、秣場を維持するために積極的であり、応分の負担も引き受けていた日影両給とあくまで後方支援の役割に徹している日向両給の姿だった。そしてこうした秣場をめぐる相給間の温度差は以後も引き継がれていくこととなる。

幕府による秣場開墾計画

落合村上組による漆植え付け騒動からわずか七年後の一八六六（慶応二）年、秣場の存立を揺るがす事件が、さらに大規模な形で勃発することとなってしまった。問題を大きくさせたのは、純粋な村同士の争いではなく、政策という形で推進された幕府権力の介入にあった。すなわち、「慶応二年開墾奨励令」（原 1993）と現代では呼ばれている政策に基づいた新田開発計画である。

開墾奨励に向けた動きは少なくとも同年秋頃からは進められていたようであり、幕府の公式史書の続編として著された『続徳川実記』の一一月二二日の記録には、関東郡代小栗政寧・目付木城安太郎の両名が「関東筋御料并領分知行有之面々寺社領共」に対して、「荒地其外新開御高入可相成地所見分取調」のために廻村を行う触れを出したとある。実際、同時期に村々へ出された廻達が多摩周辺地域のいくつもの村の御用留に残されている。例えば多摩郡新町村（現在の青梅市新町）の御用留には一一月一二日の記録として、「江川太郎左衛門 役所」から秣場や御林などのう

ち状態が良くない場所については開墾や造林が可能かどうか確かめるので、そのような場所がある村は至急申し出よという趣旨の廻達が写されている。さらに一一月二〇日の記録にはこれまで人手不足で荒れ地になっていた場所や秣場などのうち開墾しても差しさわりがない場所について絵図面を作成し提出するよう求めているだけでなく、村が自力で開墾できないようであれば幕府が援助することもあり得るとまで述べた御触書の写しが記されている。[22]

「中沢」「土橋」に関係する村々の記録としては、一二月二日に「江川太郎左衛門手代　鯨井俊司　檜山金平」から落合村役人に出された、「地先空地之場所」について尋ねたいことがあるので、明日夕刻までに絵図を持参して我々（鯨井・檜山）が逗留する宿まで参上するようにと記された手紙の写しが、管見の限り現存する最古のものである。[23]しかし周辺地域の動向から考えれば一一月の段階で同様の触れがあったものと考えられる。

この年は大政奉還が起こる一年前であり、薩長両藩を中心とした倒幕運動が頂点を迎えつつあった時である。幕府とすれば、局面打開のためにも支配体制を再構築していく必要に迫られていた。高橋実はこの開墾奨励令について、「関東をいくつかのブロックにわけ、そのブロックごとに郡代支配国体制を確立し、そしてそれらを有機的に結合することによって幕府の集中的・統一的関東領国支配を実現」（高橋 1984: 357）しようとする新規関東郡代制に伴って打ち出された関東支配諸政策の一環だったことを明らかにしている。原直史は、それは武蔵野の新田開発を完遂していった享保期の開墾奨励令以来の規模で徹底が図られたものであったと述べている。そしてそこでは「万民之為」「御国益」という論理を掲げて開墾を強く迫り、「壱畝壱歩たり共丹精切開」くことが目指されていたという（原 1993）。

なお江川太郎左衛門とはこの時の韮山代官江川英武（一八五三〜一九三三年）のことである。これ以来多摩丘陵一帯では江川の手代や手付（いずれも代官配下の役人）たちが秣場開墾に関連してたびたび廻村するようになり、のちに堀之内村が開墾へ反対していくに際しても江川へ訴え出ていることから、一帯の秣場開墾は韮山代官所が担当し、取りまとめていたことが分かる。伊豆国韮山（現在の静岡県伊豆の国市）を本拠地とする韮山代官所は近世後期を通じて多摩郡内幕領の代官管轄地を大きく広げ、多摩地域における存在感を高めてきた。秣場が存在した落合村や上小山田村、下小山田村は上小山田村のわずかな知行を除いて旗本領であり、秣場に入り合っていたその他の村々も相給村一給を除いて旗本領だった。それでも開発が旗本の頭越しに幕領代官主導で進められたのは享保期の開墾奨励令を通じて確立された「幕府の高外地支配原則」(原 1993: 70) を念頭に置いたものとみられる。原は、それをもとにした開墾奨励令を綿密かつ徹底的に進捗させることが、新規関東郡代制のもとで「幕府による関東の直接支配深化をめざす」方策の一つの支柱となっていたと解釈している (原 1993: 70)。またこれまでの段階でもすでに、旗本領堀之内村も韮山代官江川氏の施策の影響を様々な形で受けるようになっていた。英武の父英龍の肝煎りで開始された多摩農兵の編成や品川台場築造に際しては人員供出を求められており、この年は三七名もの村民が農兵へと駆り出されている (八王子市市史編集委員会編 2017: 渡辺 2012: 198)。こうした流れのなかで韮山代官所は、幕府や関東郡代との連携のもと、この地における開墾奨励令の実務も担うこととなったのだろう。

以後堀之内村が入り合っていた秣場をめぐっては、村対村、相給村対相給村、村ないしは相給村対韮山代官所(あるいはその背後にある関東郡代や江戸幕府)、という錯綜した対抗関係が生じていくこととなる。

幕府の介入に対する村々の対応

まずは体制側の状況から開墾奨励令が登場した背景について確認してみたが、ここからはそのようなポリティクスが降りかかってきた、入会秣場に関わる村々の視点、特に堀之内村の視点から、一年以上にわたる抵抗のありさまを辿っていくこととしよう。

一二月、このような韮山代官所の要求への対応策を練るため、関係村の役人たちは上小山田村観音寺にて会合を開いた。協議の結果、廻村中の江川の手代に対して秣場の絵図面の提出はするものの、これに際して秣場の開墾免除を求める嘆願書を関係村役人連署のうえ併せて提出することを決め、開墾を受け入れるつもりがない姿勢を明確にした(24)。村々はこの書面上で、秣場はいずれも急峻な土地にあり開墾ができないこと、開墾したとしてもひとたび大雨が降れば土砂崩れが起き周辺の田畑へと土砂が流出し、農地全体が荒れてしまう恐れがあること、土壌も痩せておりいくら肥料を入れたとしても安定した農業生産が見込めないこと、村々は都市部と離れており下肥の入手が困難であり、これまで馬糞や草肥のみで農業を行い、年貢の納入をしてきたこと、そしてこの秣場においては村々間の境界が定まっていないことなどを列挙し、秣場の開墾はできないと主張している。そのうえで指示があれば秣永（野年貢）を納める用意があるので開墾を見送ってほしいという妥協案も提示した。

この嘆願書に連署した者を確認しておこう。堀之内村関係者に着目すると、倉橋知行所名主佐右衛門《すけえもん》（四五頁で登場した名主惣次郎の後嗣）が倉橋・勝田知行所、すなわち日影両給の「役人総代」として名を連ねている。一方遠藤・千葉知行所、すなわち日向両給の村役人は書面に名を連ねておらず、この段階では一定の距離を置いていたようにもみえる。堀之内村外に目を移すと、七年前に漆植え付けを企てた落合村上組が連署に加わっており、この時点では前回のような形式の対立構造は生じていなかったことを読み取れる。村々は総じて反対の立ち位置でまとまっていたようであるが、これは一時的なものに過ぎず、秣場をめぐるパワーバランスは激しく変化していく。

嘆願書の提出を受けて手代たちはいったん引き下がったものの、最終的にはこの要求が韮山代官所側に認められることはなかった。逆に村々間における秣場の境界が不明確なことが開発の障害になっているのであれば明確に線引きを行い、村々入会の分割をするように迫ったようである。翌一八六七（慶応三）年四月一一日、秣場が存在する落合村と上小山田村、下小山田村の役人は協議を行い、それまではっきりしていなかった秣場上の村境を決定し、境界に塚を築いてそれを越えての秣刈り取りを相互に禁じる取り決めを行った[25]。さらに同月中、廻村に訪れていた江川の手代檜山金平から秣場へ入り合う堀之内、大塚、越野各村の持ち分も分割するよう勧告を受け、その旨を三村の役人に伝えている[26]。そしてその後、落合村上組の役人たちが再度独自に動き出す。廻村中の江川の手付に対して秣場の絵図面を提出し、開墾の引き受けを申し出たのである。これ以後も落合村下組や上小山田村、下小山田村の役人たちは落合村上組役人と行動をともにしていることから、このことを関知し、開墾を前向きに考えていたとみられる[27]。そして

写真１－４　旧韮山代官所江戸役所表門（静岡県伊豆の国市）
佐右衛門らが赴いた当時は芝新銭座に建っていたが、明治維新時に現在地へと移築された。

この申し出は手付から認められ、正式に秣場開墾のお墨付きを得たという。村や相給村ごとの思惑がすれ違っていくなかで、秣場開墾へと向かう流れは急速に強まっていった。

江戸での訴訟の決行

秣場開墾へと突き進んでいくこうした一連の流れは堀之内村をはじめとした三村の与り知らぬところで進められたため、落合村上組の役人より事実を知らされた三村役人たちの間に衝撃が走った。八月一三日、三村は要請を受けていた村々入会の分割を拒否することを決めた[28]。そして局面を打開するべく韮山代官江川英武に訴えを起こすことを決断し、そのための準備が進められていく。この時代、当事者同士で問題解決が図れない時は「お上」へ訴えを起こすことが問題解決の正規ルートだったのである。

八月二〇日、開墾に反対するグループは訴訟に向けて村ごとの費用分担の割合を決定し、議定書を取り交わした[29]。七年前と同様、堀之内村では訴訟の検討が進んだこの段階になると日向両給の役人も連署に名を連ねるようになり、以降は村ぐるみで抵抗を続けていくこととなる。またこの時は落合村下組の村民からも久兵衛、半蔵が総代として議定書に名を連ねている。落合村下組では開墾容認へと傾いていった村役人の方針に強く反発する村民が多く、深刻な分裂状態に陥っていた[30]。三村の役人たちはこうした村民と水面下で連絡を取っていたようであり、ともに訴訟を起こす合意を取り付けることに成功したのだろう。こうした下準備を経て、佐右衛門たちは江戸へと向かったようである。訴訟手続きのため、芝新銭座（現在の港区浜松町）にある韮山代官所江戸役所へと赴こうというのである。

江戸へ到着後の具体的な動向の記録は確認されていないが、おそらく近隣の公事宿へと投宿し、訴訟準備を進めていたのだろう。二三日、佐右衛門は芝愛宕下（現在の港区西新橋）に屋敷があった自らの知行主・倉橋惣三郎に対して、江川へ訴訟を起こす旨を記し、添簡を求める文書を提出した。[31] 当時訴訟を起こす際には、知行主の許可とそのことを示す書簡（添簡）を合わせて提出する必要があったのである。勝田知行所の地方三役も連名で同様の文書を永田馬場（現在の千代田区永田町）の知行主屋敷まで提出し、[32] いずれも認められたようである。二八日、準備が整うとついに佐右衛門ら二名が代表者となり韮山代官所江戸役所へと訴状を提出した。[33] そこでは落合村上組の不当を訴えるとともに、当該の秣場は急峻な斜面地にあり開墾できるような土地ではなく、肥料源である秣場が減れば農業が成り立たなくなってしまうという従来の主張が繰り返されている。そのうえで秣場を存続させてほしいこと、落合村上組・下組双方の役人たちを取り調べのうえ、翻意させてほしいことが求められている。

しかしこの訴状はすぐに差し戻しとなり、事実上の門前払いとなってしまう。「お上」への訴訟という当時の問題解決のための正規ルートが早々に絶たれ、開発への抵抗は暗礁に乗り上げてしまった。そもそも幕命のもと秣場開墾へと邁進する江川に、それへの反対の訴えを起こしたとしても認められる可能性はあり得なかったことが想像される。幕府側の役人が一方的な権力をもって民衆を裁く、当時の裁判システムの問題に突き当たってしまった結果だともいえそうである。

奮闘する村々

江川への訴訟での解決の可能性がついえた以上、反対グループに残された選択肢は限られたものしかなくなった。そのなかで取られた戦略は主に二つの方向性からのものだった。そのうちの一つは抵抗の激化である。九月二〇日には開発へ反対してきた落合村下組の村民たちが自らの知行主のもとへ集団で出向いて問題を訴える、いわゆる門訴を起こし、村民二五人が捕縛されるという大事件へと発展した。[34] さらに佐右衛門の子孫の家には一一月一〇日付で時の幕府の要人である勘定奉行小栗忠順らに宛てた訴状の写しが伝存してきた。[35] そこには「右場所（秣場）御開発相成候而者村々亡村者眼前」「若此上御開発ニも相成候而者実以私共四ヶ村（堀之内村・大塚村・越野村・落合村下組）可及退転候程之義」（傍点は筆者による）と、これまでになく強い調子で訴えがしたためられている。勘定奉行は江川ら代官たちを統括する存在であり、実際にこの訴状が提出されていたとすれば何らかの形で越訴《おっそ》（正規の手続きを無視した上級機関への直訴。駕籠に乗った幕府首脳へ訴状を差し出す駕籠訴など）が行われたということになろう。江川の理解が得られない以上、その上役にあたる勘定奉行に対しての越訴の実行は選択肢の一つとなろうが、実際に訴えが取り上げられる可能性は低い一方、罪に問われるリスクもないわけではなく思い切りを要す決断となる。いわんや門訴ともなれば重罪に処せられる可能性も少なくなく命がけの行為である。もちろんそれらのことは承知のうえでの行動だったのであろうが、それでもその可能性に賭けるしかなかったほど切迫した状況に追い込まれていたということであろうし、また抵抗を続ける者たちにとって、秣場はそれほどにまで重要な場所だったということでもあろう。

そしてもう一つの方向性は妥協案の模索である。具体的には秣場の開墾が避けられないのであれば、村々入会の一部を村ごとに分割・開墾することは受け入れるものの、一定面積を「林畑」とするという案の調整が進められた。[36]「林畑」とは林産物を得ることを目的として雑木が植樹された場所のことである。この場所に生える下草を肥料とするというのが妥協案の肝である。一二月、「土橋」を含むいくつかの秣場について、開墾を引き受けるため、その分割方法を定めたとする書状を、関係するすべての村および相給村の代表者の連署のもと役人へと提出した。[37] 一方、「中沢」については一反あたり五文の秣永を支払うことを条件に開墾を見送ってほしいと引き続き求めている。[38] 強い抵抗から妥協策まで、硬軟織り交ぜながら何とかしてより良い着地点に到達することを目指そうとしていたのだろう。

ところがこの年の暮を最後に、秣場開墾に関する記録は突如として途絶えていく。戊辰戦争や明治維新への対応に関する記述で埋め尽くされた翌一八六四（慶応四）年の佐右衛門家御用留のなかに、野元（「土橋」の所在する上小山田村のことか）が先の取り決めを守らず、このままでは入会地分割の協議が決裂しかねないとして、三月三日に堀之内村と談判がしたいとする、越野村永助による申し出の写し[39]が添えられているのが管見の限り近世期の堀之内村に関連した秣場をめぐる最後の記録である。明治期の堀之内の土地台帳では「中沢」、「土橋」ともに地目が「原野秣場」となっており、所有名義も前者が堀之内、落合、越野の共有、後者が堀之内と越野の共有となっていることから[40]、実際に入会地分割や秣場の開墾が実施されることはなかったことが確認できる。

この頃になると江戸幕府の体制もいよいよ機能不全に陥りつつあった。同年一月の鳥羽・伏見の戦いでの幕府軍大敗の結果を受けて二月には韮山代官江川英武が新政府へと降伏。関東郡代を改組して成立した組織である関東在方掛も同月に廃止となっている。そして四月一一日には江戸城が新政府軍に明け渡されることとなる。幕府体制が瓦解し政権交代が進むなかで、体制強化を目的とした慶応期の開墾奨励令もうやむやになっていったのであろう。その幕府権力を後ろ盾として推進されようとしてきた秣場開発も正統性を失い、明治維新に伴う混乱のなかで立ち消えになったものと考えられる。

4　開墾阻止に突き動かした村民の論理

近世の民衆は頻繁に訴えを起こした（渡辺 2017）。それは人や村同士の訴訟という形のみならず、幕府や領主の意向に対しての抗いとなることも少なくなかった。絶対的な身分差が存在していた当時の社会のなかでも、ただ「お上」に支配され、唯々諾々と従っていたわけではないのである。それでも本章でみてきたように、低い可能性のなかでもそこに抗い続けていくことは膨大なエネルギーを要することであったはずであるし、自らの身に様々なリスクが及ぶ恐れのあることでもあったことだろう。にもかかわらず、ここで人々を抵抗に突き動かした背景には何があったのだろうか。そのことについて、土地に根差された「人－自然関係」、「人－人関係」の双方から検討していく。

村民たちの自然との関わりから

まず「人－自然関係」について考えていく。背景の一つには、江川へ訴訟を起こした際の文書上で主張されてきた、「御伝馬」の飼料確保の重さがあろう。堀之内村は一六六四（寛文四）年以降、甲州街道日野宿の助郷村として、助郷勤めと称する人馬の供出義務が幕府から求められるようになっていた（日野市 1995: 174-6）。この供出に使われた馬が「御伝馬」である。甲州街道の交通量が増大する近世後期には助郷勤めの負担も応分に重くなり、日野宿との間で争論もたびたび生じていた（日野市 1992: 138-58）。この状況の変化は、「御伝馬」飼養のための秣の需要も高めていたはずである。この状況が、秣場の維持を譲れないこととしていたのは確かだろう。

個々の村民の視点からみると、同じく文書上にて訴えられていた草肥としての利用という関係が重要だったようである。近世期の堀之内村の営農環境からそのことについて類推してみよう。現存する堀之内村の歴史文書は近世後期からのものが過半を占め、それ以前の歴史については分からない点も多い。しかし近世期の堀之内村の村高の推移からは興味深い事実が読み取れる。慶安年間（一六四八～一六五二年）に著された幕府の記録書である「武蔵田園簿」には、堀之内村の村高は二〇二石八斗七升とされているものの、一六六五（寛文五）年に行われた検地に際して、村高が五九三石二斗三升九合にまで急上昇した。その後の記録では六〇〇石前後を推移し、明治維新を迎えている[41]。こうした変化から窺えるのは、堀之内村では一七世紀中盤までに大規模な新田開発が行われ、その後はほぼそれが進まなかった可能性である。こうした大規模新田開発が村の自発的な意思によるものなのか、年貢増収を目論む幕府や領主の計画によるものなのかは分からない。ただしそれまでの村や民衆の生活のあり方を大きく変えていく契機となったことは確かであろう。

そしてこの大規模新田開発が、堀之内村に残された秣場の重要性を高めることにつながったと考えられる。一七世紀を通じて全国的に展開された新田開発に伴う耕地面積の増加と草地面積の減少は、各地の農村で深刻な肥料不足へとつながった。本章冒頭でも取り上げた農政家・田中丘隅は当時の様子を「〔秣場が〕近年段々新田開発成尽して、草一本をば毛を抜ごとく大切にしても、年中田地へ入る〻程の秣たくはえ兼る村々有之」（田中［1721］1915: 259-60）と述べ、過度な新田開発がもたらした結果を懸念していた。もちろん、江戸中期以降の商品経済の発達のなかで金肥の購入による営農も可能となっていき、新田村を中心として急速に広まっていったことも確かである。しかし金肥への依存度の高まりは「自給肥料が入手しづらくなると、金肥を購入できるかどうか、つまり資産の多寡《たか》が、水田稲作を経営できるかどうかの条件へと転化していった」という「肥料格差」（武井 2015: 217）が生じる素地となった。

特に問題が発生した一八六六年は米価の高騰のために経済的な混乱が高まり、貧窮農民が増大した年でもあった。この年武蔵国一帯に拡大した武州一揆は有名であるが、一揆に直接加わることのなかった多摩丘陵地域でも貧窮農民による騒乱が散発的に発生した。翌年には「ええじゃないか」として知られる、「御札降下」も丘陵各地の村々で起こっている（渡辺 1990）。堀之内村の状況については不詳であるが、経済不安や社会不安が最高潮に達していた時期だったことは確かだろう。

堀之内の入会林野の利用規則については成文化されてこなかったようで、当時の村内におけるその詳細は判然としないが、現在生きる住民たちに口承されてきたという規則として、生活に必要な資源を得られるだけの林野を所有する住民は入会林野を利用できないというものがあった。そのような決まりが当時からあったとすれば、金肥を購入できない住民の草肥を確保する場所、すなわち「弱者生活権」（鳥越 1997）を担保するために欠かせない場所として秣場が位置づけられていたと推察できる。これらの状況証拠からは、「亡村者眼前」と強い口調で開墾の見送りを訴えた背景に、これ以上の開墾によって入会秣場が失われれば、生活が成り立たなくなってしまうこうした住民たちの存在があったのではないかという可能性が浮かんでくる。

秣場をめぐる社会関係から

さらにこうした草肥の利用については「人－人関係」からも考えていくことが欠かせない。そのための分析のうえで特に重要であるのは、相給村落という組織についてであろう。村が幕府によって恣意的に線引きされ、相給村落が組成されて以来、一つの村のなかで異なる意思決定がなされることも増え、時にはいさかいも生じた。本章でみてきた秣場開墾へは最終的に反対の姿勢でまとまったものの、温度差が随所に垣間見えた。こうした温度差はなぜ生まれたのか。とりわけ日影両給はなぜここまで積極的な抵抗姿勢を取ったのか。

慶応期の開墾奨励令に基づく新田開発政策が開始された一八六六（慶応二）年から九年後の一八七五（明治八）年に実施された地租改正事業に際して、村内の地番・地目・地積・所有者などを網羅した「武蔵国多摩郡堀之内村田畑其他反別取調野帳(42)」という土地台帳が作成された。そこに記された二九一九筆の土地の分析を通じてそのことの検討をしていきたい。

当時の堀之内村における山林や採草地の所有構造を析出し、台帳に記載された地租改正事業の際の測量によると堀之内村の総面積は二四〇町二反五畝七歩となっている。このうち大栗川を挟んだ北側にあたる日向の面積が一八八町三反二畝一歩なのに対し、日影は五一町九反三畝六歩である。世帯数はそれぞれ六五世帯、三三世帯なので人口密度は日影のほうが高い。そのなかでまず耕作地に目を向けてみると、堀之内村における畑の総面積六五町八反八畝一三歩のうち、畑が日向四七町一反一畝二一歩なのに対し日影が一八町七反七畝二二歩。田の総面積一九町八反九畝一三歩のうち、日向一五町一反四畝一二歩なのに対して日影が四町七反五畝一歩とされている。人口比を加味したとしても日向の耕作面積が日影のそれを上回ることが見て取れる。もちろん日影の住民が日向の土地を所有していることもあればその逆もあるし、他村からの出作・入作関係や小作として大土地所有者の田畑を耕作していた者も少なからずいた可能性を考慮すると一概にはいえないものの、農業条件は日向のほうが基本的には良かったと推察される。筆者による聞き取り調査の際にも、南斜面で日当たりが良いことが日向の名の由来になったのに対して日影の名は北斜面のため日当たりが悪いことがもとになってつけられたのだという話が、一世帯あたりの耕作面積も少なく営農のうえで苦労したという話とともに語られることがよくあった。

　次に肥料源採取の場所だった林野についてみていこう。下草や落葉などが肥料源となる山林の面積は一三〇町六反五畝一三歩であり、村の総面積二四〇町二反五畝七歩の半数以上（およそ五四パーセントあまり）を占める。このうち日向が一〇七町三畝一一歩なのに対し、日影は二三町六反二畝二歩で大幅な面積の差がみられた。採草地は立地や利用用途によって地目が細分化されており、秣場のほか、萱野や芝地[43]の名称がみえる。このうち村内における秣場の面積比は日向八町二反二畝一三歩に対して日影ではわずかに二畝二五歩、萱野は日向二町二反四歩に対して日影は一反九畝一四歩、芝地は日向二町五反五歩に対して日影一反五畝一九歩といずれも著しい差が存在する。とりわけ秣場は日向では北部の山岳地帯に多くの入会林野が散在しているのに対し、日影では狭小な入会林野が二ヶ所あるのみである。もちろん日影に住む人々が日向の入会林野まで採草に行っていた可能性も考えられるが、遠方の秣場から草を運んでくるよりも自分たちの居住集落からさほど離れていない「中沢」と「土橋」から運ぶほうが容易なのは間違いない（二八頁の地図を参照されたい）。こうした点から考えれば、日影の住民たちにとって両秣場に対するプライオリティは相当高かったという想定が成り立つ。

　日影両給にとってみれば、「中沢」と「土橋」は地域の存立のうえで切っても切れない場所だったために熱心な抵抗へとつながった可能性が、状況的にみれば妥当だと考えられる。一方日向両給にとっては、必ずしもプライオリティが高くはなかったのかもしれないが、相給村落で行われたであろう折衝のなかで、抵抗を後押しするという意思決定が下されたことだろう。相給村落として分断されているといっても、同じ村のなかで存続の危機にさらされる場所が出てくることは好ましくないはずである。そうした判断が背景にあったことが想像される。

5　土地に根差された関係のなかの秣場

本章冒頭にて説明したとおり、里山保全を目指す論者たちは里山の歴史に高い関心を払っている。とりわけ近年では里山賛美への批判を受け、実態に即した里山像を確認していこうとする論考も著されるようになってきた（佐久間・伊東 2011; 湯本 2014; 佐久間 2019）。けれどもそれらの論点の多くはマクロ的な視野からみた植生の変化などに関心が向けられ、彼らが里山と呼ぶ環境を実際に利用してきた民衆たちが、どのような考えを持ってそこを利用してきたのかについて個別具体的に追跡されることはほとんどない。ややもすれば、国家の政策動向や都市圏から波及した商品経済に規定される形で民衆の里山利用のあり方が決まり、里山の植生もそれに応じて変化していったかのように描かれる。しかし本章の事例からは、そうした外部からの変動に規定されるだけではなかった民衆の主体性が見て取れる。最後に、民衆たちが守りたかったものは何だったのか、本書のテーマに即してもう少し掘り下げてみたい。

本章にて行った分析をもとに慶応期の秣場開墾への抵抗を掘り下げてみると、その背後に近世前期というキーワードが浮かび上がってきた。大規模新田開発と助郷制度の確立が一七世紀、分郷による相給村落の成立は一八世紀であるもののごく初期である（一七〇六年）。近年歴史学では、中世と近世は一時点で明確に隔絶されているものではなく、社会のあり方も地域のあり方も、一五世紀から一七世紀にかけて段階的に変化していったのだとする「中近世移行期論」の発達が著しい（小酒井 2018; 鈴木 2018）。やや荒っぽいが、そこでの議論をもとに考えるのであれば、次のような解釈が成り立ちそうである。

中世から近世に至る変革期、村にはそれまでの秩序を根底から覆す社会変動が立て続けに降りかかった。それは徳川家康が政権を掌握し、幕府を打ち立てたのちも断続的にもたらされてきたものだった。近世的な社会システムが確立していくなか、自然との関わりのあり方も、それを支える社会関係も、多大なる影響を受けたことだろう。「中沢」「土橋」をはじめとした入会林野、秣場の位置づけや利用のされ方も、そうした変動の末に出発していくこととなった近世堀之内村のなかで、いかに生活を成り立たせていくかという喫緊の課題のなかから築かれたのだという想像もできそうである。仮にそうであるとすれば、佐右衛門たち当時の村民が守ろうとしたものとは、この際再構成された「人‐自然関係」および「人‐人関係」の枠組みだったと言い換えることもできるのかもしれない。

旗本領が明治新政府によって接収されたのちの一八六九（明治二）年八月、村民の間で村を一つに取りまとめることが合意され、一五〇年以上にわたって村を線引きしてきた相給村落の体制に終止符が打たれた。村のなかには代わって上組、中組、下組、引切組という四つの組が編成されたが[44]、ほどなく記録上からみられなくなり、やがてそのような社会組織があったことさえ、人々の記憶からも忘却されていったようである。幕府の支配の都合により恣意的に生み出された社会組織は、村民たちの生活の便からみれば不適当なものだったのかもしれない。けれどもそこで生活を続けていくためには、そのようなものであっても使いこなしていかなければならない。そこからは民衆を規定していく外部からの圧力と、それでも主体性を保とうとする民衆の工夫とのせめぎ合いのさまが浮かび上がる。

このような近世的な秩序も、明治維新という画期を経て再度大きく変わっていくことを余儀なくされる。民衆たちはそのことをどう受け止め、どのように行動したのか。次章で辿っていくこととしよう。

第二章　明治近代化政策の進展と林野利用の変容
——財源利用としての学校林設置を事例として

本章の主題は明治時代の林野である。近代が幕を開ける明治時代、それまでのあらゆる社会制度がまたしても一変し、地域社会のあり方は根底から覆されてきた。それは自然のあり方についても同様であり、時には自然をめぐる関係自体が喪失されてしまうような強権的な政策・制度と向き合わざるを得ないことさえあった。自然利用を支えてきた土地のあり方が大きく揺らぐなか、民衆はそれでも生活を続けていくため、様々な対応を取っていくことになる。これから本章でみていく学校林の設置もその一つであるが、まずは明治時代の林野というものが、先行研究でどのように扱われてきたのかについて確認しておこう。

1　明治期林野に対する先行研究の視角

これまで森林政策学や法社会学、社会経済史学など、森林や土地所有制度を扱ってきた学問領域では明治時代の林野が主要な研究対象となり続けてきた。なぜなら近世期を通じて「公」「共」「私」が混然一体となり存在していた土地利用体系が、近代法のなかで明確に切り分けられていった、地租改正に端を発した当時の土地政策や森林政策が地域社会へともたらした影響の大きさが、それらの領域の研究者たちの大きな問題関心としてあったからである。その影響とは、「公」「私」の領域が急速に膨張かつ排他化していくことで「共」の領域が著しく縮退し、それが現在に至るまで様々な問題として表出し続けているというものである。

「公」領域の拡大とは官林・国有林野の設定という形で現れた国家による土地の囲い込みである。それが最も強力に実行されたのは地租改正とセットで行われた官民有区分事業だった。共有地であることを表す「民有地第二種」として認定されるためには入会慣行の明確な証拠が必要とされ、それを示すにあたっても「天然の草木を利用するだけで積極的に培養しなかったものは民有地と認めない」というような厳しい基準が要求された。特に北日本・東日本を中心に入会林野の国有地編入が激しく進められ、一八九三(明治二六)年には全国の国有林率が七二パーセントにも達したという(室田・三俣 2004: 11)。当初は国有地編入しても入会慣行を認めることが示唆されたが、実際には強く排斥された。林野を利用して生活してきた住民たちは苦境に立たされ、各地で抵抗運動も起こった。その後一部国有林の払い下げ等緩和策も取られたが、一九一〇(明治四三)年から実施された部落有林野統一政策など、入会林野を「公」領域へと収容していくことを企図した制度は明治時代を通じてたびたび実施された。しかしこうして拡張された国有林管理はその後混迷を深め、現在では未利用化による林地荒廃や獣害、花粉症の蔓延など様々な問題を引き起こしている。森林政策学者の筒井迪夫は国有林が抱える現在の問題の淵源をこれら「明治官林主義」に求め、「「山と木と人」とを結びつける技術の発見が、過去一〇〇年の「林政」の歩みに対する反省としてあらためて要求されている」(筒井 1978: 226-7)と結論づけている。

次に「私」領域の進展についてみていこう。集積された「公」の土地が大資本や藩閥勢力へと払い下げられることで誕生した巨大な私有地も多かったが、土地の私権化の流れは地域社会内部でも浸透していったとされる。戦後、全国の入会林野を実踏調査して入会権論を精緻化させていった法社会学者・川島武宜が、その論を立てる原点となったのは「入会権の権利としての実態は明治以後広汎に且つ深刻に変化している。その変化は、一言で言うならば、入会権の解体である」(川島ほか 1959: 3)という発見からだった。入会権の解体は近世期からその萌芽がみられたとする研究について前章で触れたが、それが目に見えて進行するようになったのは上述したような相次ぐ土地政策や、殖産興業が進められていくなかで発達した近代経済システムの影響を多分に受けるようになった明治になってからである。そして丹羽邦男が「明治政府による近代的土地所有権実現の意図は、実現過程で、従来の土地利用を維持する種々の土地慣行を破壊しつつ、私的土地所有を成立させた。この私的土地所有は、土地利用に絶対的に優越し、個別的・排他的であることによって商品性をもつ土地所有である」（丹羽 1989: 299）というように、土地の私権化の強化という方向性は、現代社会では「アンチコモンズの悲劇」（Heller 1998）ともいうべき強力な排除性を持つ土地所有体系へとつながっていき、環境問題や景観問題の遠因ともなっていると指摘されるようになっている。

このような先行研究の主張をもとにすれば、明治という時代もやはり、地域のあり方が大きく覆されていく社会変動にさらされ続けてきた時代だったことは明白だろう。しかしこれら先行研究の多くが採用しているスタンスでは、地域社会がそうした社会変動に一方的に規定され、近代化の波に飲み込まれていく姿が強調される。そしてそれゆえに、現在に至るまで自然利用の体系は先細りし、持続可能性を喪失してきたのだと主張されることになる。もちろん丹念な調査分析を通じて政策や近代化が社会に与えた構造的な問題を浮き彫りにした意義の大きさはいうまでもないが、そこにみられるフレームワークは高度経済成長期以降の里山に対する主張と重なるものがある。マクロ的な歴史状況の把握に注力するあまり、それに向き合ってきた具体的な人々の姿が捉えきれていないのではないか。

一方序章で取り上げてきた鳥越、藤村、嘉田らの研究は、こうしたフレームワークを相対化する。農山漁村ではたとえ私有地であっても所有者がその利用や処分を排他的に独占しているわけではなく、「オレ達の土地」としてむらの「共」の網掛けがかかっているという、土地所有の「二重性」（鳥越 1997: 7-9）を見出したように、たとえ近代化が進んだとしても、彼らが「総有」と言い表したような、在地的な土地所有形態や、それをもとにした自然利用のあり方が、なすすべなく解体されていったわけではなかった[1]。けれども鳥越らは自身の調査時点でむらにそのような状態があったことを確認したに留まっているとも言える。鳥越らのいう「総有」を「前近代的総有」と表現した菅豊はこれに対し、「本来、それがよりヴィヴィッドに機能していたはずの前近代ではほとんど検証されていない。前近代的総有が近代所有法導入以前にはどのような価値をもち、導入以後にそれがどのように変化し、その結果、人々の生活にいかなる変化をもたらしたのか明らかにしない限り、前近代的総有の真価は計りえないはずである」(菅 2004: 263)と批判している。明治近代化に伴う社会変動が激しく降りかかるなかで、「総有」をはじめとした、自然をめぐる在地的な所有や利用のあり方がどのように維持、変更、調整されてきたのかということは、本書のテーマから考えれば欠かせない検討となってくる。(2)

本章ではこうした問題関心をもとにして明治という時代に焦点を当てていくこととする。堀之内でもこの時代、自然をめぐる関係性を損ないかねない社会変動の波が降りかかってきた。しかしその過程をつぶさに辿ってみると、そのことによって「人 - 自然関係」ないしは「人 - 人関係」の、〈根ざしなおし〉が図られてきたことが浮かび上がってくる。ここからは、その象徴的な事例である学校林(3)設置の過程を中心にして、そのことの意味を考えていくこととする。(4)

2 誨育学校学校林の概要

堀之内の学校林は村の公立小学校、誨育《かいいく》学校付属地として設けられた。一八七三(明治六)年から一八七七(明治一〇)年までの間に村内の入会秣場に植林を行い、設置されたものが起源である。一八七八(明治一一)年には北八幡神社(5)の官有地化されていた旧神社林を「永世本校資本地」として払い下げを受け、土地登記上も誨育学校名義の学校林が新たに設置された。植えられていた木を建築用材として校舎新築の際に使用したのちは、主に薪炭林として暖房などの燃料に使用されたようであるが、一九一五(大正四)年には「在郷軍人会堀之内会員」によって「御大典記念植樹」の名目でヒノキが植林されており、用材林として利用していく方針もあったと考えられる。[6]

　誨育学校は一九一八（大正七）年、由木村内の小学校を一校とする学校統廃合政策のため廃校[7]となるが、後者の誨育学校所有の学校林は払い下げを受けた時点での学区だった堀之内・別所の二大字の共有地となり他の入会林野とともに利用され続けた。しかし一九九〇年、強制収用権が付与された多摩ニュータウン事業の対象地となったことから事業者への売却を余儀なくされ、一九九〇～二〇〇〇年代に多くが宅地開発されてしまう。それでも一部が緑地（堀之内北八幡緑地）として残存しており、往時の面影を留めている場所もある。

写真２－１　北八幡神社と旧学校林

神社境内を取り囲むように、今でも旧学校林の一部が残存している。

　このような歴史を持つ誨育学校の学校林の特筆すべき特徴は、現在全国各地の学校に広くみられる学校林のなかでもその設置時期が際立って早かったという点である。学校林の歴史を体系的にまとめた森林政策学者の竹本太郎は、学校林の展開について明治地方自治制が成立した一八八九（明治二二）年を画期として考えている。それ以前については「前史として扱う」（竹本 2009: 35）として、広がりは限定的なものだったとしており、そこで紹介されている事例も教育令時代（一八七九年～）のものがほとんどである。竹本がその枠組みを考えるにあたって多くを依拠した法社会学者の千葉正士は「学校林がのちには小学校基本財産の主要なものとなったのに対し、学制施行期前半には、それがまだ出てこない」（千葉 1962: 81）と述べるように、誨育学校の学校林が設置された学制施行期（一八七二～一八七八年）については、先行研究のなかでは見出されてこなかった。[8] この時代における類例が示されていない以上、誨育学校における学校林設置の取り組みは全国的にみても先進的なものだった可能性が示唆される。[9] そのような新しい林野利用の取り組みは、当時の村においていかなる背景と判断のもとなされたのだろうか。

3　堀之内村と明治維新

一八六八（慶応四）年一月、鳥羽・伏見の戦いに勝利した明治新政府は、その勢いに乗じて徳川幕府領を没収し、新政府の直轄地とする方針を表明した。その後政権交代が現実化していくなかで施策として具体化されていき、江戸が東京と改称された同年七月、堀之内村でも旗本知行地四給のうち三給が上知され、明治新政府の直轄地として政府が任じた武蔵知県事によって管轄されることとなる[10]。それは明治という時代が、村へと本格的に影響していくことになる瞬間でもあった。以来、生活にかかわるあらゆる制度が一変していき、村も民衆もそれへの対応に追われていく。学校林設置のための取り組みを追う前に、以下ではそのなかで入会林野と教育制度に関わる動向を確認しておくこととする。

林野をめぐる攻防

旗本領の上知は、旗本たちが領有していた御林も明治新政府の管轄下に置かれ、それまで旗本たちとの関係性のもとで成り立ってきた御林の利用が保障されなくなったということも意味していた。一〇月、堀之内村は武蔵知県事古賀定雄に対して、村内の御林がこれまで用水路や堰の普請を行うために利用されてきたことを説明するとともに、「相当之御冥加永上納」することと引き換えにこれまで通りの利用を認めてほしいと求めた[11]。秣場開墾を阻止しようとした時と同じ妥協案の提示である。しかし一二月に新政府が関東一円の御林へ役人を派遣して見分を行った際、「再度改而御取立」するとして、村は枯損木や風損木、枝葉下草に至るまで御林の一切の利用が差し止められてしまう[12]。堀之内村の御林はそのまま新政府の官林に編入され、やがて大蔵省が所管するところになったとみられる。

その後御林に関する村の記録は数年の間途切れるが、一八七五（明治八）年実施の地租改正の際に作成された土地台帳[13]では、旧御林のうち殿藪と峯松は「一村共有地」として堀之内村が所有する土地となっている。実は一八七二（明治五）年に公布された「伐木差留有之山林都テ入札払下ノ儀」（大蔵省達第七六号）を契機として、大蔵省は官林の払い下げを一時的に積極化させたことがあった。これは明治新政府の財政難解消を目論む大蔵卿代理井上馨（大蔵卿大久保利道は岩倉使節団の一員として欧米歴訪中）の方針だったというが、翌年、殖産興業策として官林を重視する大久保が帰国するとこの方針は直ちに停止される（萩野 2008）。政権内部の方針不統一が林政の混乱を生じさせたわけであるが、堀之内村はこの機に乗じて払い下げを申請することで、失った入会林野を回復したのだろう。

一方でこの土地台帳では、堰山については村と無関係とみられる二名の士族の所有となっている。さらにその地目は「開墾鍬下《くわした》」[14]とされていることから開墾予定地と位置づけられていることが分かる。村が旧御林を一元的に取得できなかった背景は不明であるが、士族への払い下げが新政府の政策の結果によるものなのは明らかである。一八七三（明治六）年の家禄奉還制の制定に合わせ、還禄士族に対して士族授産の名目で官林荒蕪地払い下げ規則が作られた。これにより一般への払い下げの門戸が閉ざされたのちも還禄士族へは低価格での払い下げが大規模な形で展開されていった（萩野 2008）。さらに税制面においても優遇され、土地を開墾する場合に関しては一定期間免税する措置がなされた（「家禄奉還ノ者へ資金被下方規則」第八条）。そのためこの制度によって官林の払い下げを受けた士族の多くは士族開墾と呼ばれる開墾事業を行うが、その際、それまで林野を慣習的に利用してきた民衆との衝突が各地で発生した（原 1993; 桐原 2010）。堀之内村でも村と無関係の士族による開墾への危機感が高まったはずであり、実際、それを阻止するための手立てが講じられていく。最終的には一八七七（明治一〇）年、隣村の有力者を介して堰山を村が買い上げることに成功し、村の共有地に編入することで問題を収めている[15]。

翌一八七八（明治一一）年には、前述した、全国各地の農山村の入会慣行に後年まで大きな影響を与えた官民有区分事業が実施された。しかしこのような林野をめぐる攻防を繰り広げてきた堀之内村にとって、自らの権利を証明することはもはやたやすいこととなっていたことだろう。合計六畝あまりの小規模採草地が官有地化されたほかは村が所有する共有地として、民有地第二種と区分することを認められている[16]。

このように、明治初頭の堀之内の歴史を林野という観点から概観すると、わずか一〇年あまりの間で様々な制度・政策の影響を受け、一歩間違えれば入会林野の持続性を失いかねない危機を立て続けに凌いできたことが見て取れる。これから辿っていく学校林設置をめぐる行動も、大枠では入会林野をめぐるこうした一連の攻防の一つとして位置づけられるものであろう。ただしそこで創出された学校林という発想は、それまで村になかったと思われる、新しい林野の利用体系だったという意味で、従前の林野利用体系の維持に主眼が置かれている他の行動とは一線を画する営為だといえる。

教育制度をめぐる攻防

堀之内村の学校教育は一八六一（文久元）年三月開学の筆学所（寺子屋）がその起源であるとされる。秣場開発への抵抗の際も主導的役割を果たしていた名主村野佐右衛門ら五名の有力者が相談のうえ開業したと記録されている[17]。一八六三（文久三）年には江戸駒込の商家出身である森田又左衛門を手跡指南《しゅせきしなん》（教師）として招聘した。森田は村内の潰家を相続して萩生田斎治と名乗り堀之内村に定住し、村が借り上げた大栗川新道橋（当時）隣接の民家を校舎にして教育を行った[18]。

堀之内村の筆学所には周辺の村々からも生徒が通っていたようであり、のちに三多摩地域における自由民権運動の代表的指導者の一人となる和田村（現在の多摩市和田）の柚木芳三郎も幼少時漢籍と習字を学びに来ていたと記録されている[19]。戦前期に寺子屋研究をリードしてきた石川謙の統計調査によると、教えていた教科が判明している全国の寺子屋のうち漢籍を教えていたのは弘化～慶応年間が三二九五校中九九校、明治年間では六九〇六校中一四五校に過ぎなかったという（石川 1929: 436）。近世期の寺子屋の教育内容はいわゆる読み・書き・そろばんがほとんどで、漢籍は武家の子息が学習するものだとされていた。石川は漢籍を教えていた学校を「一言にして言へば私塾化したものである。その意味に於いて、〔中略〕庶民教育が武士教育に接近して行つたもの」（石川 1929: 442）と分析している。先の記録で柚木は和田村の寺院で読書と習字を六年間学んだのち、堀之内村の筆学所の門を叩いたとしていることからも、この筆学所は一般のそれよりも一段階上の教育機関だったとみることができる。いずれにしても、国家政策のもとに置かれているのではなく、村の主体性のもと自律的な教育がなされていた様子が窺える。

写真２-２　誨育学校（明治期）

背景の校舎は新築された後のもの。八王子市立由木中央小学校百周年記念協賛会編（1974）より。

しかし一八七二（明治五）年、明治新政府は全国民を対象とした教育の近代化を強力に推進するため、初の近代学校教育制度として学制を布告した。これにより筆学所は強制的に廃校とされ、翌年五月一日、新政府が意図した近代教育を行う公立小学校として誨育学校（一八七五年までの名称は誨育学舎）が開校した。このとき堀之内村だけでなく、別所村、越野村を加えた三村（越野村は一八七五年三月に学区から離脱）の学校とされた。この新しい学校でも萩生田斎治が引き続き教師を務め、校舎も筆学所以来の民家が使われ続けるなど、一見すると筆学所がそのまま存続しているようにもみえる。けれども実際にはこれを契機として、国家による教育機関としての性格を帯びるようになる。

学制に基づいた学校運営が強いられるうえで各村が抱える問題の一つとなったのは「教育ノ設ハ人々自ラ其身ヲ立ルノ基タルヲ以テ其費用ノ如キ悉ク政府ノ正租ニ仰クヘカラサル論ヲ待タス」（学制八九章）

表2－1　教育費歳入のうち学資金関連収入の割合（%）

年	神奈川県	全国平均
1873	記録なし	45.68
1874	51.02	58.2
1875	48.27	57.76
1876	58.97	62.93
1877	67.26	63.4
1878	77.52	62.52
1879	78.2	59.2
1880	77.15	57.2
1881	85.75	63.68
1882	83.58	60.53

『文部省年報』より筆者作成。

と記されているように、教育に関わる財源は国庫からではなく学校自身で確保することとされた点だった。学制八九条では続いて「一切ノ学事ヲ以テ悉ク民費ニ委スルハ時勢未タ然ル可カラサルモノアリ是ニ因テ官力ヲ計リ之ヲ助ケサルヲ得ス」とあり、文部省委託金という助成金が一応配布されることにはなったものの、その金額は「全国男女共一人ニ付九厘」[20]という低額に抑えられた。結果、一八七四（明治七）年の神奈川県への委託金は合計四三一二円六二銭だったが、これは同年の県教育費の歳入のうち約六・六パーセントに過ぎないものである。[21]

　このように受益者負担主義が強く打ち出されるなか、「小学校ニアリテハ一月五十銭ヲ相当トス外ニ二十五銭ノ一等ヲ設ク」（学制九四章）と生徒から授業料を徴収することが求められた。神奈川県では各世帯に「小児出産候ハ、土地適宜ヲ以桑茶楮漆或葉梅桃梨柿等身分相応屋敷又ハ空地エ可植付大概桑ハ小児一人宛《ママ》三十本茶ハ二十株程モ植付他之ニ準栽培致シ繁葉成実ニ随ヒ学費ニ供スレハ一般国益ヲ増自然学問修業可相成候」[22]と、商品作物の生産・販売に励むことで授業料を稼ぐことを「国益」の名のもとに奨励しているが、それはいうまでもなく各世帯の負担増加につながるものである。しかし誨育学校では、初年度こそ授業料が設定されたものの、それは生徒一人あたり月三銭七厘[23]と、学制が定めた基準値と比べて極めて低額であり、翌年度には早くも授業料が無償化された。[24]生徒のいる世帯の経済的負担を抑えるために取られた対応であろうが、それを実現するためには授業料に代わる財源を確保する必要がある。

　一方神奈川県当局は各村に学資金[25]を集めさせ、それを村の有力者などに貸し付け、そこから得られる利子を学校運営に充てる方針を進めた。表2－1は一八七三～一八八二年までの教育費の歳入のうち、学資金関連収入（学区内集金と有志寄付金、積金利子の合計）の割合を全国平均と神奈川県とで比較したものだが、一八七六（明治九）年までは神奈川県の割合が全国平均を下回っていたものの、一八七七年に逆転すると、一八八一年以降は二〇パーセント以上の差が開くようになった。県内の村で年々急激に学資金の重要性が増し、多額の資金を集めるようになっていったことが分かる。実際、県では「学資徴収ノ法」として、「物産営業等定税ノ外幾分乎増シテ以テ学資ニ積立スヘシ」、「祭礼等ニ托シ芝居角力等ヲナストキハ学税トシテ金若干ヲ賦スヘシ[26]」と様々な課税・増税を行い集金するよう求めている。しかし県が奨励するこうした集金方法を実施すれば、住民たちに少なからぬ負担が発生することは容易に想像できよう。授業料を無償化した誨育学校ではより多くの学資金を集める必要があっただろう。それでも一八七六（明治九）年までに一〇〇二円五〇銭を「学資積金」として確保し、翌年にはさらに四〇〇円を積み増した[27]。この間誨育学校に配布された扶助金（文部省委託金を改称したもの）は、一八七四年が一円三八銭八厘、一八七五年が一一円六三銭六厘、一八七六年が六円五〇銭、一八七七年が三四円九五銭九厘に過ぎず[28]、ほとんど意味をなしていない。資金を工面するため、村は奔走することになったことだろう。

4　誨育学校における学校林の登場と拡大

入会秣場への植林による学校林の登場

こうした状況下で、堀之内村が目をつけたのは隣接する越野村との村々入会で、従来採草地として利用されてきた八町二反二畝一三歩の秣場だった。一八七八（明治一一）年に行われた官民有区分の際に作成された文書には、この土地について「従来当村并越野村入会ニシテ〔中略〕先年両村協議之上学資之為メ雑木等植付夫々労力ヲ尽シ候[29]」と記されており、学校の資産を得るために雑木を中心とした樹木を植林したことが分かる。この土地は後年に至るまで堀之内と越野の共有名義のままだったが[30]、学校運営のため植林が行われたのは確かであり、この植林をもって誨育学校における学校林の起源とみなしてよさそうである。ここでいう「先年」がいつなのか判然としないが、誨育学校が設立された一八七三（明治六）年から文書が作成された前年である一八七七（明治一〇）年までのいずれかだろう。前述したように、越野村は一八七五（明治八）年三月まで誨育学校の学区に含まれていたが、その後下柚木村の正倫学校へと学区を変更しているため、植林はこの変更以前に行われた可能性が高い。

しかしこうした秣場への植林は、第一章でみてきた江戸幕府による入会秣場「中沢」「土橋」開墾計画への抵抗の論理と矛盾する行動であるようにもみえる。植林を行った秣場は堀之内村内にあるもので場所自体は異なるものの、秣場の必要性を強く訴えて開墾を阻止してからこの時点で一〇年経過していないのである。

こうした要因の一つには植林が実施された直前にあたる一八七二（明治五）年に起きた、宿駅制度の廃止があったと考えられる。これにより、堀之内村では長年政権から課せられてきた「御伝馬」の飼養義務から解放された。そのことは「御伝馬」のための餌がいらなくなったことを意味し、村で必要とする秣場の面積の減少につながったとみるのが自然だろう。こうした社会情勢の変化のために生じた空隙を、新たな利用空間として転用しようとしたというのが、学校林形成の背景の一つとしてあったと推察することができる。またこの時実施されたのは開墾ではなく雑木の植林であり、下草や落葉を採取すれば肥料にすることもできる。幕末の開墾計画に抵抗した際、「林畑」として開発する妥協案（五二頁）を検討したのと同じ発想が働いていた可能性も考えられる。

ただいずれにしても、村における林野利用の体系に与えた影響は少なからぬものがあったと考えられる。そうしてまでこの時代、「学資之為メ」というこれまで村になかったとみられる林野利用が登場し広まっていったのである。

学校所有の学校林の新設

このような発想のもと並行して村が着目していたのが、一八七五（明治八）年の上知令によって官有地化されたばかりだった北八幡神社の旧神社林だった。北八幡神社が位置する山は、通称「尾崎《おさき》の森」と呼ばれ、昭和初期頃まで樹齢数百年の針葉樹が多数生えていたという口伝が現在でも確認できる。当時の地誌には北八幡神社の「境内ニ大樹巨木アリ」とあり、神社林に隣接する山林についても「山嶽岡阜《こうふ》ニシテ杉樹《さんじゅ》甚ダ多シ」と記録されている(31)。ほとんど薪炭林だった当時の堀之内村の山林において、「尾崎の森」一帯は例外的に大木の多い用材林だったことが窺い知れる。

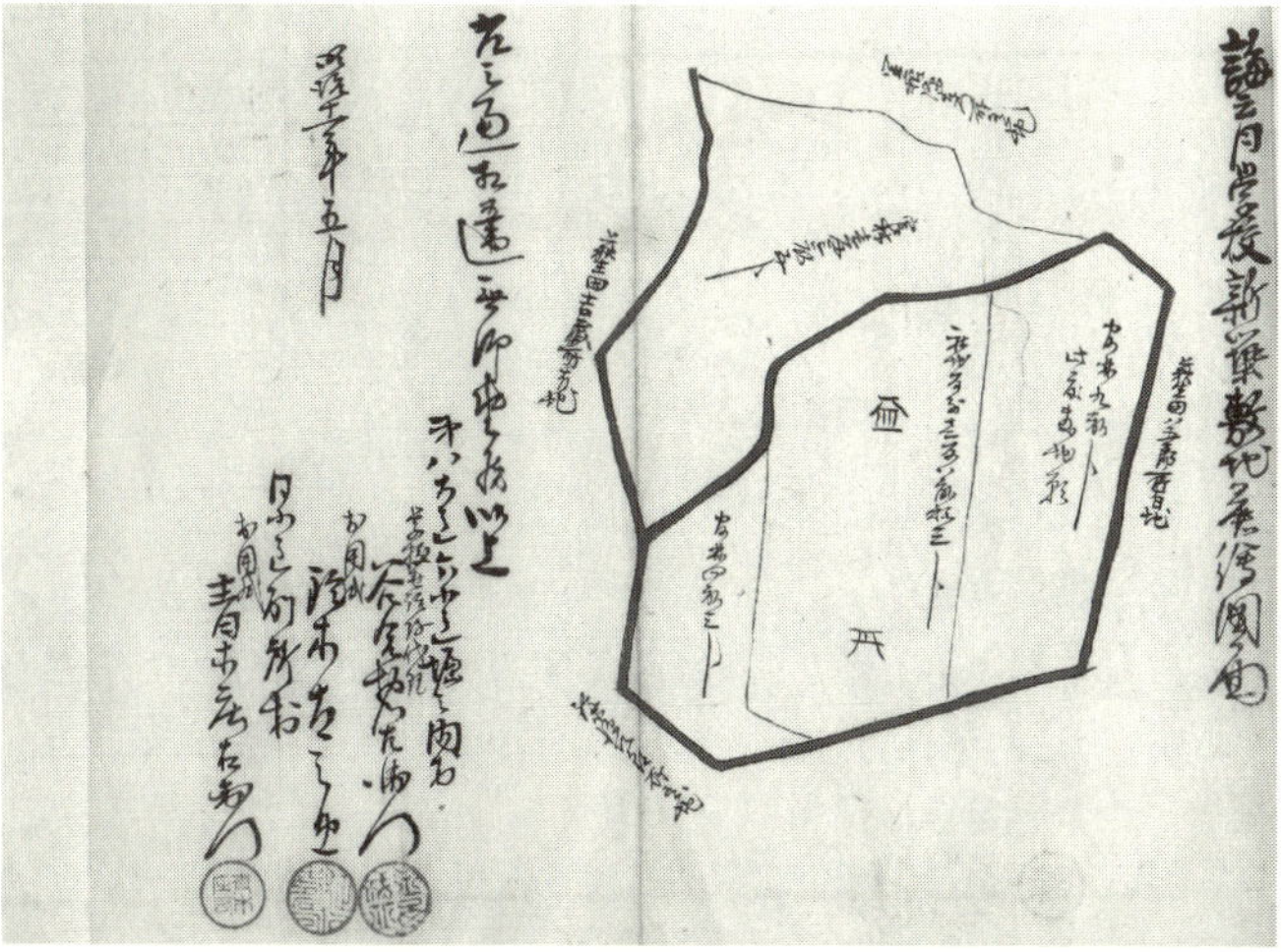

図2-1　学校林絵図（1879年作成）

神社（中央）を取り囲む形で図示されている土地が学校林として払い下げを求めている山林である。「誨育学校新築敷地麁絵図面」斎藤家文書。

そのうち上知された旧神社林の敷地は三筆、計四反六畝八歩だったがスギやヒノキ、ヒバ、サワラ、モミ、ケヤキ、アカマツといった、用材として利用できる樹種が多く植えられていた。堀之内村は立木ごとこの敷地の払い下げを受け、学資金の捻出を目指したとみられる。

一八七五年四月、堀之内村は生徒数増加に伴う校舎新築を名目に旧神社林のうち一反六畝八歩と、そこに生える立木三九〇本（スギ八二本、モミ五三本、ヒバ二六本、ヒノキ一五本、アカマツ一三本など）の払い下げを文書で神奈川県令中島信行に要求した(32)。アカマツは最大で目通り一丈一尺（およそ幹周三三〇センチ、直径一・一メートル）、スギは最大で目通り七尺（およそ幹周二一〇センチ、直径七〇センチ）という大径木も含まれていた。

堀之内村がこうした旧神社林の払い下げを申請したのは神奈川県の政策に呼応したものだったと考えられる。神奈川県は明治八年第一六四号布告にて、「中小学校敷地ノ儀中学ハ

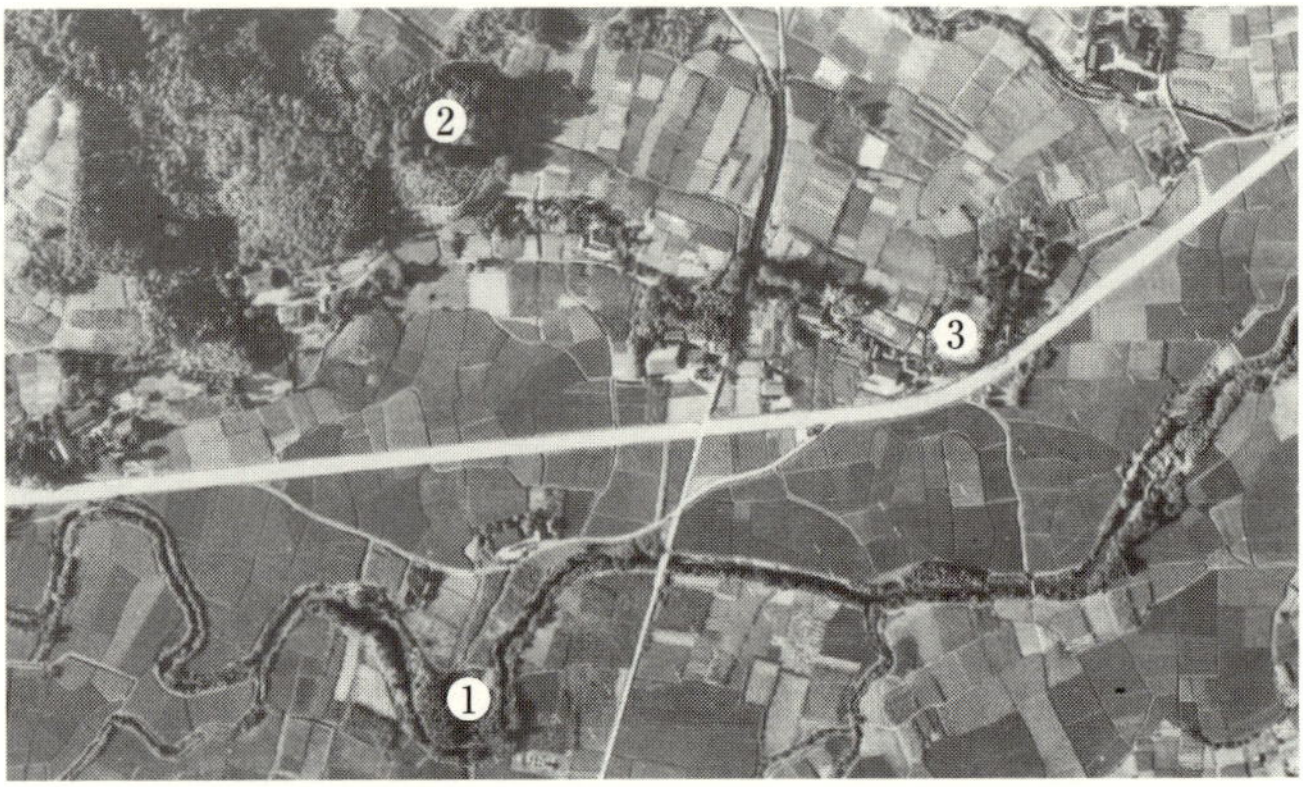

図２−２　誨育学校周辺図（1948年）

①は当初学校があった場所、②は払い下げ要求を行った旧神社林、③は実際に新校舎が建設された場所。国土地理院空中写真閲覧サービスより筆者作成。

千坪小学ハ五百坪以内ヲ準拠トシ無税官有地ノ内ニテ便宜ノ場所相撰一ヶ所限地種坪数等取調且即今学校新設致候歟又ハ後来設置ノ目途有之候歟〔中略〕本文無差支地所ハ新設ノ分ニ限リ即今御下ヶ渡相成候」[33]と、学校の新設用地のために官有地のうち一ヶ所を要求すれば払い下げることを認める通達を行っていた。堀之内村ではこれに応じて、官有地にされた土地のうち、良材となり得る木が生えていた旧北八幡神社林を選び、払い下げ要求を行ったものとみられる。

　こうして県との交渉がスタートを切ったわけであるが、それから間もなくして校舎新築の必要性が緊急の問題として迫られるようになる。前述したように、校舎は筆学所時代以来村民から借用してきた民家を継続利用していたが、その環境は決して良好なものではなかった。大栗川沿いに建てられているため、豪雨などにより川が氾濫すれば真っ先に被害を受ける場所だったのである。最初に払い下げを申請してから四ヶ月後の八月一四日、暴風雨のため川の水嵩が増し、学校は二尺（およそ六〇センチ）あまりの床上浸水が起こった。厠が流失したほか、校舎や備品類も破損する被害が出た。同じような水害を被ることを避けるべく、堀之内村では標高の高い旧神社林に校舎を新築することを名目に追加した払い下げ要求の文書を九月[34]と一〇月[35]、立て続けに提出した。しかしこうした度重なる要求にもかかわらず、速やかに払い下げるという通達に反して県側から払い下げが認められることはなく、仮に払い下げが認められないとしたら官有地のままでもいいので敷地を借用させてほしいという妥協案すら認められず[36]、計画は暗礁に乗り上げてしまった。

事態は進展をみせることなく、工事に着手できないまま三年が経過した。それでも一八七八（明治一一）年五月、再度要求文書が提出された[37]。この文書には、これまでと違った特徴的な点がいくつかある。一つは旧神社林二反四畝六歩すべてを払い下げるよう要求し、そのうち九畝を「学校敷地」、残りの一反七畝八歩を学校付属の「永世本校資本地」と区別して、初めて明確に学校林として払い下げを要求した点。そしてもう一つの特徴は、これまでは堀之内村単独での要求だったのに対し、同じ学区を構成する別所村の代表者と連名で提出されるようになった点である。別所村の村民は北八幡神社の氏子ではなく、旧神社林ともこれまでゆかりがなかったと考えられるが、それよりも学区という単位が意識され、行動に結びつくようになったのである。八月一六日、「官林反別九畝歩誨育学校敷地トシテ無代価下ケ渡残反別一反七畝八歩ハ該校資本ノ為メ倶ニ民有地第一種ニ編入候[38]」と、要求はこれまでと打って変わってあっさり認可された。

竹本は「明治地方自治制（一八八九年）が成立したことで、他の財産と区別して学校林を設置する必要が生じたのであり、それ以前に慣習的に区別して設置されていた学校林が存在していたとしても、その意味はまるで違う。換言すれば、法律上明確に区別された学校林が設置されるようになった」（竹本 2009: 49）としていた[39]。けれども堀之内村では、その一一年前の段階で、誨育学校所有の学校林、すなわち竹本のいう「法律上明確に区別された学校林」を誕生させたのである[40]。

校舎新築工事と学校林の拡大

しかし払い下げ決定から一ヶ月経っていない九月一一日、誨育学校は前回以上の水害に見舞われた。今度は床上五尺（一五〇センチ）あまりまで水嵩が上昇し、教員はじめ七人が駆けつけ対処にあたったが「水勢強烈相成学校附属品者勿論書籍該器械共不残流失[41]」という被害が発生してしまう。最深で七尺（二一〇センチ）もの浸水となったこの水害のために死者一名、家屋は全半壊合わせて九軒、橋梁の流失および破損は合計一〇ヶ所、山崩れは合計五二ヶ所

写真２－３　旧誨育学校校庭（現在の堀之内会館グラウンド）

この時購入した用地は学校廃校後も自治会の集会場敷地として使用されてきた。このため、堀之内は現在、近隣地域で唯一グラウンドを併設する町内会館を有し、様々な地域活動を行う場として親しまれている。

にも及んだ。八王子往還（現在の野猿街道）などの主要道路も土砂で埋まり、畑も収穫直前だった田んぼも、河川周辺や山間部を中心にかなりの面積が荒れ地と化した。その被害総額は一三三九円一一銭にも及び、学校に留まらず村全体に多大なる被害をもたらした[42]。堀之内村は損壊した道路や橋梁などの修繕費の一部を神奈川県から借金して急場をしのごうとする[43]ものの、突然降ってわいた多額の費用負担の重さは計り知れない。

誨育学校の新築工事はこうした水害からの復旧工事と並行して進めなければならなくなった。当初「凡五百円余」[44]と見積もられていた経費も、最終的に土地取得代金を除く校舎建設費だけで二〇四二円九四銭[45]に膨れ上がったが、この要因の一つに校舎新築予定地の計画変更があると考えられる。これまでみてきたように、旧神社林を校舎移設のためとして払い下げを行ってきた。ところが払い下げが完了すると、堀之内村が村民所有の私有地を別に購入し、堀之内村の共有地へと編入したうえでその場所に校舎を建設することとなったのである（学校林は学区で払い下げを要求して誨育学校所有としたのに対し、学校敷地は堀之内村単独で買収が行われ、堀之内村の共有地に立地したことになる）[46]。神奈川県にはその旨を校舎完成の翌年、「校堂建設取掛候処追々生徒増員相成曩ニ協議上取設候図面之校舎ニ而者手狭ニ付校堂取廃ケ〔中略〕両村中央便利之地ニ付堀之内村共有地ニ既ニ新築落成」[47]と、生徒数増加のため計画変更を行い、新校舎は堀之内村の共有地にすでに建設済みだと事後報告している。そのうえで「該敷地へ建設之見込モ無之ニ付該地者山林名義ニ御変換之上山林江編入学校資本地ニ仕度候」と、この場所の地目を「山林」に変えたうえで学校資本地にしたいと要求した。これは翌月に早速認められ学校林の拡大に成功した。こうして、誨育学校の学校林は最終的に形作られたのである。

5　新たな自然利用体系をめぐるせめぎ合い

以上、誨育学校において学校林が設置されていく過程を明らかにしてきた。これらの取り組みは、もちろん2節でみてきたような、明治新政府に接収された林野の利用を回復するための一連の運動の一つだという意味合いもあっただろう。本節ではもう一歩踏み込んで、本書の分析テーマである、自然をめぐる関係という観点から、その背景について探っていこう。

堀之内村にとって学校林とは何だったのか

そもそも費用負担が膨らむなか、わざわざ私有地を購入してまで別の場所に校舎を建設した以上、当初の建設予定地である旧神社林に活用予定がなければ、学校建設に必要な木材の伐採が終わり次第少しでも建設費用の足しにするため土地を売却してもいいように思われる。けれども逆に学校林を拡大する手続きを取ったという点からみても、立木を校舎新築用材に利用すること以外にも何らかの継続した活用を想定していたことは想像に難くない。学校林の利用方法については校舎新築用材への利用以外に、「学校資本地」（傍点は筆者による）にしたいと前述の要求文章には記されていた。[48] 神奈川県が示した「学資蓄積ノ法」には、「学資蓄積法ハ種々アリ一ツハ抵当ヲ取リ貸附ルアリ一ツハ不動産ヲ買入ル、アリ一ツハ公債証書ヲ買入ル、アリ一ツハ桑茶等植付ルアリ」[49]と記され、不動産を所有することや商品作物を植栽してその収益を学校財政に利用することが奨励されていたことが分かる。「資本地」という名称から考えても、少なくとも山林を学校財産として位置づけ、その蓄積を図ることが目的の一つにあったことは確かだろう。

堀之内ではまとまった面積の入会林野全体の利用のあり方を変える形で、そこを財源として利用していったという記録は、管見の限りこれ以前にみられず、村の歴史上初めての判断だった可能性もある。言い方を変えれば、堀之内にとって学校林の設置とは、自然の財源利用というそれまでほとんどなされてこなかった「人–自然関係」を大きく押し広げていく判断だったということになろう。

林野の財源利用が土地に根差されるまで

現在生きている住民たちの記憶にある時点、つまり戦後の段階では、堀之内の入会林野利用は入札制を採っていた。新年に行われる自治会（区）の総会で入札が行われ、二～四世帯程度が共同で入札した。林野をあらかじめ一定の区画に分けたうえで入札を行い、木を伐採する際には縄が張られた区画内の木を伐採し、下草を刈り取った。利用者は入札の際に一定の代金を払い、自治会収入に充当されたというのがその基本的な形式である。それは自治会の安定した財源となっており、住民から自治会費を徴収しなくても運営費を賄うことができていた。住民たちからはこのことをもって「当時の堀之内は他の地域よりも経済力があった」と回顧される。この時の入会林野とは十分な生活物資を確保できるだけの山林を所有していない住民にとってそれらを得るための貴重な場所であるとともに、コミュニティを運営していくための財源を得るための場所としても欠かせなかったのである。

しかし学校林設置を契機として登場したと思われる財源利用という「人–自然関係」は、必ずしもスムーズに土地に根差されていったわけではなかった。むしろ当初は、財源利用という枠組みが独り歩きして村に混乱をきたすことにもつながった。最後に、その過程について辿ってみよう。

校舎が完成したのと同じ年にあたる一八八〇（明治一三）年五月、堀之内村では大規模な入会林野の整理が実施されている。わずか数年前、明治新政府から土地を取得し、差し止められていた入会慣行を回復させたばかりの旧御林である殿藪や、峯松の一部など、四町あまりの入会林野が合計一〇名の村民へと売却されたのである。[50]村民の私有地を学校用地として村が購入する手続きと同じタイミングで行われ、作成された書類も同じ綴で保管されてきたことから、この入会林野の売却も学校新築資金確保の一環として行われたのは確実だろう。このうち用水堰の蛇籠用の竹材を採取する場所だったという殿藪は、それから三年後に購入した村民の手で畑にされている。[51]入会林野を財源としようとする選択は、土地の売却という、よりラジカルな形で取られるようになっていたのである。

そして財源に困った時は入会林野を売却するという手段は、これを機に恒常化する兆しをみせる。一八八二(明治一五)年末以降、大蔵大臣松方正義主導の緊縮政策の影響により、全国各地で深刻な農村不況が発生した。堀之内村も例外ではなく、「堀ノ内村ハ柚木領ニテハ先ツ余裕アルノ村ナリシカ、最早六分通リハ食料ニ欠乏ヲ来セリ[52]」と報告されるような「悲況」に陥る。一八八四(明治一七)年には、堀之内村内一戸あたりの平均負債額は三九五円九九銭となり、南多摩郡内二町一二二村のうち第三位の高額にまで膨らんだ。[53]

当時の堀之内村の運営主体だった堀之内村議会はその打開策として、一八八〇年を上回る規模の入会林野を売却して資金調達する案を出す。一八八三(明治一六)年前半期議会では議案第一三条として「一村共有地峯松ヲ除クノ外不残売却ノ事」との条項が出された。[54]入会林野の売却益をむらの共有金とし、銀行や資産家に預けることで得られる利子を村民の払うべき地租(税金)に充当することを図るものだった。この時の議会は例年より一ヶ月以上議決まで長く時間を要し紛糾したようであり、結局議案は一三条を除いて決議され、議会で入会林野売却の決定はできなかった。売却については但し書きにより、「峯松」だけでなく「堰山」も売却対象から外して規模内容を後退したうえで、集会を開き村民の承認を得て売却する手続きを踏むこととされた。[55]

翌年一月、村議会では「一村共有地売却契約証[56]」を作成し、「一村共有地」のうち七町七反七畝二歩を売却するべく、契約証への押印を村民に求めた。しかし村議会の提案は村民の総意をまとめ切ることができず、最終的に否決されたとみられる。[57] 共有金からの地租の充当という案は、深刻な不況で地租すら払えなくなった村民が増える状況下では一見良いアイデアのようにみえる。しかし入会林野を売却するということは、その場での入会慣行もできなくなるということである。つまりそれは生活物資の採取という重要な「人－自然関係」を壊す行為だという言い方もできる。村民間の「人－人関係」によってそれに歯止めがかけられたともいえよう。

このことの影響なのか、こののち半世紀以上入会林野の売却がなされることはなかった。[58] 逆にその後行われたのは入会林野の安定を目指した取り組みだった。一八八九（明治二二）年、市制町村制施行のため堀之内村が周辺一〇ヶ村と合併して由木村大字堀之内となっても、入会林野は由木村有に移管されず、「其筋ノ認可ヲ得テ」大字有とさせた。[59] さらに、一九〇三（明治三六）年になると、農村不況下で起こった土地所有権の流動化の際、隣村の住民の手に渡っていた堀之内域内の山林を買い上げて入会林野に編入し、減少していた面積の一部回復が図られた。[60]

学校林をはじめとした、財源としての自然利用は、「人－自然関係」「人－人関係」に大きな影響を与えた明治近代化のなかでの、〈根ざしなおし〉の一つの顕れとも言い表すことができよう。けれども、財源利用という新しい「人－自然関係」は、このような村民同士の対立も含めた、紆余曲折を経るなかでほかの「人－自然関係」とのバランスが保たれるなかで、土地に根差されていったのである。

6　自然をめぐる関係性からみる明治期林野研究の再検討

本章でみてきた堀之内村の学校林について、入会林野の利用形態を「共同利用形態」「分割利用形態」「直轄利用形態」「契約利用形態」の四つに類型化[61]して考察する入会権論に基づいて分類するならば、「共同利用形態」から「直轄利用形態」への移行ということになるだろう。殿藪など旧御林の村民への売却にいたっては、入会林野の私有地化、すなわち完全なる解体である。すなわちこの類型論に従えば、この間の堀之内村の一連の取り組みについて、明治維新に伴う近代化の影響をもろに受け、入会権が解体へと突き進む一道程として把握されることになる。さらに法社会学者の渡辺洋三がこの「直轄利用形態」について「入会山は、あたかも、町村基本財産とおなじく、農民の私的利益と直接関係ない公共用財産たるの観を呈する」点が強調され、そこには「その管理機構を特定の上層が掌握することによって、部落内の政治的支配を維持し、しばしば役得等非合法的手段による個人的利益の拡大をはかる」（渡辺 1957: 11-2）側面もあるとしたように、入会権論を唱える論者たちはこの形態についてネガティブなものと考えていたふしがある。だが堀之内村で学校林を設置させた背景にあるのが富裕層の「役得」や「個人的利益の拡大」のためとは思えず、むしろ暮らしに降りかかってくる制度や負担が激変するなかで、住民たちの負担をいかに減らすかが目的に据えられていたことがあったと捉えるほうが妥当であろう。(62)

本章冒頭でも確認したが、これまでの明治期を扱った林野研究は、近世期を通じて培われた多様な在来の林野利用が、明治維新を画期として近代的秩序のもとに整列させられていく過程、そしてそのことが、現在の地域社会における林野利用に生じている様々な問題の遠因となっていることを題材としたものが主流であった。あるいはそうでなければ、近代的秩序への整列を拒絶し、生活を賭して抵抗する民衆たちを主題とする研究が行われてきた（戒能 1964; 北條 1978）。しかし学校林の事例からみえてくるのはそれとは別路線にある民衆の姿である。環境社会学者の古川彰の言を借りれば、「かならずしも強力な抵抗の姿勢をあらわにするのではなく内部組織を抵抗力のある形に変容させながら、変えるものと持続させるものとを選択」（古川 1996: 127）してきたさまだということになる。

鳥越らがみてきた「総有」は、土地が私有地として細分化されていくなかでも「オレたちの土地」として私有地の利用や処分面に制限をかけていくものだったのに対し、堀之内村の取り組みは、土地が公有地として囲い込まれていくなかで、それを共有地として取り返していくものであると同時に、社会変動のなかで生じた生活課題解決の手段として、外部からもたらされた近代的制度をも活用しながら、従来の自然利用形態を変更し、新しい形で利用していくものでもあった。両者とも、地域社会に近代的秩序が降りかかるなかでも、その秩序とそれまでの生活とをすり合わせて、降りかかった問題を克服しようとしてきたなかで生み出されてきた、土地との付き合い方という意味で共通する。それは民衆たちがその時々の状況を見定めながら、様々な選択肢を考え出し、条件に応じて使い分けていった軌跡だともいえるだろう。もちろん「人－自然関係」が「人－人関係」と切り離すことができない以上、新しい自然利用体系が地域に根付くのは容易ではなく、時としてその方向性をめぐって食い違いも生じる。むしろ、そのようなチェック機能が働いていたからこそ、外部から新しくもたらされた論理を地域社会に適合する形へと咀嚼し、使いこなすことができたのかもしれない。その意味で〈根ざしなおし〉とは必ずしも調和的に行われるものではない。それぞれの村民がおかれた立場や価値観、それに基づく考え方の相違を前提として、そのうえで調整されていくプロセスなのである。いずれにしても、そこからは先行研究が「解体」として捉えてきたものとは異なる、「人－自然関係」、あるいは村における「人－人関係」をいかに持続させるのかという、人々の意思が見出せるのではないだろうか。

第Ⅱ部

ニュータウン開発後の里山と地域住民

初午（上寺沢）

毎年２月の初午の日に稲荷にノボリを立てる。個人の稲荷を持つ家から共同で祀る家などさまざまであるが、この家では数軒の親戚と稲荷のそばで飲食を楽しんできた。

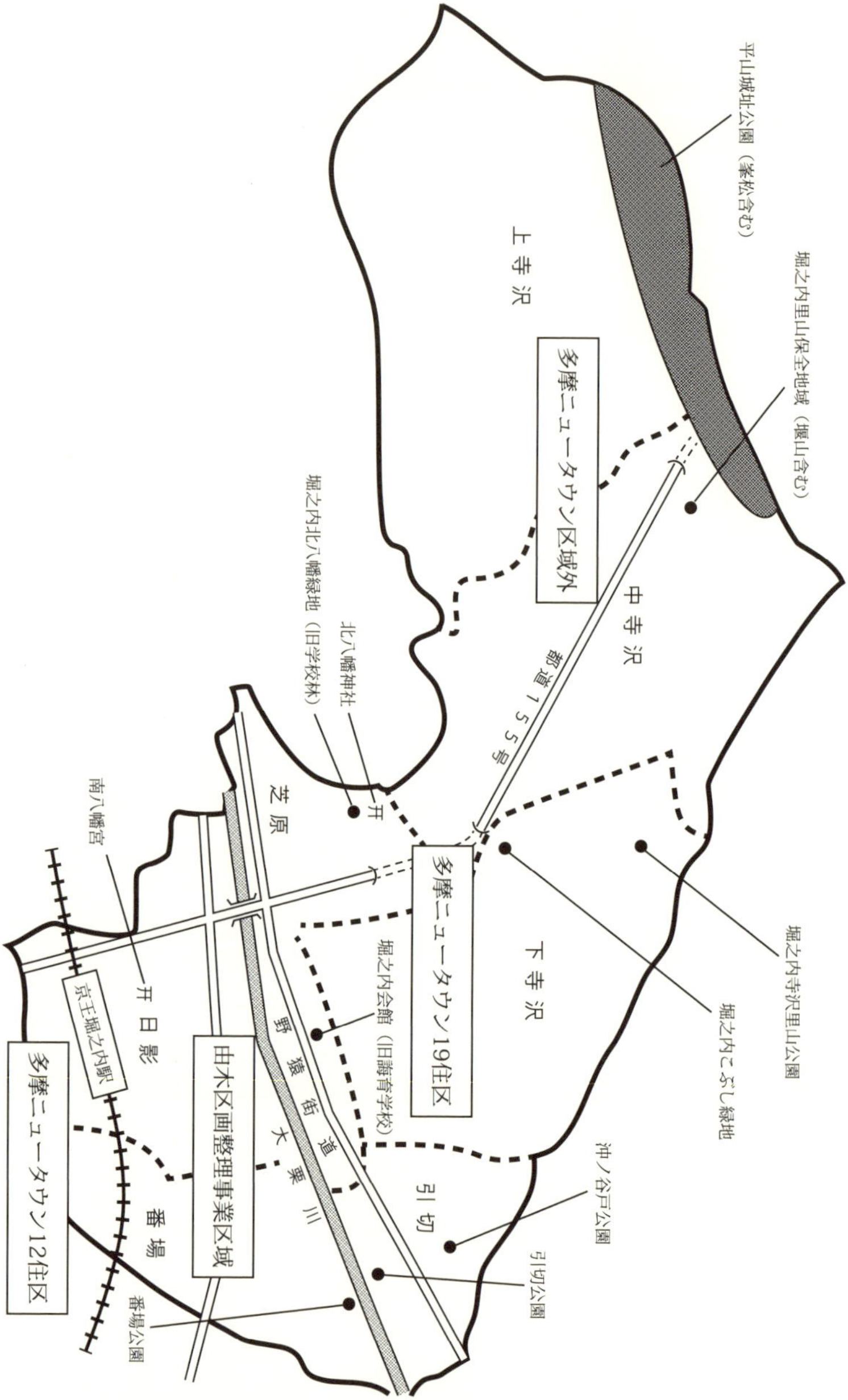

本書に関連する現在の堀之内の位置関係図

本論に入る前に

多摩ニュータウン開発がいよいよ着工に移されようとしていた一九七三年、農村社会学者の長谷川昭彦が近郊農村に生じている社会変動の例として堀之内の調査を行っている（長谷川 1979）。長谷川はセンサス分析や旧住民世帯への悉皆調査の結果から、堀之内では熱心な営農者が多いものの、都市化のなかで離農や兼業化が急激に進んでいること。入会林野の解体も進み、農村生活を支えていた「家」も「村」も崩壊の途上にあること。ニュータウン開発を前にして住民たちの間には困惑や不安が高まっていることを考察した。

長谷川の調査から半世紀近くが経過し、この間堀之内の社会のあり方はさらに大きく変わった。一九六〇年に九八戸あった農家世帯数が一九七五年には四六戸へと半減したというデータは、長谷川が「堀ノ内部落から次第に土地が奪いさられ、農業が放逐されていく」（長谷川 1979: 6）と考える論拠となったが、現在の堀之内で農業をもとに生計を立てている世帯は四世帯（野菜農家、養蚕農家、酪農家、養鶏農家各一世帯）にまで下がっている。第二章でみてきた学校林は当時まだ入会林野として残存していたが、その後売却され、かなりの部分が宅地として開発された。序章でも示したとおり、人口の増加も著しい。一連の大きな変化をもたらしたのが、多摩ニュータウン開発である。

多摩ニュータウン開発を中心として、高度経済成長期に降りかかった社会変動やそれによって生じた地域社会の変容は、江戸時代や明治時代のものと特質が異なっており簡単に並列させられるものではない。堀之内を当たり前のように取り巻いていた自然そのものが物理的に消えていき、農業が生業の中心から外れていくことは古代以来の一大転

写真Ⅱ-1　多摩ニュータウン12住区

写真右が「ガウディ風」と取り上げられる、階段とエスカレーター「ビア・スタジオーネ」。

換点とみなせるだろう。近代化のなかで、身近な自然を生活物資として利用しなくても生きていけるようになったのもかつてなかったことだった。歴史上なかった規模で多くの人口が流入し、コミュニティのあり方も変容を迫られた。そのようななかで住民たちは現在、自然をどう意識し、関係をどう紡いでいるのだろうか。このことが第Ⅱ部の重要なテーマとなっていくわけであるが、ここでは本論に入る前に、あらゆる面で変化が生じた現在の堀之内の空間構造について、簡単に確認しておくこととする。

多摩ニュータウンは一住区から二一住区まで数字が機械的に附番された、新住宅市街地開発事業として開発された二一の住区と、区画整理事業として開発された四つの区域とに分けられている。このうち堀之内は、多摩ニュータウン一二住区、一九住区、由木区画整理事業区域の三エリアに区分され、開発が進められてきた。

京王相模原線京王堀之内駅から南を眺めると小高い丘上にマンション群が林立している。ここが多摩ニュータウン一二住区である。谷戸山という名の山を高さ半分程度まで削って作り出された、住区面積一二七・五ヘクタールのこの空間は、イタリア・トスカーナ地方をイメージしたという街区となっている。かつて峰坂と呼ばれた細い山道は「ガウディ風」とも称される、白いタイル張りの階段・エスカレーター設備、通称ビア・スタジオーネへと造り替えられ、駅からここを昇って街区へと向かう。マンションは瓦葺きの切妻屋根が設えられた和洋折衷のものなど、それぞれ独自の意匠が凝らされている。このマンション群の奥にある秋葉台公園には、高さ一五メートルの巨大石積みピラミッドが聳える。その景観は一九九〇年の「街びらき」以来、ホームドラマの舞台（「次男次女ひとりっ子物語」ＴＢＳ系列、一九九一年）となるなど世間の注目を集めただけでなく、若林幹夫が「集合住宅の歴史の一大展示場であるかのような様相を呈している多摩ニュータウンのなかでも、最も人目を引く場所の一つは、京王堀之内駅前の斜面に並んだ一群の住宅団地である」（若林 2003: 149）と評したように、郊外論を扱う研究者の興味の対象ともなってきた。すなわち、「京王堀之内駅前では、きわめて個性的なデザインの住宅が集合することで、ニュータウンの他の地域や一般の住宅地とはむろん際立って異なるが、その地域全体としてはきわめて同一性と均質性の高い空間（「イゾトピー」）を作り出している」（若林 2003: 151）というような、均質性や歴史性が消失した場所として郊外を捉える論評につながった場所の一つである。

写真Ⅱ－２　由木区画整理事業区域
マンションや戸建て住宅の間に寺社や田畑も点在する。

眼を転じて今度は京王堀之内駅の北を向くと市街地が広がるという点では同じであるものの、その趣はだいぶ異なる。戸建て住宅が密集し、所々にマンションやアパートが点在する一方、大通り沿いにはロードサイドのような商業施設が並ぶ。各建物の意匠や形態はばらばらであり、ニュータウンによくみられる空間の統一性はない。これは開発事業の違いによる。この一帯は由木区画整理事業によって開発された地区である。旧村の名称に由来するこの区画整理事業（総面積二〇二・四ヘクタール）は、一九七一年七月に都市計画決定、一九七三年に事業決定が行われた。一九九六年の事業終了時に住居表示が実施され、大栗川を境として北に堀之内二丁目、南に三丁目という名称がつけられた（なぜか一丁目がない）。ここはかつて農村だった頃の集落が立地していた場所が基礎となっており、基本的に他所からの移住者が占める一二住区とは異なり、この土地に代々住む旧住民と新住民とが混住する場所となって

写真Ⅱ-3　多摩ニュータウン19住区
ニュータウンとしては特異な景観を呈する。写真中央が第四章の舞台となる堀之内寺沢里山公園。

いる。外部の目からは気づきにくいが、旧住民の住宅の区割りは、実は開発前の集落を意識した配置となっている。大栗川は直線化のうえ三面コンクリート貼りを施されかつての面影が失われた一方、建築物の合間を縫うように、生産緑地という形で、今でも畑や果樹園も点在しており、そこでは現在でも農業が営まれている。寺社も存続しており、小祠や石碑も移設させながらできる限り残された。歴史的に続いてきたものや新たに生み出されたものまで、様々な要素が混在しているのが由木区画整理事業区域の特徴といえるのかもしれない。

駅の西に隣接し、現在の堀之内を南北に貫く都道一五五号線（通称平山通り）を北上する。やがて見えてくる北八幡神社の山の下部に穿たれたトンネルを抜けると、再び景色が大きく変わる。ここは広い谷戸状の地形をしているが、丘上にも谷部にも統一的な様相をした大規模分譲住宅地が目立つ。工事中のためはげ山となっている場所もある。ところがほどなくすると、今度は農地が目立つようになる。農地の奥には集落の家々が並び、その奥の山々は開発されずに残されている。この一帯は多摩ニュータウン一九住区といい、多摩ニュータウンのなかでも一二住区とは別の意味で異彩を放ち、やはり研究者たちから注目を集めてきた場所である。それはこの住区内の一部農業者を中心に展開された、ニュータウン事業区域からの農地の除外を求める運動に起因している。長年に及ぶ運動の結果、住区の一部が事業計画から除外され、農地や集落が残されることとなった。

事業計画の遅れの結果、一九住区は多摩ニュータウンのなかでも特異な開発がなされることへとつながった。この間計画も幾度となく変更されており、一九七四年時点では八九ヘクタールの土地に一万人が居住し、小・中学校に高等学校、ショッピングセンター、銀行、医療機関等を備える住宅都市とすることが予定されていた（株式会社宅地開発研究所編 1974）。一九八四年時点では七二・四ヘクタールの土地に七〇〇〇人程度が居住する計画へと規模が縮小されている（住宅・都市整備公団南多摩開発局ほか編 1984）。その後も二〇〇〇年には人口計画が五二九四人とさらに縮小された（都市基盤整備公団東京支社ほか編 2000）。二〇〇六年三月三一日の新住事業終了以降は複数社の民間ディベロッパーおよびハウスメーカーが担ってきた。西山・中央・東山と名付けられた三地区へと分割され、西山は二〇〇六年から、東山は二〇一二年から入居が開始されたが、うち総区画数六八一区画が予定されている東山は現在も開発中であり、「最後のニュータウン」と呼ばれている。またここでは先述の経緯の末に、緑地を大幅に残す方針が取られるようになり、第四章の舞台となる堀之内寺沢里山公園も、この結果保存されることとなった場所である。こうした緑地は、運動の結果一九住区から除外されたエリアと合わせて、この住区の景観の特異さを物語るものともなっている。

写真Ⅱ－４　多摩ニュータウン区域外

現在でも農業が営まれる。かつての農村景観を色濃く残している場所も多い。

これら多摩ニュータウン事業区域の北西側外縁に、ニュータウンではない区域、つまり当初からニュータウン開発計画の対象外とされた区域が広がる。ここは南陽台団地や大学のキャンパスなど、多摩ニュータウン事業以外の開発がなされた場所も一部あるが、多くの場所が市街化調整区域に指定されており、強い開発規制がかけられている。現在では住宅開発は既存住民とその親族以外は建設できないこととなっていることもあり、相当程度、開発に対する歯止めがかかっている。そのため、現在でも農村景観が広がっており、農業で生計を立てている世帯も複数ある。自給用として野菜生産を行っている世帯まで含めると少なくない数にのぼる。畑だけでなく、稲作が行われている谷戸（田ノ入谷戸や宮嶽谷戸）もある。集落の形態もかつての姿を留めており、集落を取り巻くように林野が広がっている。かつての入会林野である峯松など、少なからぬ林野が自然公園である平山城址公園の敷地となっているほか、二〇〇九年には堰山や宮嶽谷戸が東京都によって堀之内里山保全地域に指定されるなど、環境保全の流れも進んでいる。その景観を一瞥しただけでは、一二住区や区画整理事業地区と同じ大字だとは思えないかもしれない。

現在の堀之内をこのように概観してみると、多摩ニュータウン開発は堀之内を多様な空間へ変えていったともいえるし、それが現在の堀之内を特徴づけている要素の一つといえそうである。そしてそれぞれの場所において、今日も住民たちが生活を営んでいる。

長谷川や若林をはじめとして、堀之内はこれまで、分野を問わず幾人もの研究者たちの関心の的となってきた。しかしそれらの論考でテーマとされたのは、この場所に生じてきた社会変動の影響の大きさであり、その結果をある意味で俯瞰的に分析してきたともいえる。しかし住民たちの論理からは、ただ社会変動の波に規定されてきたわけではない営みがあったことがみえてくる。本書でこれから辿っていくのも、そのような住民たちの姿である。

第三章　都市農地保全をめぐる農業者の論理
——多摩ニュータウン「農業公園構想」を事例として

本章で扱うのは都市農地である。農山漁村であれば農地は、林野、水域、集落等と混在し、一体的な空間を形作っていた。里山保全を論じる者たちも、農山漁村を扱う場合には農地を里山の構成要素として扱う場合が現在ではほとんどである。けれども郊外では、開発によって林野も田畑も多くが消失し、残された場所も都市という海のなかに浮かぶ群島のように分断して存在していることが多い。そのためであろうか、郊外の農地の保全が考えられる際には、林野などほかの環境と切り分け、別個に管理のあり方が検討されることが基本となってきた。都市に残された農地は都市農地と呼ばれ、やはり様々な形で研究・実践が進められてきた。

本章のもう一つの特徴としては、他章と異なりその空間の持続を意図して始められたはずの取り組みがうまくいかなかった事例を扱うことである。本章ではそれが持続しなかったのはなぜかという問いから、地域住民にとって里山の持続とは何かということを、逆説的に示すことを試みたい。

1　都市農地研究の現状と課題

研究分野ごとに異なる都市農地への関心

都市農地は長年、農業経営学や造園学、都市・農村計画学等を中心に研究され、その蓄積は大変多い。研究内容は多岐にわたるが、おおよそ二つの潮流に分けることができる。第一の潮流は一九七〇年代初頭より盛んになった、大規模開発が進む都市における農業経営の安定化を目指した研究である。この時期の大都市圏は高度経済成長のなかで著しく開発圧が高まり、多くの農地が宅地や商工業地へと変貌していった。これに対し上記分野の研究者たちからは、レクリエーション機能や生鮮農産物供給機能等といった機能面から、都市に農地があることの意義や、農地の宅地並み課税等の開発促進施策の問題が訴えられた。同時に、ゾーニング等の都市計画のあり方やそれを支える法制度といった観点から、都市に適合的な農地のあり方を考究することで、開発圧に抗して農地の持続を可能にすることが目指されてきた（和田 1972; 田代 1982; 重富 1986; 石田 1990）。

第二の潮流は一九八〇年代末より現れ、二〇〇〇年代以降主流となっている市民参加や協働による農地保全を目指した研究である。これらの論者も農地を都市におけるオープンスペースとして捉え、そこに潜在する多様な機能（環境保全機能や気候緩和機能等、新たに見出された機能も含む）をこれからの都市計画に生かしていこうとする発想を問題関心の基底に置いている。そのうえで耕作放棄地の増大や後継者難という問題を抱える農業を持続可能なものとするために、農地に新たな価値を見出す市民をこれからの管理の担い手として重視する。そしてその活動を支え広めていくべく、農業者のみならず専門家や行政担当者等との協働の推進を目指し、効果的な手法や制度等を検討してきた（進士 1996; 松木 2000; 後藤 2003; 横張・渡辺編 2012）。

両者は、危機的状況にある農地空間をいかに持続させるかということがゴールに据えられているという点で重なる。集約型大規模都市開発へのアンチテーゼとして農地空間に備わる多面的機能を活かしていくことが目指される点でも共通する。都市農地における市民参加や協働は、こうした問題関心が内包された一連の流れのなかで進展してきたといえる。そして現在都市農地では、そこに参画する多様な主体がそれぞれの豊かさを享受しつつ、農地が持つとされる機能を充足させながら、活動の持続性を高めていくことが一つの成功モデルとして想定されていると考えられる。これは序章でみてきた、里山保全にて想定される目標とも重なるものだろう。

もちろんこのような問題関心が有する意味の重要性は言うまでもない。しかしそれら研究の裏付けのもとで現在実践されている、都市農地の協働がうまくいっているかといえば、必ずしもそうではない。都市農地においてもやはり、専門家や市民と、長年農業に携わってきた農業者との間で分断やすれ違いを生んでいることが少なくないのである(1)。農業経済学者の野田公夫はこうした協働を評価する一方、「必ずしも地元/農家の目線に立たずとも農の意味が「語れてしまう」という「怖さ」」を懸念する。「「理念」も「経済力」も「行動力」も圧倒する外部参加者の善意」が、結果として地域社会や農業者への抑圧へと転化する恐れもある。だからこそ、そのあり方を考えるうえでの「最大の課題」として「地元農家と農業の側からこれらの諸運動を今一度とらえ返す」ことが必要とされるのだという(野田 2011: 33)。野田の指摘は都市農地に限った議論ではないものの、その現況を考えれば大変示唆に富んでいる。里山保全も都市農地保全も、現在抱えている問題は重複するものがある。

一方、住民の論理に深い次元で接近し、その立場から様々な社会現象を捉え返すことを得意としてきたのが社会学であるが、これまで多くの社会学者は都市農地への関心が低かった。社会学における都市研究の中心を占めてきた都市社会学では、他の学問領域での盛り上がりとは裏腹に「都市内の農業は都市化の進行によって消滅するはずのものであり、都市社会学の固有の研究対象とはなってこなかった」(中田 1994: 5–6)。この指摘から三〇年が経過し、研究対象の多様化や再考が行われてきたなかでも、都市農地に対する関心はいまだ高まっていない。他方農地を主たる研究対象としてきた領域に農村社会学があるが、学会年報にて「都市資源の〈むら〉的利用と共同管理」と題した特集が組まれた際にも、「「むら」を規定してきた農業をいったん棚上げする」（池上 2011: 9）ことをその前提としたように、特に大都市圏においては農地を切り離すことを自明視してきたといえる。

そのなかで都市農地そのものを扱った社会学の論考には池田寛二（1992）、中田実（1994）、猪瀬浩平（2006）、松宮朝（2006）、舩戸修一（2013）などがある。このうち前者二点は都市農地の現況を概説したのちにいくつかの論点を示したものであり、後者三点はそれぞれ農福連携、市民農園、援農ボランティアと、いずれも新たに都市農地に参画した主体をテーマとしたものである。そのなかでは農業者について一定程度触れられているものもあるが、いずれも新しく参画した主体との関係性のなかで取り扱われている。激しい社会変動にさらされてきた現代の都市農地について、農業者そのものの視点に基づいた研究が十分深められてきたとは言い難い。

研究対象と本書の射程

本章ではこのような問題関心のもと、都市農地をめぐる協働がなぜうまくいかないのか、実際に農地を利用してきた農業者の視点から掘り下げていく。具体的には農業者と、新しい農地管理の担い手とされた専門家や市民たちとの協働が「失敗」したと一般的にみなされている事例をもとに、その要因と背景を探っていく。

そのために検討していくのは、多摩ニュータウン一九住区で計画された農業公園構想である。一九住区は営農の否定を前提としたニュータウン事業計画に対し、計画区域からの農地の除外を求めて酪農家を中心とした農業者たちが運動を展開し、一部を除外させる成果をあげた場所として有名であり、その後農業者と研究者を中心とした専門家グループとの協働のなかで策定された農業公園構想は当時高い注目を集めた。けれども最終的にほとんどの農業者の協働からの離脱が起こり、農業公園構想も頓挫してしまう。

一九住区はその対外的な注目度の高さゆえ、多くの論考が著されている（大石 1981ab; 松木 1985, 1986; 和田 1988,

1990; 林 2010; 金子 2017)。このうち前者三名は農業者との協働に参画していた研究者であり、基本的にその立場から記されたものである。金子淳は多摩ニュータウンの歴史をまとめるなかで一九住区の経緯を取り上げている。

社会学的な立場から一連の経緯について体系的に分析したのは林浩一郎である。それは都市農地を対象として、かつ農業者の立場に焦点を当てた社会学の数少ない研究でもある。林は農業者と専門家をはじめとする様々な主体との「連帯」のうえに計画された農業公園構想について高く評価する(2)一方、「開発に対抗し続けた19住区の社会空間の連帯を崩したものは、70年代から80年代にかけての戦後資本主義の転換が生み出した新たな権力である。すなわち、オイルショック後に顕在化した行財政危機とプラザ合意以降の新自由主義経済が生み出した国家－都政－民間企業－政権党・政治家の強力な連合の成立であった」（林 2010: 197）と結論づけている。この外在的な要因を重視する結論は、林が問題関心を「「郊外ニュータウン」という社会空間の構造的問題を捉えること」（林 2010: 184）に置いていることに起因するものであろう(3)。しかしマクロ的な「構造的問題」の把握に価値を置くために、農業者の姿は最終的にはそれに規定される存在とされている。結果として巨大な権力に激しく翻弄され、抵抗むなしく打ち負かされていった悲劇のなかに描かれている。

図3-1　19住区区域図

当初の計画に示された94haより、酪農集落区域（4.4ha）、保留地区（12.2ha）を除いた東山・中央・西山の計72.4haが最終的な事業区域となった。都市基盤整備公団東京支社ほか編（2000: 13）より作成。

本書では、これを上述した都市農地をめぐる協働という観点から探っていく。そのために、一九住区で農地と関わって生活してきた農業者の立場から事例を捉え直していくことと

写真３−１　19住区空中写真（2019年）

写真の左右にニュータウン（それぞれ西山・東山）として膨大な戸建住宅が建てられている区画が広がる。一方中央部には除外された酪農集約区域を中核とする農地が残る。農地と市街地との間に位置する白線で囲った場所がかつての農業公園予定地（現在の堀之内こぶし緑地）である。国土地理院地図・空中写真閲覧サービスより作成。

する。[4] 農業公園構想が実現しなかった背景には林が強調したような外在的な影響もあっただろうが、そこばかりに囚われすぎると零れ落ちてしまう重要な視点を汲み取ることがこれによって可能となる。結論を先取すれば、専門家と農業者たちとの間にみられた、農地とはどういうものかという意識のずれや、「失敗」という枠組みでは押さえられない農業者たちの意志や主体性である。

以下ではそのために、農業公園構想をめぐる協働が行われた以前と以後も含めた分析を行っていく。協働の「失敗」について正確に把握するためには、その一時点だけ押さえるのでは不十分である。都市農地を取り巻く地域のような断続的な社会変動にさらされてきた場所では、農業者たちの考えや行動もそれへの対応のなかから選択されることとなっていくはずである。協働からの離脱についても、それが農業者たちのどのような論理のもとになされたものなのかということを浮かび上がらせるためには、そうした背景を掘り下げる作業が特に欠かせないものとなるだろう。

同時にこうした分析は、「失敗」後の住民たちの行動の軌跡を辿ることにもつながる。協働の「失敗」を題材とした先行研究の例は序章でも触れてきたが、「失敗」以降を含めた長いタイムスパンでの検証はこれまでの研究ではあまりなされてこなかった。けれども住民たちの生活とは、「失敗」後も継続していくものである。その行動からも、彼らが協働についてどのように捉えていたのかについて窺い知ることができよう。

いずれにしても、農業者が農地についてどのようなものと認識し、そこに関わってきたのかについて知るためにはその者の論理に深く迫ることが必要になってくる。本章では、現在に至るまでの数十年を含めた農業者の生活史も確認していく[5]。

2　多摩ニュータウン予定地からの農地除外運動の展開

一九住区の地域状況と多摩ニュータウン事業計画

一九住区の過半を占める堀之内では幕末以降、特に明治一〇年代にかけて養蚕業と目籠（メカイ）生産業が著しく伸長した。生糸商人・メカイ商人と呼ばれる仲買人として成功する住民も現れるなど商品経済化が浸透していくなか、生産物の販売によって現金収入を得ることで、生活を成り立たせる様式が定着していた（岡田 2016）[6]。けれどもそのような特徴を持ったがゆえに、終戦後安価な化学繊維やビニール製品が急速に普及し、双方とも産業として成り立たなくなると地域の生業構造に大きな影響が生じた。土建業や自動車整備業などを興す住民や、平日はサラリーマンとして通勤する兼業農家も増加した。多摩ニュータウン計画が降ってわく前夜の多摩丘陵一帯は、一般的には同様の状況にあった[7]。

とはいえ多摩ニュータウン事業は当初、新住事業のみでの開発が予定されていた。強制収容権まで付与された新住法を根拠に、土地の全面買収を前提とした計画では農業の存続など考慮されるわけがなく、「農地の所有権や耕作権が奪われるだけでなく、農業を継続しようとする農民たちの職業権も否定される」（金子 2017: 56）ものだった。長年居住してきた集落も、生活とともにあった農地も、そのすべてが失われる全面買収に対しては強い衝撃と動揺が

写真３−２　寺沢ねぎの出荷風景（1950年代）
川（寺沢川）で収穫したねぎを洗っている。出荷は集落ぐるみの作業だった。堀之内住民提供写真。

走った。

一九七一年、住民たちの強い反発を受けた東京都は、集落部については区画整理事業による開発へと方針を転換する。従来の集落部の近隣関係を考慮した移転用地を用意することによって「せめて住宅だけは元通りに戻るということにならなければ、解決は難しいだろう」（北條 2012: 135）という妥協案だった。それにより営農も形式上可能となったが、市街化区域となるため税制面や環境面から農業経営の不安定さが高まることには変わらない。けれども農業に関してはすでに前述したような状況にあったことに加え、抵抗しても最後は強制収容になるという諦念や転業するしかないのなら早いほうが良いという決断、事業者[8]側の激しい買収攻勢もあり、このことを転機として、土地売却に不承不承ながら応じる者、むしろ積極的な開発や商工業誘致を訴え事業を興す者、学園都市のような自然と調和したまちづくりを望む者など、多様な考え方が生まれていくようになっていった[9]。

農地除外を求める酪農家グループの論理

それでもなお一九住区予定地には自身の土地売却に否定的な者も一定数いたが、代表的なグループとなったのが酪農家だった。一九住区予定地一帯は肥沃な土壌に覆われていたうえ農地面積も広く、南斜面に位置していたため古くから「日向」と通称されるほど日当たりもよく、多摩丘陵のなかでは農業に特に適した場所の一つだった。そのため古くから営農に熱心な土地柄であり、「これからは学問の時代だ。農家も新しい技術を取り入れなければだめだ[10]」という掛け声のもと、養蚕業や目籠生産業が衰退したのちも、農地を基盤として生計を立てていくことが目指されていた。一九五〇年代には、砂質で水はけがよい土壌がねぎ生産に向く可能性に注目し、生産組合を結成して、「寺沢ねぎ」と集落の名を冠した特産のねぎ（一本ねぎ）を三輪車で共同出荷した。「深谷ねぎに対抗する」べく品質の向上にこだわり、精農家の指導のもと「二〇本で四キロになるくらいの太いねぎを作った[11]」。努力は実り、市場から高い評価を受けて引く手あまただったという。

写真３－３　牛舎（1960年代）

酪農家自身の山に生えていた木を伐ってきて建てたという。堀之内住民提供写真。

ねぎ生産が相場の暴落を受けやがて下火になると、養鶏や花卉生産など様々な方向性が試行されたが、特に盛んになったのが酪農である[12]。当初は一頭買い付けるのも非常に高価だったことから集落ぐるみで乳牛の繁殖に取り組み、地道に頭数を増やしてきた。畜産研究の専門家である大学教員から「繁殖を伴わないなら畜産とは言えないよ[13]」と言われながら技術習得に励んできた。こうした取り組みの結果、本来高価な投資を必要とする酪農が、大規模な土地や資産がなくても経営できるようになっていった。不利な条件を克服して経営規模を拡大させたある酪農家は、「うちと同じ方法でやれば土地はいらない[14]」と言って熱心に指導して回っていたという。

多摩ニュータウン計画が持ち上がったのは、並々ならぬ苦労を農地に注ぎ込んだ末にようやく酪農経営が安定してきた時期にあたる。高い意欲と苦労をもって酪農に携わってきた住民たちからみれば、そのような土地を売り渡すことなどやすやすと受け入れられなかったのである。区画整理事業であれば営農も可能とはいっても、周囲の宅地化が進めば臭気等のために近隣に転居してきた新住民とトラブルとなり経営に支障が生じることは容易に想像できたことから、そこを妥協点とすることもできなかった。結果、あくまで酪農地のニュータウン事業計画区域からの除外を求めていくこととなり、その運動は長期化していった。

酪農家グループの運動戦略

一九住区予定地には酪農家グループ以外にも、居住地が区画整理されることに反対し集落部の除外を求める住民グループ[15]や、酪農地以外の農地全般も含めた保全を訴える農業者もおり、次第に協調が進んでいく。さらに運動に賛同する外部者との連携も図られた。

きっかけとなったのは都の労働組合（東京都区職員労働組合経済支部）が一九七五年二月に開催したシンポジウムである。「農協にあったポスターを見た[16]」ことでそれを知った酪農家グループは参加を決め、問題を訴えた。ここで運動の存在を認知した組合は以来数年間、「『都市の中の農業を守る運動の縮図』とも言える多摩ニュータウンの酪農家との共斗」（都職労経済支部編 1979: 17）として、支援者拡大を狙った活動を展開する[17]。

外部者との連携の有効性を強く認識した酪農家グループはその後も機会を見計らっては集会やシンポジウムへと足繁く通った[18]。一連の行動を通じて運動が社会の耳目を集めるようになり、新聞やテレビ等の取材も相次いだ[19]。営農との共存を果たせないニュータウン開発に疑問を持つ研究者やコンサルタントといった専門家たちの共感も得るようになり、やがて連携を深めていく。以来、彼ら専門家の存在が運動のバックボーンとなっていく。住民団体を結成して運動体としての組織化が図られたほか、主張を行う際のワーディング、ビラや団体規約の作り方など、運動を効果的に進めていくうえでの技法も彼らから取り入れていった。

一九八二年二月、東京都は「一九住区の取り扱い方針」を地元関係者に示す[21]。ニュータウン区域からの除外を求めてきた酪農地の処遇について「計画区域に所在し、引続き酪農継続を希望する者については酪農集約区域に集約する〔中略〕酪農集約区域については、新住宅市街地開発事業の区域から除外し、市街化調整区域に編入する」とされた。

農地については、酪農家グループの要望を一定程度考慮したものとなった[22]。

一方で酪農地以外の農地については考慮されず、「保留区域以外の区域については、住宅・都市整備公団が早期に事業化を図ること」（傍点は筆者による）とされ、強制収容も視野に入れた強硬姿勢が突き付けられていく。また酪農地についても周辺が宅地開発される方針には変わりなく、臭気等によるトラブルの可能性は払拭されておらず、持続的に営農していくことに対して強い懸念が残る内容となっていた。これら問題を残したまま、一九住区の事業計画変更は上記方針に即した形で告示され、同年八月に承認される。

3　農業公園構想の提起と破綻

調査委員会の結成と農業公園構想の提起

一九八三年七月、一九住区予定地居住の農業者ら一三人が「農業の協業化を図り、機械施設農地の有効利用と農業生産の増大を図り、組合員の相互親睦を図り農業経営の向上に資すること[23]」を名目としてT農事農地利用組合を結成し、以降この組合で事業者側と応対していくこととなった。農事利用組合法人化というアイデアも専門家グループからの発案で、規約や定款の起草も彼らによるものだった[24]。一〇月、組合の要求によって東京都との間で酪農経営の現状と多摩ニュータウン建設後の酪農経営に及ぼす影響の調査、そして恒久的な酪農経営に必要な施策の提言を行い、東京都はそれを事業に反映するよう努めることが覚書として交わされた[25]。調査は東京都が東京都畜産会へ委託する形式が取られたが、調査委員の選定は運動の支援をしてきた専門家に任され、実質的な主導権は運動側が握っていた。

そのような調整のもとで結成された多摩ニュータウン一九住区酪農経営調査委員会（以下、調査委員会）は、都市農地研究を当時牽引していた社会科学者・計画学者をはじめとして、のちに里山保全の実践活動で著名になる自然科学者等一〇人の学識経験者から構成される学際的な調査チームとなった。結成にあたり農事農地利用組合長から「当地へ来られた時には私ども地元住民とヒザをつき合わせて懇談するなどしていただければ」との要望[26]があり、幅広い立場にある住民と専門家グループとが議論することを目的とした会合が設定されるところから調査は始まった。

この調査委員会によって立案され、中心的な提言とされたのが農業公園構想だった。その具体的な施設としては「酪農を展示あるいは体験させるための畜舎・サイロ・堆肥センターなどの直接生産過程に関する諸施設の設置に用いる土地と、市民菜園に係わる管理センター、地元住民への牛乳や乳製品を直売するためのミニ牛乳処理加工所および料理教室、学童や青年等の研修するハウス（子供の家、青年の家など）、等々の施設用地群」（南多摩新都市開発本部・社団法人東京都畜産会編 1985: 79）が想定されている。

施設内容からも分かるように、農業公園構想とは臭気回避のための緩衝地帯という意味合いだけでなく、酪農家を中心とした農業者と市民との交流の場を作り出すことが重視されている。調査委員の一人によると「農業公園とは読んで字のごとく、都市施設としての公園である。農業生産力の育成という点からすれば必ずしも積極的な方策とはいえない」のだという。にもかかわらずそれを重視するのは、開発が避けられない一九住区の現在の状況では「都市の豊かな発展にとって農業・農地の位置と機能を認めさせていくという論理手法をとらざるをえない」（松木 1986: 330）からだとしている。ニュータウンに農地があることの市民にとってのメリットとなる多面的な機能[27]を提示し、関心を持った市民を農地へと積極的に呼び込むことで農業経営を安定させ、農地の持続を図っていくという方向性への転換のなかで生み出された構想だったともいえる。

調査委員長は、「農家側が、ただ酪農を守ってくれというだけではだめだ。酪農は、単なる植物生産だけでなく動物生産、加工過程があり、まさに農業のよさを全部みせることができるわけですので、うまく地域と調和することを考えてくださいといいました」（和田 1990: 25）と、農事農地利用組合とのやり取りを明かしているが、それを体現するための空間が農業公園だったのである。

研究会の結成と市民参加の推進

一九八五年一一月、都は調査委員会の調査完了を受けて「多摩ニュータウン19住区開発と酪農についての方針」を示した。そこには緩衝地帯として住区内に一・六五ヘクタールほどの農業公園と親水公園を設けることは言明されていたものの、その他の土地については具体的な整備計画が示されないまま強制収容行使の可能性を梃に強硬な買収攻勢へと突き進んでいく。[28] 農事農地利用組合は農業公園構想の実現のための協議を優先することを強く求めたが、[29] 都は最後に残った四人の農業者の土地収用を企図し、収用委員会審議まで強行した結果、一九八八年春までに一九住区予定地の土地買収完了の目途をたたせた。[30] ニュータウン事業は住民たちにとって新たな局面を迎えていく。

他方、専門家グループからは農業公園構想の具体化の動きが進んでいた。一九八六年、民間財団の助成計五五〇万円を原資として結成されたR研究会である。農事農地利用組合員を中心とした農業者一三名（酪農家六名、養蚕農家一人、花卉園芸農家一人、兼業農家五人）と非農家住民一名、調査委員を中心とした大学教員やコンサルタント七人、その他農協関係者や東京都畜産会関係者、マスコミ関係者等、合わせて三一人にて始められたこの研究会では、月一回の事務局会議、および年一回の全体会議で研究会の方針や農業公園構想のあり方などを討議していくことが目指されたほか、クラインガルテンや生産者・消費者間の連携を深める農業を行っている先進地域への視察が予定された。この時専門家グループの間では「それ〔農業公園〕が仮にできた後、農家が本当に酪農をやってくれるかという管理主体、管理手法の問題もはっきりしない」（和田 1988: 44）懸念が浮上していた。R研究会はそのような「問題」を払拭するべく、専門家が農業者と同一組織上で協働しながら、一九住区農地の望ましいあり方を考え実現していく目的から作られたと考えられる。

そのためこの研究会では、両者に加えて外部から一九住区へ訪れる市民との協働を促すことも念頭に置いた活動も重視された。地域の特色ある場所や自然、歴史等の聞き語りから作成する環境マップづくりに始まり、マップをもとに一九住区をめぐる自然観察会では第一回開催時（一九八六年六月）に九〇人（子ども五〇人含む）、第二回開催時（一九八七年九月）には一五〇人の参加者を集めた。さらに製茶やハム、ソーセージ、アイスクリーム、ヨーグルト作りといった食品加工体験、生産物の加工実演や販売を行う収穫祭など多彩なイベントが実施され、それぞれ多くの参加者を得た[31]。一連の取り組みは助成を得た財団からも高い評価を受け、一九八八年度研究コンクールでは優秀賞を受賞している（トヨタ財団編 1989: 52）。

本章の冒頭でも述べたように、農業者に加え、市民や専門家などの様々な主体が協働して都市農地利用を進めていくことへの注目が高まってきたのはこの時代である。そうした様々な主体が同じ場でふれあいを介した作業をともに行うことは、都市農地の利活用を円滑に進めるうえでのプロセスとして現在でも推奨されていることである。生産物の加工や販売は今でいう六次産業化やコミュニティ・ビジネスに通じるものがある。その意味でR研究会の活動は、本章の冒頭で都市農地研究の第二の潮流として取り上げた、市民参加型利用の先駆けとなる優良事例だったとみることも可能であるように思われるし、そのことが当時、対外的に高評価を得ていた要因だったのであろう。

農業公園構想の破綻

だがその評価の根幹とされていた「都市住民だけの運動でなく、農家が中心と成っていることのユニークさ[32]」という状況は、実際にはこの時すでに大きく揺らいでいた。

そのため環境マップ作りのワークショップを予定していたはずが「飼料の刈り入れや田植えの準備等で忙しく地元の参加者が少な」く実施できなくなり、急遽「この地域でできる一年間の食品加工」についてのレクチャーにイベント内容が変更となるアクシデントもあった[33]。このことについて、当初研究会に参加していたある人物は次のように語る。

写真３－４　堀之内こぶし緑地

大半が芝生の広場となっている。写真右が名前の由来となったコブシの大木。もともとは神社近くに生えていたが、ニュータウン計画のため伐採される予定となっていたところ、氏子の働きかけで移植されることとなった。

学者たちは本とかのやり方でやってくる。みんな「とてもできそうにない」って言って、それで地元の人はよしちゃった。やっぱり地のものとハカセとでは、書面上でやっている人とでは、意見が違ってしまうことがある。肩書はハカセだったりするけれど、こんなんでは百姓をできそうにない。「ああしなさい」「こうしなさい」と能書きばかり。だから「ウチの方が忙しいから……」と一人抜け、二人抜け、何人かしかいなくなっちゃった。「百姓もできない人があぁして騒ぎやがって」と言っていましたよ。(34)

その後も、専門家グループと農業者とのすれ違いは強まる。一九八七年、一部の専門家は二年の時限付きという条件で組織されていたR研究会の継承を念頭に置き、農地でのイベントを行う団体を新たに結成し、市民参加と協働を進めることを目指した。のちにそれは里山保全を牽引する研究者からも「丘陵地における人間と自然の共存」の好例として評価され（武内 1994: 169-71）、環境白書にも優良事例として掲載された（環境庁企画調整局調査企画室編 1996: 141-4）。けれども最盛期にはおよそ三〇〇名にまで上昇した団体会員のうち、一九住区の農業者は二名に留まった。そして最後まで団体に残った農業者が死去する（二〇〇二年）と、求心力を失った団体の会員は激減。外部者のほとんどは一九住区を去っていった。

一方この間、事業者側が用意した実際の農業公園予定地については、事業者と農業者との間で断続的に協議が進められていた。特に事業者側は農業公園を「環境育成・活動を通した農業地域住民と都市住民の交流を支援して、都市と農環境との共生システム形成を推進する」ための「中核施設」として位置づけ（住宅・都市整備公団南多摩開発局編 1997: 34）、一九住区開発計画が具体化した一九九六年以降、観光農場、暗渠化された寺沢川の復元・親水化、都市農業育成センター、酪農資料館、牛乳・乳製品の販売施設の建設等、調査委員会の提案も反映させたと思われる積極的な試案を作った（都市基盤整備公団東京支社ほか編 2000, 2001）。しかしこれら試案をもとにした協議では農業者たちから「お金をかけずに整備するのがよい」、「地元が酪農に相応しい公園をつくっていくのは荷が重い」、「農業系施設はいらない」、「せせらぎ（親水施設）は現実的な話ではない」等、かつてとは打って変わり否定的な発言が相次ぐ（都市基盤整備公団東京支社ほか編 2001: 6）。当事者である農業者の意向は大きく、最終的にこの用地は二〇〇六年、「堀之内こぶし緑地[35]」という、機能面でいえば酪農地とニュータウンとの緩衝地帯としての意味合いがほとんどとなる芝生広場として開園し、現在に至っている。

4　都市農地に対する農業者の論理

協働から離脱し、先進事例として高い注目を集めた農業公園構想の実現にも消極的だった農業者の行動は、それだけみれば意欲の低さや都市農地保全への不理解として映るかもしれない。あるいは除外運動の際の熱心さや、当初の農業公園構想への協力的な姿勢と一貫性に欠いているようにもみえる。しかし本当にそうなのだろうか。研究会に参画していた農業者たちは、その後も全員何らかの形で農業に携わって生きており、農業に無関心になったわけでは決してなかった。前節に記した発言からは、農業公園構想、もしくは研究会の方向性と、自分たちのやり方との間にずれがあったということが推察される。だとすればそのずれとは何なのか。ここからはそのことを、本章のテーマである農地という空間をもとにして探ってみたい。このような農業者の論理は、それぞれの経験世界に降り立った分析を行うことによって把握していくことが重要になってくる。そのため本節では、研究会に参画した四人の農業者の生活史を辿っていくこととする。

兼業農家・A氏の例

A氏[36]は兼業農家であった。父の代までは専業農家だったが十分な農地がなく、生計を維持するため自動車整備業を起業した。一方で農業にも熱心で、有機栽培で育てた蕎麦を手打ちで製麺して楽しんだりしていた。農地は主たる生計を立てる場ではなくなっていたが、それでも楽しみの場としてかけがえのないものだったのである。

「自然が好き」だと語るA氏はかつて、農地での耕作以外にも様々な形で自然を利用してきた。例えばかがなき[37]の巣を見つけて巣ごと捕まえる蜂獲りである。蛙の死体を放置しておくとかがなきが肉を食べに来るから捕まえてこよりをつけた。そのこよりを目印に後を追って巣を探した。「食べるとうまかったんだよ」と言う。他にも山のなかに入ってわなを作りコジュケイを捕まえていたし、川では「毒ぶち」といって、すりつぶした有毒のエゴの実を撒き、しびれて浮かび上がってきた魚を獲っていた。

一九七二年春、いつものように山菜採りをしていたA氏は田んぼで「面白い魚」を発見する。興味を惹かれたA氏は捕まえて生物学に詳しい知己の中学校教員に見せる。「貴重種ですよ」と言われ、それがトウキョウサンショウオであることが分かった。現在では絶滅危惧Ⅱ類（環境省レッドリスト）であるその生物の存在は、以来運動のなかで一九住区の自然や農地を保全しなければならないとする主張の重要な論拠とされた。「自然が好き」であるA氏ならではの発見だろう。A氏は農地を山林と一体の「自然」という空間として捉え、「自然が好き」という心性に基づいてそこで楽しんできた。

写真３-５　ニュータウンに残る「長谷戸のシイ」
周囲は開発されて新興住宅地となったが、スダジイの木だけは残され、公園となっている。

A氏はニュータウンの除外運動に一貫して加わり、農地を「びた一文売るつもりなかった」という。収入源ではなくなっていたが、「先祖代々引き継がれてきた、昔ながらの自然は残さなければいけない。生まれた故郷というものは、どうしても残したい。これはもう金の問題ではない」という考えがA氏を突き動かしてきた。しかし酪農家ではなかったことから自らの農地を残すことはできず、「徳川時代のもの」だったという自宅も解体せざるを得なくなる。しかし家の「ご神木」であった樹齢三〇〇年のスダジイは伐採しないように交渉を続け、今ではニュータウンのシンボルツリーとなっている。

自身の農地を失ったA氏だったが、転居等に一区切りついた二〇〇〇年、堀之内在住の新・旧住民五名が設立した里山ボランティア団体[38]に加わる。団体ではニュータウン区域から外れたため開発を免れた農地の耕作も主要な活動の一つとしており、A氏は自分の土地ではないものの、再度農業に携わることとなる。自らも農作業を楽しむだけではなく、農業経験がない新住民へ技術を教えてきた。さらに団体の新たな活動として、かつての地域の主産業の一つであったメカイ作りを提案した。「自然のものでつくるから公害もないし、水キレもいいよ」と訴え、自宅の倉庫を会場として提供し、技術指導を行ってきた。

A氏は堀之内の自然の管理を新住民に引き継いでもらいたいと考えている。ただどのように引き継いでもらえばいいかは分からないという。「やはり土地の人が指導者でないと。地形に明るいし、植物にも詳しいし」と考えるA氏がメカイ作りの指導に携わるのはそうした試行錯誤のなかでのことである。

このようなA氏のまなざしは農地そのものにも向けられる。二〇一二年には遊休農地を活用し、かつて盛んに栽培されていた「寺沢ねぎ」を地域のブランドとして再興し、駅前の店先で直売することで一九住区一帯の新たな「まちおこし」をする団体を、近隣の住民と結成した。現在主流のF1品種（一代交配種）とは違いやわらかくて美味しく、好評を博しているという。肥料には競馬場から出た馬糞を四トン車一台で運んで入れている。「そうやって野菜を育てると微生物も増えるし生き物も増える。私は昔から自然が好きだからね。そういう自然を残したいんだ」とA氏は言う。

養蚕農家・B氏の例

B氏[39]は一九住区域内最後の養蚕農家である。祖父が大正時代に建てた蚕室で養蚕を行っている。非常に高品質の繭を生産することで知られ、二〇〇八年には伊勢神宮の式年遷宮の際に用いる、「青緻纐綿御衣」を作るための繭を育てる依頼を受けた。

B氏の父は一九住区一帯における養蚕の指導的立場にあり、経営の合理化によって養蚕の普及を図ってきた。稚蚕飼育という、孵化したてのカイコの育成を専門的に担っていた家であった。一時期は南多摩郡全域に加え、北多摩郡や神奈川県の一部の稚蚕を委託飼育していたほどであった。長年地域の養蚕業を牽引してきた家に生まれたことから、養蚕が斜陽産業だといわれるようになっても、それを受け継いでいくことを決意したのである。

かつては三〇キロから五〇キロにもなる落葉の塊を、背負子を使って山の反対側にある水田まで担いでいった。水田までは休める場所も少なく、苦労したという。忙しくてしょうがなかったとB氏は当時を振り返る。こうした農業とともに生きる生活を経て醸成された土地への愛着も、何としても農地を残したいという意志へとつながった。

B氏が特に残そうと懸命だったのは、自宅の裏山にある一・三ヘクタールの桑畑だった。「私は死ぬまで農業をしていたい。蚕を育て、土に生きていたい。その気持ちだけでがんばってきた。ニュータウンにどうして、私のような

写真３－６　ニュータウンで続けられる養蚕のための桑の収穫（一部修正）

農家があってはいけないのか[40]」と、当時の取材で語っている。しかし酪農家ではないB氏もまた、最終的には売却しか選択肢がなくなる。「養蚕家にとって、農地は命。手も足も胴ももがれて、胃袋だけでどうやって生きていけというのか[41]」という思いから、何日も眠れなかったという。

Ｂ氏は除外を求めてきた桑畑を失ったのちも、区画整理区域内に代替で得た一五〇〇ヘクタールの農地に桑を新たに植えて養蚕を続けた。農業を続けている理由について、「何もしないで時間をもてあましていても仕方がないし、何より一仕事終えると、農業をやっているんだなぁという気持ちになる。それがとても気持ちがいい」のだという。それは養蚕農家の「命」であるという農地を新たに育む営為だったともいえるかもしれない。

その後のB氏の原動力となったのは、彼をサポートすることになった女性グループの存在である。R研究会が企画した自然観察会の一環として養蚕の見学をした際、それに魅了された参加者が現れた。彼女らはその後も養蚕の季節になるとB氏の自宅へと通い始める。「主婦にも定年退職があっていい」と言い、そのため堀之内へと転居してきた人までいたほどであった。B氏から借りた小屋でカイコを育て、一から養蚕に関する技法を学んだ。それから三〇年以上、養蚕の時期になると毎日のようにB氏の自宅へと集い、必要な作業のサポートをボランティアで続けてきた。春と秋の二回行うB氏の養蚕は合わせて六〇日以上の作業となる。例えばカイコは五齢になると大量の桑を食べるようになるため、その分桑畑からの補給が必要となる。桑の枝を切って束ね、それを軽トラに載せていく作業は重労働であるが、女性グループは役割分担をしながら作業を担う。B氏が九〇代になった現在でも肉体労働の多い養蚕を続けられるのはこうしたサポートがあったからこそである。「農業は大変だけどこんな楽しいとは思わなかった。自分には跡取りがいないと思っていたけど、何も家族がやらなくてもいいんだ」ということに気がついたという。

一九九七年、養蚕農家と大学研究者、織物業者、工芸家、市民などによって、東京都内の養蚕業の存続・発展を目指す団体が結成され、B氏も女性グループとともにそれに加わった。育成の難しい特殊な品種のカイコの飼育を始めるなど、団体の求めに応じてきた。こうしたB氏の新しい取り組みは養蚕への熱意や開明的な性格によるものもあるが、何より女性グループの実直な行動に心打たれたという点が大きいはずである。

酪農家・C氏の例

C氏[42]は近年酪農を引退したものの、それまで一貫して地域の農業を牽引してきた人物である。B氏と同様、農地は時代が移り変わるなかでも農業を成り立たせていくための情熱が注がれ続けてきた場とされてきたが、C氏の場合その情熱は新技術の積極的な摂取に向けられた。若い頃は地域の年長者とともに寺沢ねぎや酪農の普及に尽力した。一般人の海外渡航が始まったばかりの時代、先進酪農の視察のためアメリカにまで赴いたほどであった。「酪農は〝楽農〟じゃなくて〝苦農〟なんだ。しんどい仕事」だと繰り返し語るが、それだけ酪農に打ち込んできたということだろう。

そのようなC氏にとって、長年情熱を注ぎ込み、経営を成り立たせてきた農地を手放すことは考えられないことであった。「農家が農地をとられたら何もできない。土地のない農家は丘にあがった河童と一緒」と、酪農地のニュータウンからの除外を求め奔走し、都庁で都知事美濃部亮吉や開発本部長に直接訴えたこともあった。結果として、C氏は酪農地のニュータウンからの除外を果たすことができた。

C氏にも「代々続いたものを守る」という思いが強くあった。「先人が一生懸命頑張ってきたから、今の私がいる」。

だからこそ「先人がそうしてきたように、私も子孫に伝えていかなければならない」と考えている。その考えは木との関係にも反映されている。以前C氏が自宅を建て替えた際には、自らの所有する「ヤマ」からとってきた木と、屋敷の敷地内に植えてあった樹齢二〇〇年のケヤキを用いた。家で使われている部材がどこに生えていた木であるかも分かるという。そして、子孫のために同じ場所に木を植えた。自分が木を伐って使ったように、木を子孫に残すためである。

こうした考え方は、農地にも反映されている。C氏は農地を代々伝承されてきた名前で語る。例えば伊兵衛畑《いへえっぱた》は伊兵衛という人物が開墾したのだろうと言い、深田《ふかった》は水はけが悪く非常に深い田んぼだったからそう呼ぶのだと語る。近隣の住民の田んぼには一貫目《いっかんめ》という農地があり、土がぬかって耕作に難儀し、鍬で耕すと一貫（三・七五キロ）もの土がへばりつくのがその名の由来だと言う。C氏にとって農地とは、地域に代々伝承されてきた物語が息づいている空間なのである。

C氏はそのような土地で農業を地道に続け、きれいな農地を維持してきた。遊休農地にするなどして、そこを荒廃させることに罪悪感を抱くからである。それは「田園荒廃して小径なし。往時の美田、叢となし、精農すでに墓下で泣く」という父親の言に影響されてのことである。「先祖代々耕してきた田畑を荒廃させてしまったら、墓の下にいる先祖が泣くだろう。最高の畑が耕作されず、草を刈るだけになっているのは国家の損だ」としてC氏を突き動かしてきた。

こうした考えのもと、かつては地域農業近代化を引っ張ってきたC氏だが、かといってこれまでの農業のやり方を大きく変えることには懐疑的だった。「農業というのは永久就職、終生現役だ。だから父祖の背中をみて、そのやり方を守っていかなければうまくいかない。微調整で対応する。人工衛星が地球の周りを微調整しながら回り続けているようにな。大きく転換してしまうと間違いもある」との考えによるものである。

野菜農家・D氏の例

D氏[43]は野菜農家である。現在出荷はしておらず、販売の機会は神社の祭礼等の際に行う直売程度に留め、残りは自家消費のほか、近隣や自治会の老人会等で「おすそわけ」している。D氏の祖父は周辺地域のなかで「麦作耕種の術に最も練達せる」農業者として、東京府農会発行の冊子でも取り上げられる精農家だった（東京府農会編 1917）。D氏自身も農業高校を卒業し、精農家としての道を歩む。一九六〇年、結婚を機に酪農を始めた。妻の実家が酪農経営で実績をあげていたことに影響されてのことだった。しかしそれからわずか五年後、多摩ニュータウン開発計画が浮上する。事業区域の北端で隣り合うように営農していた他の酪農家からは大きく離れ、D氏は街道沿いの隣集落で営農していた。そのため酪農地は早々に区画整理事業区域へと組み入れられる。D氏自身は「もうニュータウンが来るって決まったんだから、それに便乗して開けないとだめ。農業と住宅が共存するような街にしないとだめなんだ」と考えるようになり、自身の土地の区画整理を受け入れたが、一方で他の酪農家たちによる除外運動も「同業者だから」と支援した。

写真３−７　兜造りの民家（1960 年代）

養蚕のための民家で４階構造になっている、かつて養蚕が盛んだった堀之内のシンボル的な存在だった。堀之内住民提供写真。

　ニュータウン開発が始まるとその生活は一変し、対応に追われる。D氏の自宅は南多摩地方に唯一残る「兜造り」という建築様式の民家で、かつて養蚕で栄えた堀之内一帯のランドマーク的存在だった。保存要望が出され、都の文化財指定の話もあったが、最終的に建物の大きさの問題から保存できず、解体されることとなる[44]。それでもまったく新しい建物を建てるのではなく、解体された木材をそのまま使い、それまでの雰囲気を意識した建物を再建した。集落にあった歴史的な石造物である庚申塔や道しるべを移転させ、保存の段取りをつけたのもD氏である。ニュータウン開発が迫ってくるなかで、集落に息づいてきた歴史空間をいかに残すかということに力を尽くしてきたといえる。

もちろんその中核には、精農家として懸命に働いてきた農地があった。D氏は開発後、酪農をあきらめ野菜農家となった。酪農を続けなかったのは、市街地になったことで臭気の問題が避けられなかったことによる。それでも合計三〇〇〇ヘクタールの土地を生産緑地として野菜生産を続けてきた。周囲にはマンションや商業テナントが林立する。同じように開発して賃貸収入を得る方法もあったはずだが、「なんとか農業がやっていける方法があればいい。せっかく今まで農業をやってきたんだから続けたい」と、あくまで農業者であり続けることにこだわった。野菜農家への転身は、市街地にいかに農地を残していくかという模索のなかでのことだったと思われる。

「きれいな畑は見ていて気持ちいい」と語るD氏の農地はきれいに草がむしられ、隈なく耕されている。生産緑地の検査をする職員からも絶賛される。夏野菜を育てるのにも正月から酪農家より購入した堆肥を入れ、時間をかけて土壌を作るところから始める。このように手入れされる農地から生産される野菜の品質は高く、周囲からは「茄子捥ぎの名人」の名で呼ばれている。それらの評判に対しては「農業高校出てますから」と語る。「それなりの努力をしてきた。根っからの百姓だから、やるからには変なもの作りたくない」というプライドが、丹念に整えられた農地にも表れているのだろう。

5　なぜ農業公園構想はうまくいかなかったのか

最後に、本章を通じて確認してきた農業者たちの論理をもとにして、彼らにとって農地とはいかなる空間なのかを確認し、そこから前節の冒頭にて確認したずれがどのようなものだったのかを明らかにしてみよう。

農業者にとって農地とは、本章冒頭でみた都市農地研究であげられていたような、普遍的、客観的な特定の機能のみが存在する空間ではなかった。「先祖伝来の土地」という意識、幼少期からの楽しみや苦労、農業に懸けてきた情熱といった自らの思い、あるいは背中を見てきた父母、祖父母の思い、それらをもとに育まれた「ふるさとへの愛着」、あるいは「自然が好き」といった感覚など、身体に刻まれた個別具体的な経験が埋め込まれている空間だということが見て取れる。そこに根差された「人－自然関係」は、実に多面的なものであった。

ニュータウン開発とは農業者たちにとって、このような空間が剥奪されることを意味していた。「自然の無事」の喪失であるとも言い換えられよう。しかし「先祖伝来の土地」を失ったからといって、身体に刻まれた経験まで断ち切れるわけではない。酪農家以外の農業者は自身の農地を手放さざるを得なくなり、B氏やD氏のように代替地で営農を続けた者もいたし、A氏のように自身では農地を所有できず、住民団体の活動のなかで利用するようになった者もいたが、そのなかでも桑畑を植えなおすことによる養蚕の持続や寺沢ねぎの再興などに端的にみられるように、おのおのの経験との連続性のなかに農地を位置づけようとしていた姿が垣間見える。本書の分析に即していうのであれば、農地そのものとの関係、そして、ともに農業に情熱を注いできた先人や仲間たちとの関係が意識されながら、ニュータウンとなった場所で（さらにいえばC氏以外は従来働きかけていた農地自体も失うこととなりながら）、「自然の無事」を実感し続けていくために、様々な試行錯誤が行われてきたのである。

このように考えてみると、専門家と農業者の間にあったずれがどのようなものだったのかがはっきりしてくる。すなわちそのずれとは、農地とはどういうものか、あるいは農地の持続とはどういうものかという考え方のずれということになろう。一見すると、専門家たちの行動は周到だったようにみえる。一九住区を取り巻く状況が変化していくなかで農地をいかに持続させていくかを考え、その時々の状況に応じて方針を軌道修正しながら、柔軟な対応策を打ち出していった。そして農地保全に限らず、自然環境保全や市民のアメニティ充足、コミュニティ・ビジネスの創出等多様な参加動機を作り出し、多くの主体の参画を可能にしていくような柔軟さも併せ持っていた。それらは、冒頭で確認した都市農地研究における第一の潮流から第二の潮流への変化にも即応させていることからも分かるように、当時の先端の知見が多分に摂取された実践だったという評価もできそうである。しかしここで重視された、ニュータウンにおける農業存続のための市民参加の推進やそれによる農業経営の安定化という志向は、多面的機能などの形で評価されるような、実体としての農地空間そのものの持続を考えるのであれば有効な手段だったのかもしれない。しかし農業者たちが意識してきた、本来そこにあったはずの「人－自然関係」からみれば単純なものである。それぞれが大事にする、多面的な関係性のもとに成り立っているとはいえない空間とみなされるようになったのではないだろうか。

それでは、なぜ農業者たちは専門家との関係を深め、農業公園構想にも当初は協力的であったのだろうか。ここまで見てきたことをもとにすれば、そこに多面的な関係性が根差された農地を持続させていくための、主体性も読み取れよう。繰り返しになるが、除外運動に参画した農業者たちは、数十年の間絶えずそれぞれが持続させたいものと向き合ってきた。自分たちを取り巻く局面がたびたび変わっていくなかで、それに対応するための選択を迫られることが繰り返された。農業者たちは、考えられ得るいくつかの選択肢のなかから、外部の知識や制度、支援者を積極的に受容したこともあれば、そのようなものと距離を置くという判断を下したこともあったとも言い換えられる。すなわち、そうしたものとの距離の取り方が、自身の手でコントロールされてきたともいえる。その変化のタイミングとなったのが、強硬な土地買収の末に事業化に向けた区切りがついたことだった。運動の結末がたとえどのようなものになったとしても、その場所で生き続けるしかない農業者たちは、それを踏まえたうえでの生活をより豊かなものへとしていく方向性を模索していかなければならない。農業公園構想はそのなかで、農業者たちの間でリアリティを失い、ずれとして顕在化したと考えられる。それは、傍目からみれば協働の枠組みが崩壊し、取り組みが「失敗」したようにみえるかもしれないが、農業者たちにとってみれば、あくまで農地をめぐる関係性を、その時点で実現可能な、より望ましい形で維持、ないしは再構築していくうえでの選択肢の一つだったともいえるものである。

Ａ氏やＢ氏が一九住区に移住してきた新住民や住区外の都市民との協働を新たな形で進めるようになったように、農業者も協働そのものに否定的なのではない。自らの思いや置かれた条件、協働する相手の考え方や引き受けていかなければならない選択の結果などを見定めながら、その都度自らがどうあるべきか判断が下されてきているのである。そのような住民たちの自然観、農業観をしっかりと理解し、それに寄り添うことこそが、これからの都市農地（それだけでなく里山全体についてもいえるだろう）のあり方を再考していくうえでの第一歩となるのではないだろうか。

第四章　現在の地域住民にとって里山の再生とは何か
――里山公園における自治会の取り組みを事例として

本章でみていくのは前章の事例の続きである。前章では、専門家たちが都市農地における当時の先端の研究も反映させた農業公園構想を提起したものの、最終的には地元農業者たちとの協働がうまくいかず、頓挫した経緯についてみてきた。これだけであれば、環境保全活動のなかでの協働の失敗の事例の一つとして、先行研究でも何度か確認されてきたことである。しかしこの事例の興味深いところは、一度は破談に終わったはずの構想が、地元自治会の手で大幅に作り替えられることによって再登場し、そちらについては住民たちに受け入れられている点である。それが本章の舞台となる堀之内寺沢里山公園（以下、里山公園）である。いったいなぜ、農業公園構想が住民たちに受け入れられなかったのに対し、里山公園は受け入れられているのか。本章ではこのことについて確かめていきたい。

1　里山における「人‐自然関係」の多面性

本書は郊外地域の里山について、その自然環境を歴史的に利用してきた地域住民の立場から再考していくものであることは、これまでも繰り返し述べたとおりである。事例分析に先立ち、この点について、特に開発が進んだ現在の郊外から考察していく際のポイントを、より具体的に示しておきたい。

第一章や第二章を振り返ってみると、江戸時代や明治時代、里山とされる環境に存在する「人‐自然関係」は、経済面に直結するものが中心を占めていた。秣場は農業生産に欠かせない場所だからこそ熱心に守られてきたのであり、学校林という形で新たに登場した自然資源の財源利用という形も、村民各世帯の生計を支えるものであったという意味では秣場と共通する。

一方、身近な自然環境に依存しなくても生計を成り立たせることを可能にした戦後近代化は、これらの面から自然環境を利用する動機を後退させるものであった。里山保全の論者たちが、その環境の持続に危機感を抱き、新しい管理の担い手を求めてきたのも、こうした動機づけによる自然利用がなされなくなりつつあるため、それまで里山に存在してきた生態系を維持できなくなっているという事実がもとになっている。現在の郊外の里山を考えていくうえでは、この点は押さえておかなければならない。

けれども第三章でみてきた農業者の生活史から浮かび上がってきたのは、経済的な価値観からでは説明できない、多面的な「人－自然関係」の姿だった。実はこれと類似した人々の自然観が、人類学や環境社会学、環境民俗学の研究からも、いくつも示されてきた。そこでは、経験世界に降り立った分析を行うことで、単なる自然資源利用の枠組みでは捉えきれない、人が自然と関わることの多様さと奥深さが明らかにされてきた。人は単に生活物資や経済的な収入源としての利用というような動機のみのために自然を利用してきたわけではない。むしろ経済的な収入源としてはほとんど期待できないにもかかわらず、当事者たちの間で極めて熱心に続けられてきた自然利用も農山漁村ではよく見出される。それは例えば、山菜やキノコの採取、蜂追い、川での鮭漁や磯での小魚・海藻採りなどといった、自然と関わること自体が楽しみや生きがいの源泉となっている利用法がある（松井 1998; 菅 1998; 家中 2001; 齋藤 2009）。

本書の問題関心に基づけば、中川千草の研究から学べる点も大きい。中川は普段放置されるようになってしまった浜辺でも年に一度共同で浜掃除が行われることがあり、そのことを住民たちが「浜をモリ（守り）する」と語っていたことに着目し、普段は一見放置されているとしか思えない場所であっても住民たちの意識からみれば関係があることを示した（中川 2008）。このような考え方をもってすれば、「今は自然を放置しておく」ということすらも、当事者からみれば選択され得る「人－自然関係」の一つだということになる。同時に、外部者の目には放置され、荒廃しているようにしかみえない里山であっても、そこに関わる人々の意識のなかでは、意味あるものとなり続けていることもあるということにもなる。「人－自然関係」とは物理的な利用が必ず伴っているわけではなく、愛着や信仰、記憶といった意識レベルのものまで含めた関係なのである。

さらに、このことを里山というテーマに即して考えていくうえでは、群馬県のある山村での体験をもとにした、内山の以下の指摘が分かりやすい。

> 里山文化ということを語ろうとするなら、森や川、田畑や集落といった全体性のなかで、里山文化を再発見しなければならないはずだ。〔中略〕今では村でも薪を使う人は少なくなり、馬の餌や肥料用にと草を刈る人はいなくなってしまったけれど、森と川、集落を結ぶ世界を「神々」とともに守っていこうという精神は、村では案外崩れてはいないのである。とすると、利用形態は変わっても伝統的な森と人との関係はさほど壊れてはいない、ということなのだろうか。それとも、利用形態が変わり、その結果として森の姿が変わったことを持って、「森の荒廃」というべきなのだろうか。ここには森をみるふたつの視点の違いがある。（内山 2006: 18）

この二つの視点をもとにすれば、これまで里山保全が考えられる際には、生態系や自然資源管理の現状、つまり後者から考えられがちであり、そこから里山の危機が叫ばれてきたということになる。しかし地域住民にとって里山と関わるとはその枠に留まらない多面的なものであり、たとえ後者の視点が後退したとしても、前者の視点は色濃く残っている、あるいはむしろ強まっている場合も多い。けれどもその前者の視点の存在が見落とされていることで、近年里山保全を停滞させてきた、里山保全を推進する者たちと地域住民の間にみられるずれにつながっている要因の一つとなっている、という解釈も成り立つだろう。

第Ⅱ部は主として、内山のいう前者の視点を掘り下げていく作業であるとも換言できる。けれども序章であげた先行研究と同様、ここまで本章で示した研究のいずれも、農山漁村を対象としたものであった。開発によって自然環境そのものが消失していった郊外においては、これをどのように考えていけばいいのか。ここからは第三章で浮かび上がってきた知見も踏まえつつ、最終的にそれが協働の「失敗」として表面化する姿とは異なる局面から探っていくこととする。

そこで本章ではこうした研究動向をもとにして、里山公園を事例に分析を進めていく。冒頭でも述べたとおり、多摩ニュータウン建設のなかで急速に都市化が進んだ堀之内では、開発に際して自治会が里山公園の計画に参画し、様々な活動が生まれる場となっている。こうした活動は、住民たちのどのような考えのもとで行われているものであり、それは先行研究が示したような住民たちの自然観とどのような点で重なり、どのような点が異なるのだろうか。

そのうえで里山公園が住民たちの納得のもとに成り立っている理由について、農業公園構想のコンセプトと比較していく。すると、それぞれが再生しようとしていたものが何なのかという違いが明確になる。そしてその違いから、地域住民にとって里山が意味するものが何なのかがみえてくる。

以下、事例地概要（2節）に続いて里山公園開園までの経緯と開園後の活動について詳述したのち（3節）、開発後の堀之内で住民たちが里山公園へと向かう背景について、個々の住民たち（4節）と、コミュニティ（5節）という二つの視点から辿っていく。ここでの分析をもとにして、現在の郊外において、どのように〈根ざしなおし〉が成り立ってきたのかについて説明する（6節）[1]。

2　堀之内の自然環境と町会組織

堀之内の自然環境の再確認

堀之内の自然環境についてはこれまでも繰り返し説明してきたので簡単な確認に留めておく。多摩ニュータウン開発前、集落は田畑に覆われ、さらにその外縁には多摩丘陵の林野が広がっていた。林野は肥料や薪炭材、木材などの生活物資を得る場として利用されてきたが、多くの場合、土地所有者がそれ以外の住民に対し、落葉落枝や下草の採取を認めていた。この慣習は明治初期、近代的土地所有権の浸透を目指す神奈川県（当時）当局より禁令が出された（神奈川県立図書館 1965: 399）にもかかわらず続けられてきたものである。また谷あいの田畑に隣接する斜面林は田畑の所有者の利用が認められ、木の伐採や下草採取を可能とする「木陰《こさ》刈り」という慣習もあった。そうでなければ田畑は日陰となり、田畑の耕作者が困るからである。入会林野は、土地所有権上は全世帯の共有のはずなのに「山持ち」の利用を認められていなかった。必要な生活物資が得られるだけの世帯の生活保障の場という意味合いがあったのである。その処分に際しては「一つでもハンコが欠けたらできない」という暗黙の取り決めもあった。土地のあり方はむらの総意のもとで決めていくという姿勢が窺える。いずれも、序章にて鳥越らの研究成果としてみてきた「土地所有の二重性」や「弱者生活権」（鳥越 1997）として分析することもできそうな慣習である。自然との関係のあり方を決める慣習の背後に、様々な生活状況にある具体的な人間の姿が見て取れる。

しかし現在、ニュータウン開発を筆頭とした急速な都市化の影響により地域の様相は一変していることはこれまで述べてきたとおりである。入会林野もすべて売却を余儀なくされた。一連の都市化は、自然そのものだけでなく、前述したような在地的な所有や利用をめぐる慣習をも消失させた。

写真４-１　堀之内寺沢里山公園

写真左は麦畑と管理棟。写真右は谷戸に復田された田んぼ。

里山公園の概要

一方堀之内ではいくつかのまとまった面積の自然が、ニュータウン事業者によって緑地として残されることとなった経緯については第三章でも触れてきた。二〇〇七年事業認可され、二〇〇八年に開園した里山公園もその一つである。多摩ニュータウン一九住区中央部に位置する、面積およそ五・二ヘクタールのこの場所は、開発以前は「山谷のとば」などと呼ばれていた谷戸[2]と、下寺沢の旧集落の一部だった。谷戸は主に水田として利用されてきた。

この場所は、事業計画が具体化したばかりの一九七四年時点では、開発困難なわずかな斜面林を除いて「共同住宅」が建設されることになっていた（株式会社宅地開発研究所編 1974）。けれども多摩ニュータウンから農地を除外することを求める運動の高まりを受けた一九八一年の基本構想案では、近隣公園とされる計画に変更されている（住宅・都市整備公団南多摩開発局ほか編 1981）。その後、専門家グループが農業公園構想を提起した報告書では、この場所を「広義の農業公園」と位置づけている（南多摩新都市開発本部ほか編 1985）。そして構想づくりに携わった研究者の一人が作成した資料によると、ここに「民俗の聖的エリア」、「乳製品加工エリア」、「宿泊エリア」、「農産加工実習棟」、「クラブハウス」、「市民農園利活用施設エリア」、「民家資料館エリア」などを整備し、雑木林では「斜面緑地保全」を果たしていく計画が示されている[3]。しかし前章でみてきた「狭義の農業公園構想」用地（現在の堀之内こぶし公園）と同様、住民の理解が得られないなかで専門家たちによる計画は雲散霧消してしまった。

この場所は事業者による買収後、事業計画の停滞のなかで長年放置されてきたが、里山公園開園に際して、旧集落の屋敷跡に管理棟が建設され、庭に屋敷林として生えていた数本のカシやケヤキの巨木がそのまま残されている。屋敷跡周辺や谷戸に田畑が復元整備され、谷戸の奥には炭焼き施設も設置された。さらにその周辺に、かつての薪炭林だった、雑木林や竹林が広がっている。公園の開園後は、所有権が事業者から八王子市へと移管され、現在は八王子市の公園となっている。

その一方、公園管理は自治会有志によって結成されたまちづくり里山楽友会（以下、里山楽友会）[4]が担い、毎週の定例活動のほか、年間を通じて様々なイベントが催されているが、具体的には次節で確認していくこととする。

堀之内町会の概要

この公園計画を主導したのが大字の自治会である堀之内町会である。二〇一九年現在戸建て世帯六三〇世帯、アパート・賃貸マンション世帯およそ三〇〇世帯が加入している。[5]

その前身は、第一章、第二章で取り上げた、堀之内村の行政組織である。一八八九年、周辺一〇ヶ村との合併により、行政組織としての堀之内村が終焉を迎えると、その後身として堀之内区が成立した。以来、一九六四年の堀之内町会への改称[6]を経て、一貫して地域自治を担っている。堀之内村の消滅後、入会林野利用の意思決定を支えてきたのも自治会である。

入会林野の入札がそうであったように、その意思決定は年一回行われ、全世帯参加可能な総会で決められる。かつては一月、現在は四月に行われている。第二章でも触れたように、かつて入会林野があった時代はそれが財源とされ、金銭面での住民負担はなかったが、入会林野をほとんど失った一九七二年以降は代わりに自治会費（現在は戸建て世帯三〇〇〇円、アパート・マンション世帯二〇〇〇円）を徴収して組織運営を行っている。地域で生じた生活課題に対する意思決定だけでなく、特に人口が急増するニュータウン開発以降は住民同士の親睦に力を注ぐようになり、年間を通じて様々なイベントが開催される。

町内会館として堀之内会館がある。誨育学校敷地跡に建っており、一九六九年までは誨育学校旧校舎を利用していたが、老朽化のため建て替えた。近隣地区で唯一グラウンドを併設する町内会館であるが、これはかつての誨育学校校庭である。総会や自治会主催のイベントの多くはここで開催される。

現在組織内には会長、副会長、会計の三役がおかれ、二年に一度、総会にて選出される（それぞれ最大で三期、六年まで務められる）。戦前はかつての名主の家系のような、経済力を有する素封家が務めるのが常であり、一人で二〇年以上にわたり務める者もいたが、戦後は次第に、地域のなかで人望がある人物が任じられるようになった。

現在の自治会は部会制を採っており、子ども会、朋友クラブ（老人会）、女性部（婦人会）、消防部（消防団）、体力づくり部、交通安全部、防犯パトロール部、まちづくり自然環境部、堀之内地域塾という、九つの部会が設置され、それぞれ目的に応じた活動を行っている。このうち本章に関係するのはまちづくり自然環境部と子ども会である。

このほか下位組織として、堀之内を三区分した地区（三丁目、引切、寺芝）が存在し、それぞれ地区長以下運営組織が存在する。さらに地区の下には班が存在するが、これら組織については第五章でも触れるのでここでは割愛する。

3　里山公園建設の経緯と公園の特徴

まちづくり住民会議の設立と公園設計協議

里山公園の計画が具体的に動き始めたのは二〇〇三年からである。公園のある一九住区一帯は前章でみてきた運動の影響で開発が遅れ、事業主体まで含めた計画変更を繰り返してきたが、この時になってようやく着工を迎えることとなったのである。

この間、研究者グループからの農業公園構想の提起の影響もあり、一九九〇年以降は、緑地を大幅に残したニュータウン建設へと方針が改められた。一九住区全体で四〇パーセント以上、特に東山地区では五〇パーセント以上の緑地率とする計画が立てられた。事業者側は一九住区を「これまでの公団の高度な街づくりの成果を生かし、更なる先進性を発揮しながら、新たな時代の要請に的確にこたえるような次世代の街づくりのモデルを探り、提案する実験的なプロジェクト」とする「次世代街づくりプロジェクト」に位置づけた（都市基盤整備公団東京支社ほか編 2000: 6）が、彼らが公園整備に意欲的だったのもこの理念によるものだった[7]。

しかしこのような理念のもとで着工されたにもかかわらず、円滑に事業が進んだわけではない。もともと公園にすると説明されていた別の用地が住民に知らされないままマンション建設が決定されたこともあった。住民たちは反対署名を集めたものの、最終的に建設工事は施行されることとなってしまった。自治会としては一九住区住民の意向を無視した乱開発は避けねばならず難しい対応を迫られていた。

そこで自治会は、すべての自治会員が参加可能なまちづくり住民会議を設立して事業者との交渉の場とすることとした。自治会と事業者間の交渉では、自治会側の参加者は自治会役員に限られてきたが、より多くの住民に参加してもらい、地域の声を広く反映させる意図があった。後に里山公園となる公園用地のあり方について議論がなされたのもまちづくり住民会議の場においてだった。

この場所について自治会が注力したのは「われわれ住民が保全管理できる形[8]」の公園とすることだった。当初事業者側は指定管理者を招致して公園管理を任せることを検討していたというが、自治会はそれに対し「管理が地元の伝統文化や自然を知らない業者任せになってしまったらどういう風に保全されるか分からない。昔ながらの伝統を無視した方法がとられるだろう」と危機感を募らせた。「堀之内の伝統文化や自然を残すためには、住民が公園を管理しなければならない」という考えから、住民主導という点は譲れなかったのである。協議の結果、アドプト制度[9]を用いた公園管理とすることで合意した。

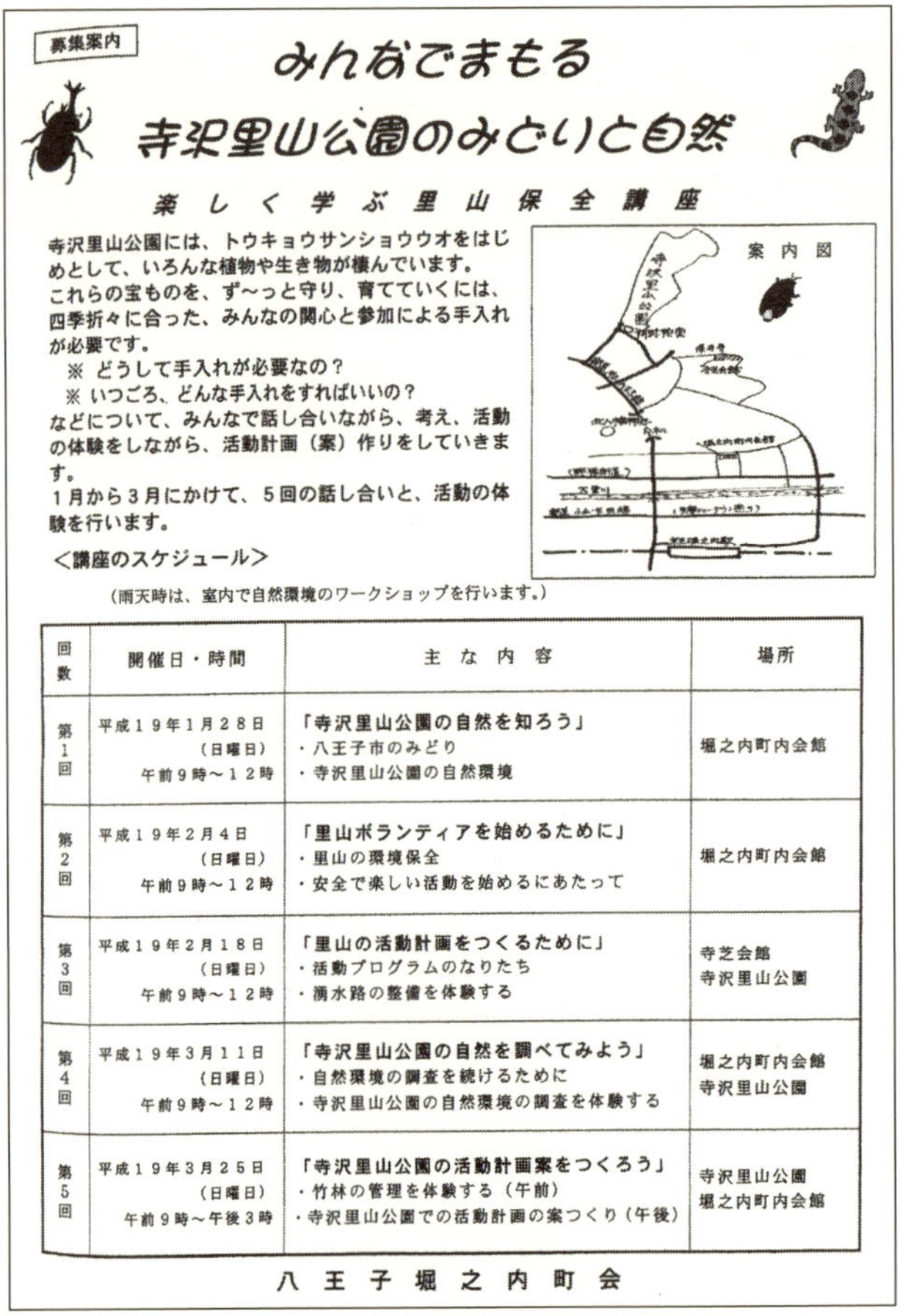

募集案内

みんなでまもる
寺沢里山公園のみどりと自然

楽しく学ぶ里山保全講座

寺沢里山公園には、トウキョウサンショウウオをはじめとして、いろんな植物や生き物が棲んでいます。

これらの宝ものを、ず～っと守り、育てていくには、四季折々に合った、みんなの関心と参加による手入れが必要です。
※ どうして手入れが必要なの？
※ いつごろ、どんな手入れをすればいいの？
などについて、みんなで話し合いながら、考え、活動の体験をしながら、活動計画（案）作りをしていきます。

1月から3月にかけて、5回の話し合いと、活動の体験を行います。

<講座のスケジュール>

（雨天時は、室内で自然環境のワークショップを行います。）

回数	開催日・時間	主な内容	場所
第1回	平成19年1月28日（日曜日）午前9時～12時	「寺沢里山公園の自然を知ろう」・八王子市のみどり・寺沢里山公園の自然環境	堀之内町内会館
第2回	平成19年2月4日（日曜日）午前9時～12時	「里山ボランティアを始めるために」・里山の環境保全・安全で楽しい活動を始めるにあたって	堀之内町内会館
第3回	平成19年2月18日（日曜日）午前9時～12時	「里山の活動計画をつくるために」・活動プログラムのなりたち・湧水路の整備を体験する	寺芝会館 寺沢里山公園
第4回	平成19年3月11日（日曜日）午前9時～12時	「寺沢里山公園の自然を調べてみよう」・自然環境の調査を続けるために・寺沢里山公園の自然環境の調査を体験する	堀之内町内会館 寺沢里山公園
第5回	平成19年3月25日（日曜日）午前9時～午後3時	「寺沢里山公園の活動計画案をつくろう」・竹林の管理を体験する（午前）・寺沢里山公園での活動計画の案つくり（午後）	寺沢里山公園 堀之内町内会館

八王子堀之内町会

図4－1　開園に先立ち行われた講座への参加を呼びかける自治会のビラ

さらに協議では炭焼き窯や田畑を設け、それらを公園管理の団体が利用していくことなども決められていった。「活動を通じて次の世代の人やニュータウン住民に堀之内の伝統を引き継いでもらう」ため、「地元の人が地元のやり方で農業体験」をすることが強調されるようになり、公園のコンセプトは「堀之内寺沢里山公園周辺において育まれてきた、里山の営みや先人の知恵といった「里山文化」の共有・継承を通じて、公園利用者が新たなコミュニティの形成」をすること、とされた。[10] 自治会では開園の前年から、公園管理のための講座を開催して、準備を進めていった。

里山公園における取り組みの特色

里山公園はこうした協議を経て二〇〇八年八月に開園した。自治会は主催した公園管理の講座に参加した住民たちを中心として、有志の団体である里山楽友会を結成し、当時の町会長であるE氏が代表に就任した。毎週行われる定例活動の参加者は三、四〇名程度で、二〇一九年時点での会員総数は五七名である[11]。当初は旧住民が新住民に対し技術を教えていたが、現在では経験を積んだ新住民の割合が増え、指導的立場にもなっている。

定例活動は園内の草刈り、雑木林や竹林の除伐など生態系保全を名目とした活動もあるが、これら活動の際も「多摩丘陵の堀之内一帯には半世紀前まで部落の共有地が沢山あり、先祖は薪や下草に利用して生活してきた歴史があります。この自然を保全し子孫に残すことは地域の宝です[12]」という形で、先人や子孫の存在が確認される。炭焼きや農作業では「地元の伝統文化」の体験の側面がさらに重視される。唐箕や千歯こぎを用いた稲の脱穀や石臼を使って小麦や蕎麦を挽く作業、堀之内で「くるり」と呼ばれている棒を使った大豆の脱穀など、農作業は堀之内住民から寄贈された旧式の農機具を使って行われる。

写真４－２　里山公園と結成当初のまちづくり里山楽友会メンバー（2008年）

まちづくり里山楽友会メンバーより提供。

公園で行われる活動のもう一つの特色として、里山公園が管理団体である里山楽友会のみならず周辺住民との協力のもとに成り立っている点がある。農機具の提供については前述したが、毎年の農作業で植えられる野菜苗は堀之内の野菜農家が育苗したものであり、田畑に鋤き込まれる堆肥も元酪農家が生産したものである。こうした協力者は活動の広がりとともに増えている。例えば新住民たちが堀之内のかつての特産品にメカイがあったことを知ると、その技術習得に挑戦するグループが作られたが慣れないメカイ作りに悪戦苦闘していた。するとたまたま通りかかった近隣の旧住民が講師役を名乗り出て、以来材料であるシノダケの選び方からヘネの作り方[13]、籠の編み方まで手

写真４－３　里山公園での活動

写真左が子ども会との共催による田植え教室、右が自治会主催の正月飾り作り体験。
このように、住民たちは里山公園に多様な形で関わることができる。里山楽友会のメンバーとして毎週の定例活動に参加する者、自治会や子ども会の一員として年数回のイベントの準備、運営に携わる者、開催されるイベントに参加する者、野菜苗や堆肥の供給を行う者、たまに公園に赴き技術指導を行う者、公園を散歩して風景を楽しむ者、などである。

ほどきを受けている。

自治会組織との連携も、季節ごとに実施されるイベント開催の際に顕著にみられる。最もイベントを行っているのは自治会の部会の一つである子ども会で、六月に田植えとじゃが芋掘り、七月には伐出した竹材を利用したそうめん流し、一〇月には稲刈りと薩摩芋掘りを行う。田植えや稲刈りの際は元農業者からレクチャーがまず行われ、日ごろ食べている米はこのような過程を経て作られていることの説明や、堀之内にはかつて田んぼが一面に広がり、住民たちはそこで稲作をして生活してきたことが語られる。都市化が進んだ堀之内では自分の田んぼで稲作を行う家もほとんどなくなった。農業と縁遠くなった子どもたちにかつての生活の一端を感じてもらうのがこの企画の趣旨である。ここで収穫された糯米と稲藁を用いて年末に実施されるのが正月飾り作り体験と餅つき大会である。年間を通じて住民の親睦を深める様々な企画をしている自治会の、一年締めくくりの行事として定着している。年の瀬に住民たちで餅を食べながら会話を弾ませるさまは、さながら地域の忘年会のような雰囲気である。

4　開発後の堀之内における住民と自然

このような里山公園の活動は、農業生産や生活資源の採取、あるいは財源確保という目的を持っていたような形の、かつての自然利用のあり方とは別物だろう。所有形態についても、地域全体に鳥越らのいう「土地所有の二重性」が働いていたはずのかつてのそれとは異なる。けれども住民たちが里山公園に集うのは、先行研究が示していたような住民たちの自然観とはまったく異なる文脈から発せられた理由からなのかといえば、そうでもない。以下ではそのことを念頭に置きながら、里山公園の活動を生み出した住民たちの論理に迫っていこう。

旧住民にとっての里山公園

そのことについて、まず町会長として公園計画に携わり、その後は里山楽友会の代表を務めてきたE氏の語り(14)から考えていく。E氏は一九四〇年、一一代続く堀之内の旧家に生まれた。幼少時は自然のなかを駆けまわって遊んだ。現在よりも気温が低かった当時、冬になると川は凍結し、スケートリンクのようにして遊んだという。成長すると平日会社勤めを行い、土日に家族を手伝う兼業農家となった。父も自治会の会長として地域の信望を集める一方、農業にも熱心に取り組む専業農家だったが、地域の主産業だった養蚕が振るわなくなり、稲作や野菜生産だけで生計を立てられる農地もなかったからである。

写真４-４　冬の大栗川（1960年代）
川が凍結すると子どもたちはスケートリンクのように楽しんだという。現在の大栗川（21頁）と比較されたい。堀之内住民提供写真。

E氏自身はこの頃、まだ自然への愛着を意識していなかったという。薪の使用にこだわっていた父親に対し、電気・ガスへの転換を勧めたのもE氏だった。一九七〇年に父親が亡くなると、ニュータウン開発に関する交渉や自宅の移転作業は仕事の合間を縫って行わなければならず、開発について考える余裕もないままそれに忙殺された。所有していた田畑や山林はすべて手放すこととなり、山中にあった伝来の墓地も、先祖の遺骨を掘り起こして菩提寺の境内へと移した。以来住宅地に暮らすサラリーマンとして、自然とはかけ離れた生活を送ってきた。しかし五五歳で会社を早期退職し、自治会や寺社の役職など「地域の仕事」を始めると変化があった。時間に余裕ができてから改めて、大きく変貌した「ふるさと」について考えるようになったという。そのなかで開発前に自分が、あるいは先人たちが働きかけてきた堀之内の自然への思いも高まった。「ニュータウン開発によって、ふるさとが消えていくという想いを強く持った。削られていく山をみたときは衝撃的だった。ふるさとを消したくないという想いから里山公園の活動をやっている」とE氏は語る。

写真４－５　旧住民の指導をもとにメカイを作る新住民

この語りからは、それぞれが活動を行う背景に、かつての自身の経験が色濃く反映されていることが分かる。ニュータウン開発が地域から農地や山林を消失させたことは、住民たちがそこに働きかける機会を奪ったことだともいえる。自然との関係が失われてから、改めてかつての自然に働きかけていた時代の記憶が呼び覚まされ、かけがえのないものとして意識されるようになっている。

そして「人－自然関係」は「人－人関係」でもあった。E氏が自然を語る際に出てくるのは、熱意をもって農業を営み、薪の使用にこだわっていた父親であり、幼少時一緒に自然のなかで遊んだ友人たちの姿である。先人や子孫との関係が、自らが自然に働きかけ続けるための大きな動機となっていることは、第三章にて農業者たちの語りからもみられたことであった。さらにいえば、序章でもみてきた、自然をめぐる関係性を分析してきた先行研究でも示されていたことでもあったが（藤村 2001: 49-50; 嘉田 2001: 271-5)、ここで意識されているのもそのような関係性である。記憶のなかにいる人たちを思い浮かべながら、彼らの思いを継承し、それを里山公園で新住民や、次世代に引き継いでいこうとしている。

現在のE氏の活動は、生活のほとんどが密接に結びついていた、開発前の自然利用からみればささやかなものだといえよう。しかし二人の語りには、それが単なる趣味や娯楽として他のレジャーなどと並列できるものではない深みがある。換言すれば、身体に刻まれた経験を反映させることを強く意識しながら、いったんは失われた「人－自然関係」を再生しているということができるのではないだろうか。そしてその自然との関係は、かつて熱心に自然に働きかけてきた者たちとの関係の再生でもある。公園のコンセプトで先人や子孫との関係が強調され、歴史的な農機具や農法へのこだわりがみられ、子ども会と連携したイベントも数多く行われていたのも、こうした意識に基づいていると考えれば、その意図が明瞭になる。

新住民にとっての里山公園

一方、新住民についてはどうだろうか。新住民たちも、もとをただせば生まれ育ったのは各地の農山漁村だった人は多い。つまり幼いころの遊びや農業の手伝いなど、それぞれの出身地で自然に働きかけながら成長してきた人も多いということである。新住民のなかでも早期に移住してきた人たちは開発が本格化する前の一九七〇年代から堀之内で暮らしているが、そのなかの一人であるF氏[15]は佐渡島からの移住者である。移住当初はまだ豊かな自然が残されていたため、山では長芋を掘り、沢の水を庭に引き込んで池を作り、魚を育てて楽しんでいた。「田舎者が田舎に来た」という気持ちだったという。開発が進むとそのような生活も変わらざるを得なかったが、里山公園には「田舎と似ている」景色が残されておりそこにいると落ち着くのだと語る。F氏は活動のなかで果樹を育てているが、そうすると「小さいころじっちゃんがみかんを育てていたのを思い出す」のだという。

F氏からもやはり、かつて自然へ働きかけてきた経験とともに、果樹栽培に向き合う「じっちゃん」の姿が語られる。ただし旧住民たちと異なるのは、それが経験されたのが堀之内でないということである。ライフコースのなかで、移住、とりわけ終の棲家を定めるという決断は一大イベントの一つである。生活のリズムも移住前とは少なからず変わっていく。郊外で進められた大規模宅地開発は、都市圏の無尽蔵な膨張のもとに成り立ってきた戦後近代化の産物である。それを支えるため全国の農山漁村から上京した働き手のベッドタウンとして位置づけられたのがニュータウンだった。ニュータウンとは、移住によってそれぞれの郷里に根差された人と自然、あるいは人と人との関係を失った者が集住する場所だということもできる。

つまりF氏が作り出そうとしている関係とは、移住により物理的に切り離されてしまった郷里での経験をもとにした、擬制的なものであるともいえよう。けれども自然をそのように捉えることによって、郷里での生活の延長線上に現在を位置づけることができ、それが生活の豊かさに結びついていると考えられる。

また、移住先で「人－人関係」を再構成していくことを目的に里山公園へと集う新住民もいる。G氏の例からみていこう。現在里山楽友会の活動の主力になっているのは多摩ニュータウン一二住区にあるマンションの住民たちである。大規模修繕の竣工祭の際に用意した神輿の魂入れを堀之内の神社（南八幡宮）に依頼したことをきっかけにマンション住民と神社とのつながりができると、当時氏子総代を務めていたE氏から里山公園の活動にも誘われた。そのなかの一人であるG氏は、山育ちでそういう場所が懐かしかったという気持ちから参加したが、何より里山公園に集ってくる人たちの雰囲気が良かったからこそ参加を続けているのだという。里山公園の活動も堀之内での人間関係を広げる契機となり、「地域の一員になりたい」という気持ちが高まったという。[16]

伝統行事に関心を持つG氏の行動からは、彼が「地域の一員」になると語るのは、その地域の歴史を大事にする意味も含まれることが窺える。そして、かつて農村だった堀之内において歴史を大事にするうえでは、そこにあった自然が大きな意味を持つ。つまり「人－人関係」を求めていたところ、「人－自然関係」に突き当たったということになる。そして実際、E氏らから「地元のやり方」で自然と関わるための技法を体得していく。

開園から一〇年以上が経過した現在、公園ではF氏やG氏をはじめ、当初技術指導を受けていた新住民たちが指導を行うことが増えている。大規模修繕前まで、近所付き合いはマンション内が中心で、堀之内のコミュニティとの関わりは薄かったマンション住民たちが、現在では神社の氏子や奉賛会員になる人も出てくるほどまでになり、神社にとって欠かせない存在となっている。それは旧住民たちの認識に立てば、単に次世代の公園の管理者や神社運営の担い手が現れたというよりも、新住民たちが先人たちの思いを引き継ぐ「地域の一員」として堀之内に根を下ろす存在になったと理解する方が適切だろう。

このような視点から考えると里山公園は、それ自体が独立した空間として認識されていないといえる。旧住民、新住民問わず、開発や移住によって失われた「人－自然関係」と、同時に、時空を超えた先にいる人を含めた「人－人関係」というものが意識される場として、位置づけられていることがみえてきた。

写真４－６　神社（南八幡宮）のイベントで活躍するマンション住民

5　住民たちの納得を得る社会的しくみ

次にみていくのはコミュニティからの視点である。農山漁村で様々な形でみられた、自然利用のための規範や慣習は、主としてむらの調整のもとで機能してきた。規範や慣習は「人－自然関係」のあり方を、地域社会で暮らす住民全体で共有するルールとして方向づけていくものでもあるが、そこからは地域全体における「人－人関係」をコントロールする主体としてのむらの姿がみえてくる。

里山公園も自治会が計画を主導してきた。在地的なコミュニティが作り上げてきたという点でそれと共通しているようにもみえる。けれども、出自の異なる人々がかつての数十倍という規模で暮らし、近所の人の顔や名前すら分からなくなってきている現在の堀之内は、ぐるみ的な規範や慣習が成り立ってきたかつてのむらとは、コミュニティの性質も大きく変わってきているはずである。では、そのような状況下で行われた自治会の取り組みにはどのような特徴があり、そのことをどう捉えればよいのだろうか。

3節で述べたように、里山楽友会は活動を始めるにあたり有志が自治会から独立させて結成した組織である。しかし超地域的に組織される市民団体のように、まったく自治会と切り離されているわけではなく、半自立的な組織になっているところに特徴がある。開発が進行し、農村から都市へと堀之内を取り巻く環境が劇的に変わっていくなかで、コミュニティの自治体制も変革を余儀なくされてきた。一二六頁でも触れたように、自治会では現在、部会制を採用している。一九六八年、盆踊りなどのイベント開催を手掛ける体力づくり部を創設したのを皮切り[17]として、具体的な機能を持たせた部会を増設していくことになる。それでも行政や警察当局からは自治会に自らの末端組織としての役割が期待され、交通安全部や防犯パトロール部のように、そのなかで創設された部会もあり、役職や担い手は増加の一途にある。反面人口自体は増加したものの、現在の堀之内ではサラリーマン勤めが当たり前となっており、定年も近年では上がっている。現在では自治会活動に関与しない住民もいるし、関与するとしても十分な時間を割けない住民も増えている。たとえ里山公園が住民たちにとって重要な場所になり得る見込みがあったとしても、自治会がいたずらに事業の拡大をすることは慎重にならざるを得ず、大きな決断を伴う。

こうした状況を斟酌したうえで考え出されたのが、公園管理を有志による組織に任せ自治会から分離することだっ

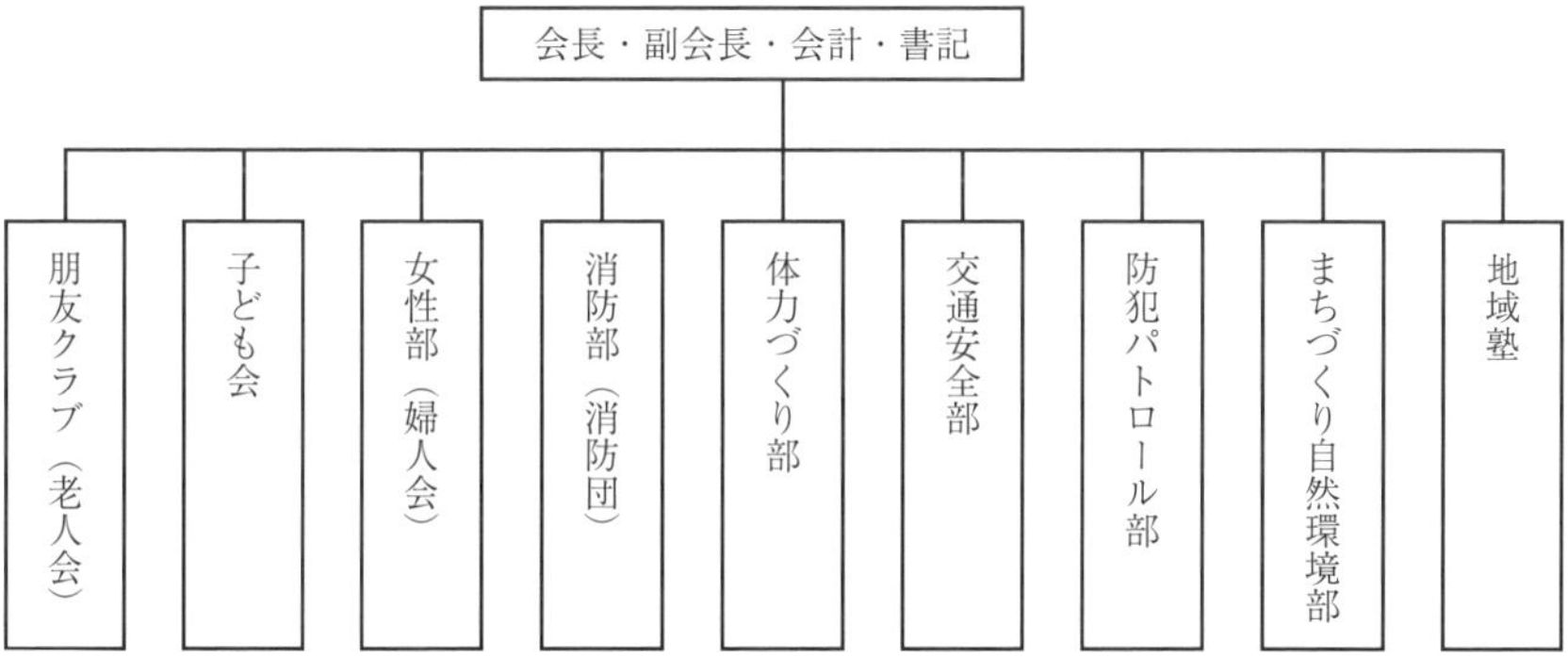

図４－２　部会を中心とした堀之内自治会の組織図（筆者作成）

た。自治会員だから、役員だからといって出役義務が生じるのではなく、あくまでも定例の管理はやりたい人がやるということとした。一方で二〇一〇年、自治会の新しい部会として里山楽友会と連携し、サポートをすることを主目的としたまちづくり自然環境部を新設した。自治会にとって、この新しい部会の創設は革新的なことだった。これまで創設されてきた部会は八王子市や由木地区（旧村）でまず横断的な組織が結成され、そこから各自治会へ要請があって設置された場合がほとんどだった。それに対してまちづくり自然環境部は、外在的な動向と関係なく堀之内独自の判断のもと設置された初めての部会だった[18]。自治会から各部会へは一定の活動費が支出されているが、まちづくり自然環境部へ支出された活動費は、部を通じて里山楽友会の支援金としている。一方、部長は里山楽友会の代表が兼務し、それ以外の人員は配置していないため、部会が新設されたことによる新たな人的負担は生じていない。このようにして里山楽友会を半自立組織と位置づけることにより、組織同士の連携を図ることも容易となる。例えば子ども会が里山公園で多数のイベントを実施できているのも、子ども会の元代表が里山楽友会のメンバーとなっていることによるところが大きい。

本書の分析をもとにすれば、里山公園をめぐるこうした制度設計について、現在の堀之内における「人－自然関係」のあり方の一つを、住民全体が共有する「人－人関係」としてどのように形作るかという試行錯誤だったとも換言できよう。けれどもそのような関係のもとで公園の活動を成り立たせていこうとするならば、住民全体が納得可能な形で行われなければならない。仮に公園で活動を行っていくことを負担に感じる住民が現れれば、そのことが不満となって、自治会が活動を持続させることは危ぶまれる。しかし、生活状況が多様化し、各住民の価値観もそれに応じて様々なものになっている現在の堀之内で、住民の意思をすり合わせていくのは容易ではない。半自立というしくみは、そのような現在の堀之内の状況を反映し、バランスを取るための工夫だったともいい得る。

そして、この住民全体を意識した方向性は公園での活動の方向性にも表れている。住民ごとの職業形態も価値観も多様なものになっている以上、失いかけた「人‐自然関係」を再構成するといっても、前節でみてきたように積極的に行動する人もいる一方、そこまではならない人も当然ながらいる。しかしそこまでならなかった人のなかにも、自然と切り離されたことに寂しさを感じる人はいるし、先人たちが築きあげてきた歴史は大切にしたいと思う人もいる。そのような住民たちにとっては定例の活動以外の様々なイベントが用意されていることが意味を持ってくる。里山楽友会のメンバーとなって定例活動に参加し続ける時間や体力が無い、あるいはそこまでの熱意が無かったとしても、そのささやかな思いを充足させることができるからである。逆に里山公園が里山楽友会のメンバーのみに閉じた場だったとしたら、それ以外の住民を排除することになってしまう。

このような形で住民全体の納得を得ていくなかには、指定管理者の業務からは逸脱するものも出てこよう。管理者が示した計画に対し、関心が高い者の参加を呼びかける形式になりがちである。しかしそれは必然的に、示された管理形態とずれがある住民の無関心や反発を招く可能性もある。そうなれば公園は、周囲の住民たちとの関係性から遊離したものになってしまうだろう。

第一章や第二章、そして本章の2節でも説明したように、かつての堀之内の入会林野には住民全体を強く意識した規範があった。必要なだけの林野を所有していない住民への便宜のための「山持ち」の利用権の剥奪しかり、一世帯の反対でもあれば土地の処分ができなかった点しかりである。かつての入会林野と現在の里山公園は、所有形態や利用形態からみればまったく別物である。しかしそこを一度も利用しないかもしれない者まで含めた、住民全体に目を向けたうえで自然との関係のあり方を決めていくという点でいえば共通する。その意味でいえばここで自治体はかつてのむらと同じく、地域社会全体における「人－人関係」をコントロールする主体を担おうとしているのである。

6 開発後の郊外社会における〈根ざしなおし〉

まとめに入ろう。序章以来触れてきた内山の言を借りるならば、多摩ニュータウン建設をはじめとした都市化は、堀之内における「関係の無事」に打撃を与えるものでもあったということになる。里山公園に集う住民たちは、開発後もそこで「無事」に生活していくためには「人－自然関係」を再構成させることが必要なことに気がついた人たちであった。そしてその自然との関係は、先人、子孫、友人たちといった人との関係でもあった。

里山公園は住民たちがそのような思いを形にする場所となっているが、それを地域全体の「人－人関係」のなかに位置づけていくことは、住民たちの出自や生活状況、価値観が大きく変わった現在では相応の工夫が必要になる。そこで自治会は、半自立的な組織の創出をはじめとした時宜に応じた制度設計によって、住民全体の納得を集められるようにした。つまり一口に「人－人関係」といっても、その内実は大きく二つに分けることができる。それぞれの住民が自然に働きかける動機となっている関係性と、それを地域社会として支えることを承認するという関係性である。いずれにしても、堀之内という具体的な生活の場に作り出された関係性であることには変わらない。

里山公園やそこでみられる活動は、所有形態や利用形態、利用者の構成など、表出している形態だけみれば過去のそれとは連続性の薄いもののようにも映るかもしれない。しかし本章の分析からは、関係というものをもとに自然を捉えていこうとする住民たちの自然観から生み出されているものであるという点で、類似していることがみえてきた。

それでもかつてと異なるのは、都市化の影響のために、住民たちはその関係の再構成から始めていかなければならないことである。本章で追ってきた、住民、コミュニティそれぞれが実践してきた関係の再生のプロセス、すなわち〈根ざしなおし〉が、里山保全のあり方について再考していくうえでの要点となることもここからはみえてきた。最後にそのことについて、第三章で扱った農業公園構想とも比較しながら確認しておこう。

里山保全にしても都市農地の再生にしても、それらを他の空間から切り取り、そこに本来備わっているべき機能が失われつつあることが問題視され、その機能を回復させるところに主眼が置かれる。林野であればあるべき生態系の再生、農地であれば農業生産性の回復などが、その一例にあたる。そしてその機能の回復を目指して担い手の動員が図られる。地域住民が担い手として期待できないのであれば、その代替となる担い手（市民など）が想定され、専門家や行政との協働のもとで再生を進めていくことが構想される。

郊外で特にみられることだが、里山保全といった場合、林野管理が主題となりがちであり、農地は林野に隣接する谷戸など、限られた空間のみが対象となることが少なくない。そして第三章でも述べたが、郊外に残存する農地は都市農地として別のテーマとして扱われがちである。こうしたことも、空間が切り取られたうえでそれぞれのあり方が考えられていることを示しているのではないか。

農業公園構想もまた、同様の思想が内在されていたと考えられる。「都市にとっての酪農・農地が果たしている役割」の大きさをもとに、ニュータウンにおける農業振興や恒久的な農業経営の重要性が掲げられ、どのような手法がそのために有効なのかが検討されてきた。そしてその目的を達成していくために市民の動員が目指され、そこから新規就農者の誕生につなげていくことも視野に入れられていた。

けれども農業経営の存続や振興が目的として示されれば、農業者たちは自身に農業後継者がいるかいないか、リスクや労働負荷を高めてでも経営規模の拡大をするかしないか、というように、その点に対して自分はどう選択するかという判断にしかならない。農業公園構想が地元農業者をまとめきれず、無関心を招いたのはこの単元的な目標設定にあったと考えられる。それは土地に根差されてきた無数の関係の再構成を目指す、〈根ざしなおし〉のプロセスとは異なる位相にあったともいえよう。

また恒久的な農業経営の存続が掲げられれば、そこでプライオリティを持つのは必然的に営農の存続志向を持つ者、農業後継者がいる者になる。特定の主体に目が向けられる一方、その他の住民たちは相対的に軽視される。つまり、地域社会にあるべき、多くの「人－人関係」からは切れている。一方、自治会が重視していたのは、公園を実際に利用しないかもしれない住民を含めた、住民全体の納得をもとにした関係性である。そこに根差される関係は堀之内という生活の場に即した、個別具体的なものとなる。それは計画者が想定した目的を担ってくれる者の動員を図る思想とは根本的に異なるものだろう。

これらの点から理解できるのは、里山保全を考えていく際に、林野や農地空間のみを切り取り、ゾーニングしていく発想は住民たちの考え方にそぐわないものだということである。堀之内の住民たちが求めていた再生とは、関係の再生、すなわち〈根ざしなおし〉だったのである。

第五章　郊外社会における民俗行事のあり方の多様化と近隣組織
——どんど焼きの変容を事例として

前章では里山公園を事例として、ニュータウン開発が進み、第一次産業に就業する住民が大きく減少した近年においても、かつての自身の経験や、熱心に自然に働きかけてきた先人たちの姿を見てきた経験が呼び覚まされるなかで「人－自然関係」が再構成されてきたこと、それは旧住民に限らず、新住民が堀之内で自然に働きかけようとする動機になっていることを示した。そしてそのような住民たちの思いが里山公園の活動として表れ、それが住民たちの間でおおむね好意的なものとして受け止められているのは、都市化によって住民たちの価値観が多様化するなかでも、実際に公園を利用しないかもしれない者まで含めた、住民全体の納得を得るための仕組みづくりの成果であることを説明した。

他方現在の堀之内では、住民の自然への働きかけは里山公園でのみ行われているわけではなく、それを形作っている主体は自治会だけではない。「人－自然関係」も「人－人関係」[1]も、堀之内では多面的に成り立ってきた。

本章では堀之内に伝承されてきた民俗行事であるどんど焼きに焦点を当てる。里山から得た自然資源を材料に行われるどんど焼きは、かつての里山の「伝統文化」の象徴として、里山ボランティア活動の行事として「復活」されることも少なくない。堀之内でどんど焼きが続けられてきたのはそれとは異なる論理が働いてきたからなのであるが、そのことを探る前に、まずは近年の堀之内のような郊外社会において、民俗行事というものがどのように捉えられてきたのか、先行研究の確認から始めていこう。

1　都市化と民俗行事の再編

本章のテーマとなるのは民俗行事であるが、いうまでもなく、これまで民俗行事を主題とした研究を牽引してきた学問といえば民俗学である。「はじめに」で郊外の特徴を均質性や歴史性の消失に求める傾向があることについて簡単に確認したが、それは民俗学においても例外ではなかった。例えば湯川洋司は都市化で生じる民俗の変容を「地域的独自性を備えた「場」から日本の国土全体を「場」とする方向へ、「主体」の変質を伴いながら民俗の組み替えが果たされていく過程」と述べ（湯川 1998: 91）、やはり地域ごとの歴史に根差した民俗の固有性を喪失させるという方向性を示している。一九七〇年代以降、都市に注目する民俗学分野として都市民俗学が興隆したが、都市民俗学の主唱者である有末賢はその研究の方向性として三つの類型[2]を示している（有末 1999: 169）が、郊外においてかつての農村社会から伝承されてきた民俗が、いかに息づいているかを問う視点は抜け落ちている。

一方「はじめに」では、郊外にそのような側面があることを認めつつも、それだけで郊外の特徴を言い表すことはできないという指摘もされてきたことも確認した。それに民俗学の観点から迫った石田麻奈加は、川崎市宮前区を事例にかつての農村社会の近隣組織が開発のなかでどう再編されたのかを調査し、旧住民たちの間には種々の地縁・血縁集団が残存していることを明らかにした。また、かつての隣組を再編・拡張するなかで新住民を組織に取り込んでいる自治会があることも示した（石田 2002）。そこからみえてくるのは今なお在地的なコミュニティが機能し、地域社会が歴史性の蓄積のうえに成り立っている郊外の姿である。ただし石田は近隣組織の実態の記述は詳らかであるものの、その再編が住民たちのどのような論理のもとで行われ、それが住民たち、または地域社会にどのような意味をもたらしたのかという点については十分に言及できていない。また「詳細な民俗事象の変貌にまで言及することができなかった」ことを研究課題として残している（石田 2002: 549）。郊外の固有性や歴史性に着目した研究は十分蓄積されておらず、とりわけ在地的なコミュニティやそこで伝承されてきた民俗行事が社会のなかで、どのように意味あるものとして機能しているのかについて探る研究は、まだ緒に就いたばかりである。

なぜこのような研究動向を確認したのかというと、堀之内の域内五ヶ所で伝承されてきたどんど焼きは、多摩ニュータウン開発が進行していくなかで行事のあり方がむしろ五者五様に多様化していった歴史があったからである。だとすると、どうして歴史性の消失や均質性とともに語られがちな郊外である現在の堀之内において、歴史的に続けられてきた民俗行事のあり方が逆に多様化するようなことが生じたのだろうか。

結論を先取すると、どんど焼きの多様化もまた、ニュータウン開発後の地域社会において「人‐自然関係」や「人‐人関係」が再構成されていく、〈根ざしなおし〉のなかで生じたものだった。そしてその過程で重要な役割を果したのが、行事の担い手である、小字という近隣組織だったということも、行事の多様化という現象と深く結びついていた。この近隣組織が、本章で扱うもう一つのテーマとなる。ではそこには、担い手たちのどのような論理があったのだろうか。そのことについて、次節以降着目しながら分析を進めていく。

以下、次節で堀之内の近隣組織、そしてどんど焼きの概要について確認したのち、3節ではそれぞれのどんど焼きについて詳述する。五ヶ所すべてを取り上げるためやや長くなるが、都市化による社会変動が様々な形で押し寄せるなか、どのような主体がどのような論理をもって行事のあり方を決めていったのかに注目する。そのうえで4節では、3節の記述をもとにして、どんど焼きが堀之内各地で熱心に続けられてきた理由と、そのことが地域社会において持ってきた意味について分析していく(3)。

大字（自治会・旧村）	堀之内							
自治会地区	三丁目			引切	寺芝			
小字	日影		番場	引切	芝原	上寺沢	中寺沢	下寺沢
講中	上組	中組	引切番場		芝原	上寺沢	中寺沢	下寺沢
班								

表５−１　堀之内における近隣組織対照図

2　堀之内の近隣組織とどんど焼き

堀之内の近隣組織の概要——小字を中心として

堀之内の地域コミュニティは多面的な構造をなしている。中核組織となる自治会については第四章で説明したので省くが、この下位の単位として、より小地域を単位としたコミュニティがいくつも存在する。すなわち地区、小字、講中、組合、班である。

地区と班は比較的歴史が浅く[4]、自治会の公的な下部組織と位置づけられている。独自の役職が組織されて会計も組まれ、自治会より具体的な近隣同士の生活課題を考える組織であり、親睦を図るイベントも企画される。一～四の小字を合わせた単位が地区であり、現在では地区がどんど焼きの実施主体となっている場所もある。班は回覧板を回す単位である。

江戸時代以前より歴史的に存在してきたのが小字、講中、組合であり、このうち講中は民衆信仰の単位であり、現在でも御岳講を行っている場所がある。住民が年に一度御岳山へ参拝し、やはり年に一度、山の御師が地域の各世帯を回って祈りを捧げる御岳講は、山と里とがつながる民衆信仰ともいえる。組合は冠婚葬祭を共同で行う組織であり、葬式は今でも組合の協力のもとで行われることが多い。区画整理の際に新住民を巻き込んで再編されたところや、構成員同士の親睦を図るイベントが実施されるようになったところもある。

本章で中心的にみていく小字は、堀之内に七つある。序章でも述べたが、日影・番場・引切・芝原・上寺沢・中寺沢・下寺沢である。近世期の小名《こな》[5]という近隣組織の後身で、いわゆ

写真５-１　上寺沢の草刈り（かつての道普請）

年一回、住民全世帯が参加して域内の道路周辺の草刈りが行われたのち（写真左）、懇談の場が設けられる（写真右）。地域の環境管理という意味合いだけでなく、お互いの近況や地域の歴史に関する話のほか、地域の生活課題に関する話題が交わされ、解決法が相談される場ともなっている。

る村組だとみてよいだろう。小字という名称は官製用語であり、堀之内の人々は部落、あるいはネガラと称している[6]。歴史的にどんど焼きの実施主体となってきたのも小字であるが、現在ではどんど焼き以外に独自の行事が行われることは多くない。しかし今なお、そこに移住してきた新住民も含め、自らを「〇×（小字の名前）のもん」と名乗り、「それぞれ土地柄が違う」と語られることがある。そこからは、集団としてのアイデンティティを多分に残していることが分かる。公的な組織ではないこともあり、成員は書面上では明確化されていないし、少なくとも現在では村入りのような慣習もない。ただ新住民が近隣との付き合いを始めると大抵はまず町会に誘われ、誘われた新住民もそれを断ることもないため、事実上小字の領域に居住する町会の会員が小字の成員といえる。

　小字はかつて、身近な自然環境を管理していく単位でもあった。今でもその性格を残しているものとして、上寺沢で行われている、草刈りと呼ばれる行事がある。かつて行われていた道普請が道路のアスファルト舗装によって必要無くなった後も、年に一度（現在は九月）、域内全世帯の住民が集まり、小字の道路周辺に生えている下草を刈り払っていく。参加できない世帯は不参金（千円）を支払い、草刈りが終わった後は住民同士の懇談の場が行われるところは、かつての道普請の内容を踏襲している[7]。

　道普請が行われていた当時、道を新たに敷設するのも小字の仕事であった。上寺沢では小学校に通学する児童の便宜を図るため山を切り割って道を作った。現在「学校道」と呼ばれているいわれを旧住民や次世代の新住民は行事のなかで耳にして、地域の歴史を共有する。また全世帯の住民が一堂に集う草刈りの日は他の住民の近況を知る場でもあり、お互いの親睦を深める場にもなっている。地域に降りかかる様々な課題について話し合うことも、随所で行われている。現在の草刈りは、単に自然環境の管理としてだけではなく、様々な意味が内在する場となっているのである。

どんど焼きの概要

小正月の火祭りは、今から一世紀以上前の民俗学草創期からすでに研究の題材として取り上げられてきた（柳田 1910）。以来盛んに分析が進められ（折口 1937; 竹内 1941）、近年も倉石忠彦が相次いで論考を著すなど（倉石 1990, 2005）、民俗学の大きなテーマであり続けた。この行事の大きな特徴は、民俗行事の多くが近代化の進行とともに衰退していくなか、現在でも多くの地域で熱心に行われ、行事に関連して新たに道祖神碑が造立されることも稀ではないという、あらゆる民俗行事のなかで異彩を放っている点である。さらには団地や新興住宅地、あるいは公園や里山ボランティア活動の行事として新たに始められることも珍しくはない。

堀之内を含む旧南多摩郡一帯は、神奈川県西部から連続する道祖神碑の集中造立地帯にあたり、併せてどんど焼きも盛んだった。堀之内ではこの行事を「オカイコのお祭り」として語ることが一般的であり、まゆ玉に見立てられた団子を木の棒で刺し、火で炙る慣習が行事の象徴とされる。道祖神信仰やそれと習合して行われてきた火祭りは一般的に村や集落の境界が意識され、災厄を入れない行事とされることが多いが、現在の堀之内ではそうした語りは聞かれない。ただ「その年の無病息災を願う行事」という意識は強く、「焼いた団子を他の人と交換して食べると風邪をひかない」、「団子を焼いた棒を家のジョウグチに刺しておくと厄除けになる」、「子どもは灰を顔に塗ると健康に育つ」といった俗信がある。

古老たちの語りや周辺地域の市町村史（町田市史編纂委員会編 1970; 多摩市史編集委員会編 1997）の記述をもとに

すると、かつての南多摩地方一帯のどんど焼きは一般的に子供組や若衆組、青年団などが主体となった子どもたちの行事だったと推測される。子どもたちが囃し歌を歌いながら家々を回って正月飾りや小銭を集め、中に入れるようなヤグラを組み上げ、遊んだりオコモリをしたりしていた。そして一月一四日、ヤグラに火をかけ火祭りを行ったというのが、堀之内周辺の一般的な行事の姿だったと考えられる。そのようなどんど焼きがどのように多様化していったのか、これから確認していこう。

3　どんど焼きをめぐる近隣組織の選択

行事の規模拡大を目指した小字（日影・番場）

（1）小字の概要

日影は堀之内南西部、番場は南東部に隣り合って位置する。両小字合わせて一つの地区（三丁目地区）[8]を構成する。人口は一九五〇年段階では日影で二六世帯、番場で一二世帯だったが、二〇一九年一二月末時点には合わせて一七二九世帯三〇〇三人まで膨張している。これは一帯が多摩ニュータウン計画マスタープランで住民サービスの拠点となる「地区センター」として開発計画が進められたことによる。この計画のもと駅が設置され、商業施設が林立している。畑や緑地は少なく、番場の住民一世帯がまとまった面積の農地を生産緑地として耕作しているほかは大栗川の旧河畔林を保全した番場公園がほぼ唯一の緑地である。全域がニュータウンとして造り替えられ、開発前の農村集落の面影はない。

（2）かつてのどんど焼き

多摩ニュータウン開発以前、日影では数個の丸石や棒石、五輪塔片を「セーノカミ」と呼び、道祖神の神体だとされていた。このうち棒石を「オス」、五輪塔片を「メス」と呼んでいた。この「セーノカミ」をなでると風邪をひかない、子宝に恵まれるという俗信があった。これらの石は「コヤ」と呼ばれる、竹や松枝を原料として作られる覆屋のなかに納められていた。「コヤ」は毎年一月一四日に作り替えられていた。「セーノカミ」は小字西部の三叉路の中心にあった草むらに置かれていた。

どんど焼きは、「セーノカミ」が置かれている場所の周辺に住む三軒が代々行事の世話役を務めていた。行事が近づくと三軒で周辺の草刈りをするなどして、事前の準備を整えた。準備ができると住民が年末の煤掃きに用いた竹と正月飾りを持って置いていき、それをヤグラの材料とした。かつて「セーノカミ」の向かいに居住し、行事の世話役を務めていた家の一軒に生まれたＨ氏（一九三〇年生まれ）によると、かつて（Ｈ氏の幼少時）、ヤグラの高さは五メートルほどで、人が入れるように作られ、中で子どもたちが甘酒や汁粉を食べたのだという。夕方になるとその時の小字の最年長者がヤグラに火をかけた。ヤグラの火が熾になってから消えるまでに時間がかかり夜通し見守る必要があったが、それを口実にワケエシ（若い衆）が集まり、男女の出会いの場にもなっていたという。「セーノカミ」の石の隣には「力石」が置かれており、Ｈ氏の父親（一八八八年生まれ）が若い頃まではこの日に酒を飲み明かし、酔った状態で足駄を履いてそれを持ち上げ、力比べをして遊んだ。父親は力が強く、この力比べで負けたことがなかったとＨ氏はよく聞かされた。また行事の際に提灯を持っていき、団子焼きの火をろうそくに灯し、家に持ち帰って神棚のろうそくに移してお燈明にした。提灯に灯したのは火を消さずに家に持って帰るための工夫だったという。

どんど焼きと関わったのは人間だけではない。Ｉ氏（一九三二年生まれ）の実家は明治期、堀之内で初めて酪農を行った家である。Ｉ氏は子どもの頃、親から牛の分の団子も持たされ、自分の分と一緒に焼いていた。食べれば風邪をひかないという俗信のあるその団子を牛に食べさせれば、牛も風邪をひかなくなるのだといわれた。焼いた団子を半分くらいに割って牛に食べさせると、牛は美味しそうに食べていたという。

一方番場では、独自で行事が行われていたという話は伝わっておらず、道祖神碑にあたるものもなかった。どんど焼きに参加したければ、日影まで行って混ぜてもらっていたという。

（3）ニュータウン開発とどんど焼きの変容

その後ヤグラは「ちょっと大きめな焚火」程度に簡略化され、「セーノカミ」を納める「コヤ」も一九六〇年代後半には作られなくなっていた。それでも新年の楽しい行事であることには間違いなく、多摩ニュータウン建設のための土地買収が始まる頃まで、子どもたちは団子を刺すための樫の棒を山に探しに行っていた。

だが一九八〇年代、日影のどんど焼きは大きな変容を遂げる。一度は簡略化されていた行事を再び大規模化させようという動きが起こったのである。それに先立つ一九七九年、若くして小字の鎮守、南八幡宮の氏子総代に就任したJ氏（一九四四年生まれ）の発案で三〇～四〇代の若手氏子で一座が結成され、青年団解散の影響で三〇年間途絶えていた村芝居を復活させた。さらに子ども神輿を新たに製作して祭礼時に練り歩くようにもなった。この取り組みは対外的にも注目され、当時の新聞やテレビでも頻繁に取り上げられた[9]。日影では様々な理由から共同で行う民俗行事が途絶してきたが、その状況に若手氏子たちは物足りなさを感じるようになっていた。これに前後して本格化していた多摩ニュータウン開発によってふるさとの風景が変わりつつあることにも寂しさがあったという。

同時期、どんど焼きも「昔から続いてきた行事を引き継ぐ」という思いと同時に、「どうせやんなら派手にやんべえ」とJ氏ら一座のメンバーが、世話人の一人だったH氏と協力して行事の大規模化を行うこととなった。すでにニュータウン開発が始まっていたが、近隣のゴルフ場に頼んで、場内の竹林や雑木林からヤグラの材料となる竹や木材を入手した。新住民は団子の作り方が分からない人が多いであろうと考え、団子を参加者に配ることにした。だが

写真５－２　大規模化されたヤグラ（1980年代）
堀之内住民提供写真。

団子を刺す棒として樫の枝を多量に調達することは難しいため、ゴルフ場内に繁茂していたシノダケを集め、その先端に団子を刺すための三本の針金を括り付け、樫の枝の代用とした。この棒は丈夫であり、壊れたものから交換していくことで現在まで毎年利用することができている。

当初は新住民の間で認知されておらず、行事を実施しても集まってくるのは従来とほぼ変わらない顔ぶれだった。けれども「子どもたちが来れば大人たちも引きずられて集まる」と考えて学校への広報を行うと、徐々に参加者が増加し賑やかになった。「来た人を楽しませると同時に自分たちも楽しむ。そのためには沢山の人に来てもらわないと」といった考えのもと賑やかなものとしていったことが、結果として新・旧住民が分け隔てなく顔を合わせ、知己となり仲を深めるきっかけの場にもなった。

一方、この頃になるとニュータウン開発は本格的に進行した。背後の山は標高が半分程度になるほど削られ、「日影が日影でなくなった」と言われるほどの大開発だった。行事が行われてきた辻の草地も容赦なく造成され、混乱のさなか「セーノカミ」の石も消失してしまった。それでも造成によって空き地が生じることに目をつけ、事業者と交渉して敷地の使用許可を取り付けて行事を続けていった。空き地を求め集落内の各地を転々とする「ジプシーのよう」な状況が続いたが、行事の賑やかさは変わらなかった。

写真５-３　どんど焼き保存会によるヤグラ作り（番場公園）

公園に残されている大栗川旧河畔林に生える竹を切り出し（写真左）、組み立てていく（写真右）。

（４）どんど焼きの現在

長年続いた「ジプシーのよう」な状況も、二〇〇一年の番場公園への移転後はようやく落ち着きをみせた。ニュータウン建設事業が完了すると空き地がなくなり、やむなく南八幡宮の境内で行事を行っていたが、敷地が狭く社殿に延焼する恐れがあったため公園を所管する八王子市の許可を取って番場公園に移転したのである。

番場公園への移転とタイミングを同じくして、村芝居一座を中心とした有志主催から、堀之内自治会三丁目地区主催へと変わった。同時に一〇名程度の旧住民によって「どんど焼き保存会」が結成され、当日の作業の中核を担っている。保存会が別に組織されているのは、地区の役員は数年で交代するため作業の段取りを継承していくことが難しいという考え方によるものである。保存会代表となったのはやはりかつての世話役を務めていた家の一軒に生まれたK氏である。前述のとおり、番場公園は旧河畔林を保全した雑木林や竹林があるが、この雑木林を対象にK氏ら地区有志で緑地保全活動[10]を行っていることから、保全活動の一環という名目で竹や木材を得ている。ほかにも、庭や南八幡宮の剪定枝も利用している。南八幡宮では古札の回収ボックスを設置して新年に限って古札を受け入れているが、一四日朝に回収して保存会のメンバーの手でヤグラを組み上げる。公園の面積が広いため移転後は年々大型化しており、かつてのように中に入れないが、高さは五〜六メートルに及ぶ。屋台も設えられて参加者には団子のほか、けんちん汁や甘酒が振る舞われる。回覧板でしか告知は行っていないものの、旧住民のみならず新住民の間でも地区の行事として認知されており、毎年二〇〇〜三〇〇人程度の集客がある。現在では小字問わず、どんど焼きが語られる際、「三丁目ではどんど焼きを盛大にやっている」という話が自身の場所との比較対象として出てくるほど、堀之内のなかでは最も大規模に行われる。ヤグラへの着火はその時の町会長（たとえ日影・番場出身者以外であっても）が招かれて行われている。

新住民が行事をリードするようになった小字（引切）

（1）小字の概要

引切は堀之内の中東部に位置する。堀之内で唯一、小字と地区の領域が一致する場所である。ほとんどの場所がニュータウン事業区域に含まれ、大半が閑静な住宅地となっている。他方、一部の山林が里山公園（沖ノ谷戸公園）[11]として整備され、住民有志による管理活動が行われている。住宅地にも畑が点在し、現在でも養蚕業で生計を立てる世帯もある。

（2）かつてのどんど焼き

引切のどんど焼きの特徴の一つとして、歴史上休止と再開を繰り返してきたことがあげられる。伝承のうえでは、長年引切においてはどんど焼きが禁忌だったといわれている。その伝承とは、こうである。はるか昔、引切でどんど焼きを行った際、悪童たちが往還（現在の野猿街道だといわれている）に縄を張り、そこを通行しようとする者から小銭を得ようとした。だがその縄に足を取られた馬が大暴れし、馬が背負っていた酒の詰まった甕が割れてしまった。怒った名主は「もう引切ではセーノカミをやらせない」と言い、以来禁止されたというのである。[12]禁忌との関連からか、引切には堀之内でどんど焼きが行われてきた場所としては唯一、道祖神碑のような神体にあたるものがない。

しかしこのような伝承がある一方で、L氏（一九三一年生まれ）の幼少時にはすでに禁が解かれており、「土取り《どどり》場《ば》」という堰の土俵を作る共有地でどんど焼きが行われていた。この一帯は「南田」という地名で呼ばれる、一面田んぼが広がる場所だったが「土取り場」だけは標高がわずかに高く、乾地になっていた。だが、どのような経緯のもと、禁が解かれたのかについては引切の古老たちも分からないという。なお「土取り場」は小字の境にあったというわけではなく、やはり住民の語りからは境界と行事の関連は見出せない。

L氏によると、引切では子どもたちが竹や木材を周りから切り出してきて、ヤグラを作っていた。日影のものより大きくはなかったというが、竹を芯にして周りをワラやムイカラで囲って、ヤグラの中に入れるようにしていた。中では子どもたちが餅などを焼いて食べていた。その頃は当日作って当日燃やすのではなく、一週間か一〇日くらい前から作っていた。夕刻になると大人たちがやって来て、ヤグラに火をつけた。各家庭を回り古札や正月飾りを集めるのも子どもたちの仕事だった。各家庭のだるまをもらい、だるまを頭に乗せたりしながら家々を回っていたという。

M氏（一九三八年生まれ）の頃になると、ヤグラを作るのは行事の前日になっていたが、それでも行事が子どもたち中心であることは変わらなかった。お札をもらいにいくと一緒にみかんや飴玉をもらえたので、それをヤグラに持ち帰って子どもたちで丸くなって食べた。昔は見晴らしがよかったので他の場所でヤグラが燃え上がる様子がよく見えたが、それを目にすると「あっちも燃やしたからこっちも燃やそう」などと言い合った。するとほどなく「お前たち火をつけるから出ろ」と言って大人たちがやってきたという。N氏（一九四五年生まれ）は、行事はすべて子どもたちが取り仕切っていて、大人は関与していなかったと語る。年長の子どもが蓄積されたノウハウをもとにやり方を指導し、それが次の世代へと引き継がれていったのだという。子どもたちが集団で家々を回り、ヤグラの材料や古札を集め、菓子や果物をねだることは全国のどんど焼きで広くみられた習俗だが、堀之内では大人たちが行事を行う場所まで持ってくることが一般的で、引切のみこうした習俗を行っていた。

だが、たとえ簡略化したとしても行事が絶えることなく続けられた他小字とは異なり、一九六〇年代初頭に再び行事が休止状態となる。こうした背景には、小集落だった引切で行事をするために十分な子どもの数がいない時期が続いたことがあった。

（3）どんど焼きの再開と新住民の働き

一九八六年頃、堀之内では一九八三年に組織されたばかりだった子ども会が主催になることでまたも再開し、それが現在の行事へとつながっていく。当時、ニュータウン開発の進展のなかで新住民が続々と来住し、子どもも増加したが当時はまだ交流の場はなく、O氏（一九四〇年生まれ・一九七二年来住）ら子ども会引切支部の新住民は子どもたちが遊べるイベントを考えていた。そのような時に旧住民たちからどんど焼きの話を聞き、その復活を構想するようになった。この新住民の構想に対しては旧住民も好意的だった。O氏が来住当初から一〇年以上自治会やPTA等の役職を引き受け人脈や人望を築いていたことに加え、旧住民自身も行事をできることならやりたいと考えていたからである。行事が途絶していたといっても、それはやむを得ない理由からで、不本意なものだった。O氏たち子ども会のメンバーは、当時の小字の長老たちから引切の行事のいわれについて教えを請い、行事の再開に向けた下準備を進めた。団子づくりは経験がある旧住民が中心に行い、新住民はそれを手伝いながら学んだ。ただしニュータウン事業のため「土取り場」はすでに開発され、消失してしまっており、ここでも開発によって生じた空き地を転々としながら続けられる行事となった。

（4）どんど焼きの現在

一九九九年、引切地区の地区長に新住民であるP氏（一九五四年生まれ・一九九七年来住）が就任した。堀之内では長年、自治会長と地区長は旧住民が担う慣習があったが、それが転換されたのである。この時会計には同じく新住民のQ氏（一九五一年生まれ・一九九七年来住）が就き、執行部自体も新住民主体の体制となった。

新体制による地区運営が始まってほどなく、二人の発案によってどんど焼きが地区の公式行事として位置づけなおされることとなった。開発に際し増加した子どもも人口もこの頃には落ち着きをみせ、子ども会の役員交代をきっかけ

写真５－４　現在の引切における行事の様子（引切公園）

ヤグラ（写真左）と団子を炙る様子（写真右）。子どもたちの参加が多い。

に地区が行事を引き継いだという意味合いもあった。だが同時に、地区の新年会を兼ねての公式行事化という意味合いも大きかった。それまで地区の新年会は懇親会（飲み会）形式で行われていたが、参加者は地区の役員が中心で来住直後の新住民には足を踏み入れづらく、地区全体の懇親につながっていなかった。そうしたなか、住民たちの懇親を深めるための行事として「お花見」を実施したところ好評であったため、同じように屋外で住民たちが交流するための行事としてどんど焼きが考えられた。二〇〇一年以降、どんど焼きの主催者に地区が加わっている。

　現在、どんど焼きは引切公園で行われている。堀之内自治会引切地区と子ども会引切支部の共催で、両会の有志で組織された「どんど焼き実行委員会」が主な段取りを進めている。日影・番場の「どんど焼き保存会」が旧住民主体なのに対し、「どんど焼き実行委員会」の主力は新住民である。二〇代の若い住民が友人を連れて準備に参加するなど、幅広い年代層が行事に関わっている。他ではいずれも一月一四日の夕方に行われるのに対して、一月第二週の日曜日の昼間に行う。行事の趣旨が地区の新年会であることから、会社勤めの人も参加しやすいための工夫である。酒や豚汁が振る舞われ、M氏ら旧住民が公園近くの畑で育てた葱や薩摩芋、じゃが芋を熾火で焼いて食べるのが名物になっている。かつての引切での習慣から、今でも子どもの行事という意味づけがあり、ヤグラへの着火は大人の手を借りながらも子どもが行い、参加した子どもには菓子が配られる。それゆえ子どもの参加者も多く、二〇一八年には一〇〇袋用意した菓子がすべてなくなった。ヤグラは日影・番場ほどではないものの、現在の堀之内域内で比較すれば相対的に大型といえるもの（約三メートル）が組まれる。材料は域内の果樹園の剪定枝を利用し、竹は沖ノ谷戸公園の管理活動で除伐されたものを譲り受けている。数年前までは土曜日に準備が行われていたが、現在では慣れと省力化のため当日午前中にヤグラが組み上げられる。「見よう見まね」で作られたものであるといい、やはりかつてのように中に入れるような構造にはされていない。団子も当日の朝、自治会館である堀之内会館を貸し切って豚汁とともに準備される。

今では子どもを遊ばせたい親子は行事を楽しみ、飲み会目当ての人は酒を片手に燃え盛るヤグラを眺めながら話が盛り上がる。地区中央の公園からあがる歓声に興味を惹かれた来住直後の人も訪れる。初めて見る顔があると役員を中心に積極的に声をかけ、引切地区のコミュニティに溶け込んでもらいやすく工夫する。行事がきっかけで新旧住民混合の飲み会グループもできた。新旧住民、老若男女問わず楽しめる行事として定着している。こうした現在のどんど焼きについてN氏は「どんど焼きがこうしてみんなで楽しめる行事になって本当に良かったと思っている。今は隣の人についても知らないことも多いけれど、こういう行事があることで知り合いになれて、付き合いが深まる」と語る。

他小字から集団移転してきた住民との交流の場となった小字（芝原）

（1）小字の概要

芝原は堀之内の中西部に位置する。日影の北で、引切の西にあたる。かつては「芝原七軒」といわれるほど世帯数が少なく、一九五〇年段階でも一〇世帯だったが、二〇〇八年に総戸数二一五戸の巨大マンションが建設されたのを筆頭に、近年は人口の流入が著しい。現在は全域がニュータウン事業区域内にある。交通の要衝にあたりロードサイドにありがちな商業施設が立ち並ぶが、生産緑地の指定を受けた畑も一定面積残る。芝原において特徴的なのは、ニュータウン開発のため集団移転を余儀なくされた元下寺沢の住民たち（旧住民八世帯・新住民四世帯）[13]が集住する一帯があることである。この集住区域は新芝原と呼ばれている。

（2）かつてのどんど焼き

かつて芝原のどんど焼きは「八幡台」と呼ばれる集落北部の丘上の三叉路に置かれていた単体道祖神碑の前で行われてきた。芝原でもやはり、道祖神碑ならびに道祖神碑が置かれていた場所のことを「セーノカミ」と呼んでいた。一方、この単体道祖神碑が見かけ上地蔵と変わらないため、「お地蔵様」と呼ぶ人もいる。R氏（一九二八年生まれ）の幼少時からヤグラの材料以外は現在と行事の規模・内容ともに大差なく、住民が前もって置いていった煤払いに使った竹を積み上げて、古札やだるまとともに焼くくらいだったという。これは立地的な背景があったのではないかと語られる。道祖神碑があった場所は斜面地であまりスペースがなく、そもそもヤグラを組めるような場所ではなかったというのである。

やはりここでも「まゆ玉のお祭り」ということが強調され、現在世話人を務めるS氏（一九三四年生まれ）の家ではこの日、神棚にも団子を供えて、「今年もいい繭ができますように」と祈った。団子も「キメのいい繭ができるように、きれいに作るんだよ」と親から言われていたという。かつて養蚕が盛んだった堀之内では、以前はどの家でも毎年一月二八日の「初不動」の日になると高幡不動でだるまを買って飾っていた。S氏の家では八個だるまが溜まると、翌年まとめてどんど焼きの火で燃やしていたが、今でもこのやり方を続けている。

（3）道祖神碑の移転とメンバーシップの変化

しかしその後日影・番場と同様、ここでも長年行事を行ってきた場所が多摩ニュータウン事業区域に位置づけられてしまう。一九九二年、開発事業の開始を前にしてやむなく道祖神碑の移転を決断する。芝原では以前から、単体道

写真５－５　芝原の道祖神碑

写真右が移設した単体道祖神碑で、左が新造した双体道祖神碑。

祖神碑のその真下の土中には「お地蔵様の本体」だという「オンマラサマ」という名の石棒が埋まっていると伝承されてきた。掘ってみると実際に伝承のとおり石棒が埋まっていたため、これを掘りだして単体道祖神碑とともに移転させることとした。開発後も生産緑地として畑が残ることとなった丘の下に移設することとなり、「オンマラサマ」は以前のように土中に埋め、その上に単体道祖神を安置した。さらに、移転に際しニュータウン事業者から受け取った補償金をもとにして、単体道祖神碑の隣に双体道祖神碑を新たに造立した。一九九二年一二月、小字の鎮守である北八幡神社の宮司を招き、道祖神碑の移転・新造の式典も盛大に催した。

同時期、多摩ニュータウン開発のために成員の変化も起こった。開発によって新たに形成された新芝原の住民たちの行事への参入である。新芝原の住民たちは、それまでの居住地だった下寺沢の住民たちとの近隣関係を持ち続け、どんど焼きもそちらに参加し続ける選択もあっただろう。それでも自分たちの住む場所のことを「自分たちは新しく芝原に来た人間たちなので「新芝原」」と名づけ、芝原の一員として生きていくことを選んだ。それまでの芝原の住民たちも「お前たちが「新芝原」なら俺たちは「旧芝原」ってことになるじゃないか」などと冷やかしながらも新芝原の住民を受け入れたという。そして、新芝原の住民たちが芝原の一員になるにあたり申し出たのが、芝原のどんど焼きへの参加だった。現在行事の予算は道祖神碑移転時の補償金をプールしたものから支出されているが、移転時に成員ではなかった新芝原の住民たちは、けじめとして毎年参加費を支払うことにしている。それでもそれは新芝原を含めた芝原の住民たちだけで集まり親睦を深める一年で唯一の機会となっている。

（4）現在のどんど焼き

芝原のどんど焼きは、現在道祖神碑が置かれている場所に隣接する畑の一画で行われている。近年、ヤグラは特殊な造りになっており、竹ではなくS氏の畑で発生する茄子の枯枝を材料にして、二メートル程度のものが組み上げられる。S氏の畑が市街地にあることから枯枝を野焼きで処分することが憚られるようになり、ヤグラの材料に流用することにしたのだという。

一四日の夕刻、道祖神碑にお神酒が供えられ、ヤグラに火がつけられる。めいめいに団子を刺した三つ又の樫の枝を持った人が現れ、談笑しながら火で団子を炙っていく。自分の庭に木が植えられている樫の枝を使うのが基本であるが、樫がなければ梅の枝で代用することもできる。参加者には「お供物」として酒が振る舞われ、袋菓子が配られる。自治会の回覧等での宣伝は特にしないこともあり、参加者は一五～二〇名程度と、これまでみてきた大規模な集客をみせる日影・番場や引切と比べると少ない。だが新しくできたマンションから「田舎の出で懐かしくて来ました」といって新しく参加するようになった住民も現れ始めるなど、漸増傾向にある。

写真５－６　現在の芝原における行事の様子

芝原では日影・番場や引切のように予算をかけて大きなヤグラを組んで屋台を出し、大規模な住民の呼び込みを図ることはしていない。旧来の芝原と新芝原の住民たちを中心に行事を行うのであれば今の規模で十分だからである。むしろ費用や準備の負担が大きくなる行事規模の拡大は、持続的に行事を行うことを難しくする可能性があると考えられている。

「昔ながらのやり方」にこだわる小字（下寺沢・中寺沢）

（1）小字の概要

中寺沢は堀之内の北東部、下寺沢は中東部に位置し、お互い隣り合っている。日影・番場と同様、合同で行事を行ってきた。中寺沢はこれまで取り上げた場所とは異なり、近年まで開発がほとんど進められず、今なお田畑や山林が広がり、牧場も残る。市街化調整区域であるため新たな住宅建設が既存住民とその親族を除いて行えない。区域指定される以前に建設された数棟のアパートと戸建て住宅を除けば旧住民しか居住していない。一方下寺沢では、多摩ニュータウン開発計画の影響が著しく、多くの旧住民が新芝原はじめ小字の外への移転を余儀なくされてしまった。ここ数年は住宅開発が進み人口が増大している。それを端的に示すのが班の数で、一九九九年には二班だったのが、現在九班にまで拡大している。

写真５－７　中寺沢のヤグラ（左）と双体道祖神（右）

（2）かつてのどんど焼き

ここでは、両小字の境となる場所に道祖神碑が置かれている。双体道祖神碑であり、正面には男女が彫られ、そのうえに「道祖神」と刻まれている。造立年は一七九〇（寛政二）年であり、堀之内の道祖神碑のなかで唯一明記されている。

一五年ほど前まで、道祖神碑は下寺沢の西端付近の道端に置かれていた。一方、どんど焼きの日にヤグラを組み、火祭りを行う場所は両小字の境界にあたる「お堂の川」を隔てた反対側の畑（中寺沢の東端）とされ、若干距離が離れていた。しかしこの周辺がニュータウン開発に伴い整備されることとなり、その際道祖神碑はヤグラを組む畑と道路を挟んだ向かい側へと移転された。以来、道祖神碑の正面で行事が実施され続けている。行事はヤグラを組んできた畑の所有者であるT氏（一九三一年生まれ）の家が代々世話役になってきたという。

ヤグラは日影や芝原と同じように、かつては煤払いで用いられた竹やお飾りや古札、だるまなどが「セーノカミの場所」に当日までに集められ、それをもとに作られた。U氏（一九三一年生まれ）やV氏（一九三四年生まれ）は自身の幼少時の行事のことを「盛大だった」と語る。かつては各世帯の子どもも多く、下寺沢・中寺沢では行事に参加する子どもは小学生くらいまでだったものの、それでも各世帯二〜三人の子どもが行事に出てくることも珍しくなく、子どもに連れられて大人たちも集まってきていたので賑やかだったという。ただ日影の同時期のヤグラのように中に人が入れるようには作られてはおらず、高さも人の背丈よりはあったものの他所よりも低めだった。行事を行う場所が屋敷地の集まる集落の間近にあり、火の粉が飛んで屋敷に延焼することを恐れてのことだった。U氏によると、自分たちが生まれる以前にこうしたことが原因による事故が発生したことがあったようで、それ以来火に注意深くなったのだという。ヤグラに火をつけるのは代々T家の役目で、行事の準備も担っていたという。「書初めをセーノカミで燃やすと字がうまくなる」と俗信から書初めが燃やされたが、火の粉や焼けた紙が飛んでいかないようT氏の父や祖父が細心の注意を払っていた。「セーノカミの場所」の隣には当時溜池があり、来るはずの人が一通り出揃うと池の水をかけて行事を終えた。

（3）現在のどんど焼き

現在ではヤグラはさらに低くなり、竹が使われることもなくなり、山林から集めてきた雑木の枝を五〇センチ程度に積み上げるくらいになっている。これは行事のことを知らない通行者が火事と勘違いして消防署に通報してしま

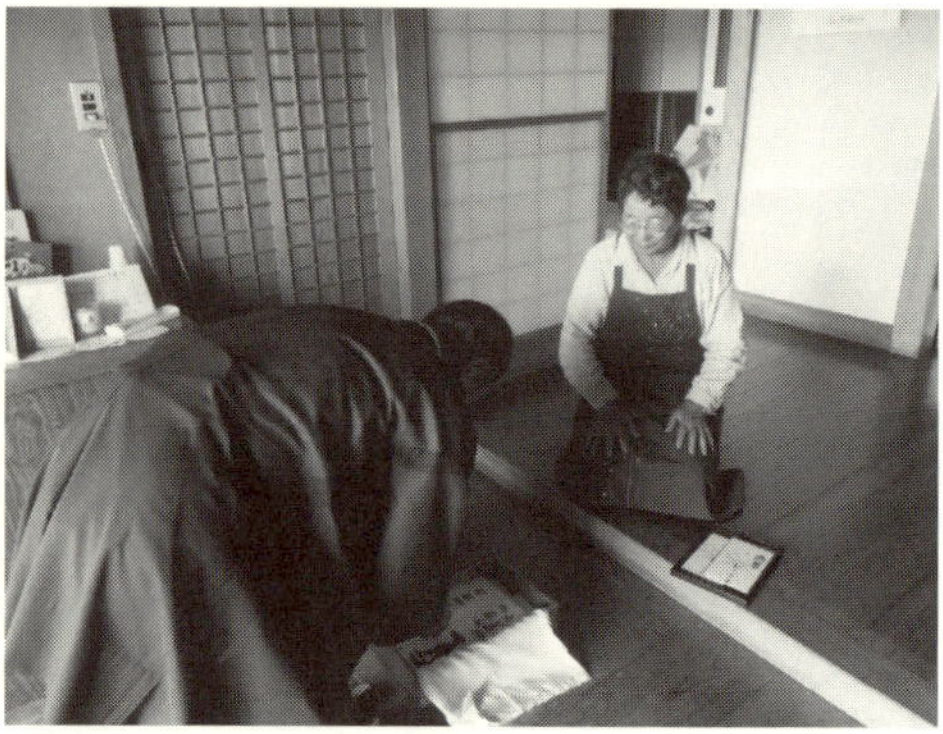

写真５－８　御岳講（寺芝講）

御岳山（青梅市）より御師が集落を訪れ、講員各世帯の家で祈りを捧げ、オオカミの札を配って回る。

うことが後を絶たず、やむなく取られた措置だという。正月飾りや古札はかつてのように、当日までに各世帯が「セーノカミの場所」に置いていく。次男だったV氏は実家を出て、現在隣の市に居住しているが、正月飾りや古札は住んでいる場所ではなくここまで持ってきているという。一四日夕刻の点火時間に前後して、各自の家で準備した三つ又の樫の木に団子を刺した棒を持った住民たちが集まってくる。開発が進んでいないため、多くの家で自分の山や屋敷地に生える樫や梅の枝を伐りだして団子を刺す棒を作ることができるが、年々木が高木化していくことに加え、毎年の行事ごとに伐りやすそうな枝から伐っていくため、棒の制作には苦労が伴うこともある。裏山に一〇本ほどの樫の若木を植栽し、一〇年おきに交代で伐っていくことによって、持続的な棒の調達を容易に行えるよう工夫している人もいる。

ところで、ここで行事のことが語られる際には、「昔ながらのやり方」へのこだわりが強く聞かれる。T氏は「どんど焼きは三〇〇年前からこの場所でやり方も変えずに行い続けてきた。我々は自分たちの代でこの行事を絶やすわけにはいかない」と語る。このような「昔ながらのやり方」にこだわる語りはとりわけ中寺沢においては、どんど焼きに限らず随所にみられる。T氏は一四六頁でも触れた、堀之内に唯一現存する講組織である御岳講の講元である。今でも四月に講員から参加者を募って御岳山に参詣し、七月には御岳山の御師を迎え、集落の各家を回り祈祷を捧げてもらっている。二百数十年に及ぶと語られる御岳講の歴史のなかで、御師は代々同じ家が務め、講員の先祖と関わりを持ち続けてきたという。また、二月に行われる「初午」は、寺沢以外の小字では新暦を基準に行われているのに対し、中寺沢を含む寺沢では今でも旧暦に基づいた実施が続けられている。そこで使われるノボリ（旗）も江戸時代

（一八五七・安政四年）に作られたものを使い続けている家もある。そしてこれらの民俗行事が「昔ながらのやり方」に則って続けられていることが、「先祖から引き継いだもの」「子孫へと引き継いでいくもの」を大事にしてきた論拠として語られる。T氏は「私は『自分は一区間のランナーで次にバトンをつなぐんだ』そういう思いでやってきたんですよ。そういう人じゃないと農業は続かない」と表現する。こうした意志を守っていくことが現在のどんど焼きのあり方にも表れている。(14)

行事の規模縮小を図った小字（上寺沢）

（1）小字の概要

上寺沢は堀之内の北西部に位置する。一九五〇年に居住していたのは八世帯だったが、一九七〇年代に一部農地が分譲され、二〇一九年時点では四五世帯（旧住民一八世帯、新住民二七世帯）となっている。当初から全域が多摩ニュータウン建設区域ではなく、市街化調整区域指定された一九八〇年代以降は人口流入が止まり、世帯数の伸びは抑えられてきた。このため現在でも山林や農地が広がっている。農業で生計を立てている農家としては養鶏（ウコッケイ）農家一世帯、野菜農家一世帯があり、自給用に農業を行っている世帯は今でも少なくない。

（2）かつてのどんど焼き

上寺沢のどんど焼きは、小字東部の道祖神碑が置かれている場所に隣接する三叉路の中心に、少し高台となっている三角形の草地があり、そこで行われてきた。その場所のことをやはり「セーノカミ」と呼ぶ。火祭りの名称はかつての日影と同じく「団子焼き」である。上寺沢の道祖神碑は、複数の石造物と並べて置かれている。現在では風化が進み、表面の一部が剥落しており一見すると道祖神碑（双体道祖神碑）だと気づきにくい。造立年は不明であるものの、下部に現在でも「講中七人」と刻まれているのは確認できる。上寺沢は小字と講中の領域が重なっていることから、ここでは「講中」と記されているのだろう。

W氏（一九三九年生まれ）の幼少時には、正月飾りやだるまのほか、年末の煤払いに使った竹や、門松に用いた松や杭が一月一四日までに集められており、子どもたちがこれらをもとにヤグラを組み上げていた。やはり中へ入れるような造りであり、子どもたちはそこで遊んでいた。山に登って団子を焼く棒に使う樫の木を探してくるのも子どもたちの仕事だった。こうした「団子焼きが盛りだった時代」は一九五〇年代まで続いたが、以降やはり規模縮小していく。

写真５－９　子ども会参画時代の団子焼き（1991年）
堀之内住民提供写真。

それでも日影・番場や引切の行事が大規模なものとなっていった一九八〇年代、上寺沢でも一時的に同じ流れに向かった。その中心となったのは引切でも行事を再開させた子ども会だった。当時、分譲住宅に入居した新住民の子どもたちが一斉に成長する時期にあたり、やはりかつて上寺沢の子どもたちの行事として行われてきた行事を大規模なものにして、子どもたちや保護者の交流行事としようという考えがあった。この頃にはほとんどの世帯に子どもがおり、子どもが来ると一緒に親世代や、場合によっては祖父母世代も来ることがあり、合わせて三〇～四〇人程度の参加者があり賑やかだったという。

（3）現在のどんど焼き

ところが二〇〇〇年代以降、上寺沢では再度、行事の規模縮小が行われた。一度は行事の規模の拡大が目指されていたにもかかわらず、このような他所とは異なる方向性が示された背景には何があったのだろうか。

実は、この頃から上寺沢において、高齢化が問題とされるようになっていた。市街化調整区域に指定されたことにより人口の流入がストップしたということは、新住民が一九七〇年代の短い期間に転入した限られた世代しか居住していないことを意味する。その子どもたちが成長すると新住民層からの子どもがいなくなり、「子どもたちの行事」という意味でのどんど焼きへの参加理由が揺らぐこととなった。そして元来堀之内の小字で最も人口の少なかった上寺沢では、旧住民層にとってみても高齢化は行事の担い手不足に直結したことで、上寺沢では行事への参加者や、準備の担い手が十分得られなくなっていった。こうした状況に対応するため、少人数でも行えるような簡素なものとすることになったのである。

写真5-10　現在の上寺沢の団子焼き

現在、上寺沢では当日までに双体道祖神前に住民たちが置いていった古札や正月飾りを三叉路の中心の三角形の土地へと移し、それに落葉や木の枝、薪などを加えて燃やしている。基本的な行事のやり方は昔と変わらないものの、その規模は「焚火と変わらない」程度のものになっている。火を燃やす場所が道路に近く、交通への影響が出ないよう、陽のあるうちに「すぐに燃やしてすぐに終えている」という。そのため到着の遅れた参加者が団子を焼けなくならないよう、現在行事の世話役を買って出ているX氏（一九四七年生まれ）が参加しそうな人と事前に相談し、それぞれの都合に合わせて開始時間を決めている。三つ又の樫や梅の木の棒を山や庭から伐っておき、団子を刺し、調整した時間になるとそれをおのおの持ってきて団子を焼く。上寺沢では、参加者同士で団子を交換することが行事の象徴として特に大事にされてきたが、楽しく歓談しながら団子を交換し合うさまは、住民たちの記憶にある限りでは今も昔も一貫して変わっていない。二〇一八年に集まれたのは六名、二〇一九年は一一名（うち小学生は一名）であり、そのささやかさから、「今はどんど焼きというよりもお焚き上げ」と語る住民もいる。だがX氏は今の上寺沢では「簡単にやった方が続く。あまり大げさにやろうとすると続かない」と語る。無理して大規模に行おうとするのではなく、その時々の小字の実情に見合ったあり方を考えていくことが、行事を継続していくためには重要だということである。上寺沢の住民たちが氏子となっている北八幡神社では近年、古札のお焚き上げを始めたため、合理的に考えれば行事の実施が困難であれば古札は神社に納め、行事を行わない選択肢もあるはずだが、上寺沢でその兆しはない。そこには小規模であっても行事を続けることを望む担い手たちの意思が働いている。

4 〈根ざしなおし〉としての民俗行事の多様化

現在、各小字で行われているどんど焼きの形態だけをみると、大規模化しているものから小規模化しているものまで、ばらばらであるように感じられるかもしれない。行事内容が小字ごとに異なる方向性を歩んでいったのは、それぞれ別の論理が働いていたためにそうなったのだろうか。もちろん、小字ごとに降りかかった独自の状況がそうさせたという面もある。けれども各小字の住民たちの論理に迫っていくと、その底流に共通している面もあることがみえてくる。最後にそのことについて、〈根ざしなおし〉の観点から分析していきたい。

堀之内における近隣組織の役割

堀之内の各所でどんど焼きの持つ意味について尋ねると、とりわけ混住化が進む小字においては地域コミュニティの醸成や親睦という目的が語られることが多い。日影・番場や引切における行事が来住直後の新住民たちにとって近隣関係を築くうえでの出会いの場となっているという話や、芝原でみられた旧来の芝原住民と新芝原住民が一堂に会し懇親の機会となったという話も、その一つの形と解せるだろう。

第四章でもみてきたとおり、堀之内では混住化や就業形態の多様化などの社会状況の急速な変化のなかで、地域コミュニティの醸成が住民たちの間で地域の課題とされてきた。そのため、堀之内自治会でもその名目で盆踊りや運動会などの行事を企画しているほか、子ども会や老人会を組織して種々の活動を行っており「堀之内は地域活動が盛んな場所である」とよくいわれる。ただしそこで意識される地域コミュニティの単位はいうまでもなく堀之内という大字である。それとは別に、近隣で対処しなければならない生活課題が生じた際、それに対応するのは小字であることが少なくなく、そのためにも小さな地域コミュニティの親睦のための行事も必要であり、それがどんど焼きだというのである。

堀之内は、開発や混住化の進度等が異なった場所がモザイク状に混在している場所でもある。当然、そこの現状や生じている課題も様々であり、やはり自治会のような「大きな」地域コミュニティよりも、「隣近所」というような「小さな」地域コミュニティで対処していく方が有効な場合も少なくない。だからこそ、開発やそれによる影響が深く浸透している郊外のような場所であっても、在地的な近隣組織が成員や機能を再編させながら、今なお生活に必要なものとなり続けてきた面がある。どんど焼きを通じて醸成したい地域コミュニティとは、このような近隣組織なのである。

つまり堀之内では、在地性を持つ地域組織が機能しておりそれが多面的に存在する。それは「人－人関係」が多面的に存在しているとも言い換えられよう。そのような視点に即するならば、小字や地区の間に張り巡らされてきた「人－人関係」の再構成を目指すなかで立ち現れたのが、どんど焼きのあり方という「人－自然関係」の再構成だったのである。

地域の「無事」と繰り返す行事の力

とはいえ、小さな近隣組織の内における地域コミュニティの醸成というような理由だけで、堀之内のどんど焼きが熱意を持って続けられていることを説明し切ることはできない。単に地域コミュニティを醸成する手段であれば、他にいくらでもあるはずだからである。ここから考えてみたいことは、地域コミュニティ醸成の必要性が生じた時に、様々な選択肢のなかからどんど焼きが選ばれ続けてきたのはなぜなのかということである。

どんど焼きの場では様々な世間話が交わされる。直接自分たちが見に行くことができないこともあり、他の場所の行事の動向に関する噂話は恰好の話題である。筆者が参加していたある小字においてその種の話題として「○×（小字の名前）では今年はどんど焼きが行われないらしい」という真偽不明の噂が囁かれることがあった。すると「良くないことだ」「それは駄目だ」というような声があがった。一方行事の終わりに差し掛かると「今年も無事終わって良かった」という声も聞かれた。ここであげたのは一例であるが、行事が途絶えることに「良くないこと」という反応を示すのはいずれの場所でもおおむねみられることである。こうした語りから垣間見える行事継続への志向性や、それが続けられていることへの安心感が意味するものとは何なのだろうか。

そのことについて、再度、内山が示した「無事」という概念を、少し視点を変えて考察してみたい。内山は山村の住民の間では、過去から未来へと過ぎ去る「縦軸の時間」よりも、もう一つの時間軸として一年ごとに回帰する「横軸の時間」が強く認識されていることを指摘する（内山 1993）。そして、そうした円環する時間が再び「無事」にめぐってくることを住民たちは尊んだのだとしている。行事の継続が困難となっていく地域状況のなかでも、神社が始めたお焚き上げではなくあくまでどんど焼きにこだわって持続的な行事のあり方を考え、団子を交換できたことに安堵感を抱く上寺沢の事例からは、この内山の議論と重なるものを見出すことができる。そして様々な社会状況の変化のなかで行事をやめるという選択肢が出てくることはやむを得ないという認識は住民間で共有されているものの、同時にそのような選択肢がとられること自体がその近隣組織にとって非常事態であることが分かっているからこそ、冒頭の噂話のような敏感な反応を住民たちは示したと考えられる。そこでは、ともに行事を行いともに地域の「無事」を確認し合う共同の場として、どんど焼きが意味を持っている。

こうした時間感覚に関する先行研究が議論の対象としてきたのは主に山村だった。逆に縦軸の時間が支配する場所の象徴として位置づけられてきたのが都市である。堀之内でみえてきたことは、郊外とはかつてそこで当たり前に感じられた「横軸の時間」が当たり前に感じられなくなる瀬戸際にある場所だということである。

日影・番場の事例からは、地域環境を一変させた大規模開発後の世界を生きていかなくてはいけないなかで、地域の「無事」を実感できる場所を守っていこうとする試行錯誤として、どんど焼きが続けられてきたことが見出される。先祖から引き継いだものを子孫に受け渡すことが意識され、「昔ながらのやり方」にこだわる下寺沢・中寺沢の事例もこの時間感覚を大事にして、守っていこうという意志だとも解釈できる。言い換えれば、ニュータウン開発によって住民たちを取り巻く生活のあり方が大きく変わるなか、かつての日常を意識しそこへ回帰していこうとするなかで、どんど焼きを通じて流れる時間感覚を大事にしていこうという意志が、行事を続けていこうとする動機として働いていたということになる。

こうした「無事」を将来にわたって確認し続けるためには行事が持続的なものでなくてはならない。堀之内では行事が行われるそれぞれの場所において、それを持続的に行うすべが考えられてきたが、むろん場所ごとの状況に応じて異なるものとなった。行事の規模を拡大することによってその活性化を図ろうと考えた小字がある一方で、芝原では大規模化は行事の持続性が担保できなくなる負担として考えられ、上寺沢では時代ごとの状況に応じて行事規模を可変的にすることが重要だと考えられた。こうした分析をもとにすれば、どんど焼きの多様化とは、それぞれの担い手たちが行事の持続性を考え、試行錯誤を重ねるなかで表出したものだということになる。

こうした住民たちの感覚からは、これまで本書を通じて確認してきた「無事」が意味するものを、さらに深く理解することができるのではないか。もちろんどんど焼きという「人－自然関係」が続けられる動機として、それぞれの住民たち自身が幼かった頃、行事を通じて自然へ働きかけてきた様々な経験がもとになっている面もあるだろう。本章の事例からみえてきたのは、動機となっているものはそれだけではないということである。つまるところ、「人－人関係」もまた多面的であると同時に「人－自然関係」も多面的だったということである。〈根ざしなおし〉とは、こうした無数の関係性を再構成していくことなのである。

終章　郊外で里山と関わるということ

1　本書を終えるにあたって

第一章から第五章にかけて、堀之内という一つの小さな地域社会を事例として、そこに自然をめぐる様々な関係性にも大きな影響を及ぼしかねない社会変動が生じた時代を取り上げ、住民たちがそれにどのように向き合いながら、そうした関係性をいかに持続させようとしてきたのか、環境史的な観点から探求してきた。そこでの分析のキーワードとなってきたのが〈根ざしなおし〉だったわけであるが、各事例のそれは、時代も違えば条件も別物である。特にほぼ全世帯の住民たちが農業に携わり、生活を営むうえでの資源の大半を自然から得ていた江戸時代や明治時代の事例と、サラリーマン勤めが一般的となり、何も身の回りの自然から資源を得るようなことをしなくても、差し支えなく生活を営むことができるように思える近年の事例とでは、条件面が根本的に異なる。では、かつてなされていた〈根ざしなおし〉と、ニュータウン開発以降のそれとは何が重なり、何が変わってきたのか。本書の分析を通じて、その両側面があることが目の当たりになった。

そこで本書を終えるにあたり、第Ⅰ部、第Ⅱ部それぞれの事例の要点を再確認しながら、両者を比較していく。そのうえで、まずニュータウン開発後の堀之内で特に顕在化してきた、〈根ざしなおし〉のうえで大切にされたことは何なのか、という点である。これは、本書のテーマにあたる、郊外の里山について考えていくうえで重要な視点を与えることにつながるだろう。そして次に押さえておくのが、その底流でどのような点が共通していたのか、である。ニュータウン開発を経て重視されるようになった価値観があるといっても、〈根ざしなおし〉とは必ずしもその時限りの状況における価値観をもとにして、場当たり的になされていたものではなかったことも、本書の分析からはみえてきた。時代を超えて住民たちが大事にしてきたことは何だったかについて示していく。

これら二点の分析を通じて、住民たちの視点から里山の持続とは何なのかという、本書が掲げた問いに答えることを試みる。具体的には前者の要点が、①土地を地域空間のなかで一体的に捉える視点、②土地に蓄積された歴史の重視、であり、後者は①コミュニティの役割の重要性とその柔軟な創出、②住民の総意の形成への注力、となる。以下ではそれらがどういうことか項目ごとに説明していくが、これらはいずれも一つの具体的な地域社会に焦点を絞り、通史的な分析を行ったからこそみえてきたものである。

2　近年顕在化してきた住民たちの価値観

土地を地域空間のなかで一体的に捉える視点

第一章、第二章を振り返ってみよう。第一章で争点となったのは秣場のあり方であった。江戸幕府やそれに従属する勢力、あるいは一部の村の役人たちはそこを開墾し、農地として活用していくことを目指していた。それに対して堀之内村やその他いくつかの村は、あくまで秣場として維持し続けることを望み、紛争となった。第二章では旧神社林という空間のあり方に焦点が当てられており、明治維新に伴う社会の変化（ここでは学校制度の変化）に対応するため、学校林という新しい利用形態を導入し、活用していこうとしている。いずれも、特定の地域空間のあり方をどうすべきかという思考が行動に結びついている。

このように考えてみると、第三章でみてきた、研究者たちが農業公園構想として計画したような都市農地を持続させていこうとする策は、時に新しい制度や施策を活用しながら、自然資源を守り、有効利用してきた、堀之内の環境史とも適合的であるようにもみえる。けれども本論でもみてきたとおり、農業者たちは最終的にそれを受け入れなかった。

農業者たちの生活から浮かび上がってきたのは、彼らが単に農地だけを切り取ってそのあり方を考えていたのではないということであった。A氏は農地を山林などと一体の自然として捉え行動していたし、B氏の桑畑は養蚕小屋などと連続性を持った空間として認識されているようにみえる。D氏がこだわったニュータウンと農地の共存という発想も、集落の歴史を残していくという意味で自宅の復元や石造物の移設といった行為と同じ発想のもとで行われたとも考えられる。住民たちは農地だったら農地だけというように、特定の地域空間だけを切り取り、そのあり方を考えているわけではなく、林野や自宅、集落、そこにあった石造物まで、堀之内という地域社会のなかにある様々な空間を連関させて考えている。こうした空間認識の一体性や連続性は、農地のみのあり方を考え、そこに備わっているべき特定の機能を際立たせ、ゾーニングしていく発想とはなじみにくい。

このような住民たちの空間感覚は様々なところで見て取ることができる。例えばどんど焼きの場では、住民たちの間で、現在ではマンション群が林立する山を指さしながら、「あそこの山には昔、狐火が出たんだ」という話題が盛り上がることもあった。「今でも目をつぶれば開発前の堀之内の姿がありありと浮かんでくる」と里山楽友会の代表であるE氏は語っていたが、たとえ開発によって自然が消えてしまったとしても、開発前の世界というものは今でも記憶のなかで生き続けており、そこでのかつての経験が里山公園での活動を続けるための原動力になっていたりする。ここで表れている空間認識は、それぞれの土地の現在の形態だけでなく、過去の形態とも連続したものとなっている。(1)

現在よそ者が一瞥すればコンクリートやアスファルトで覆われ、マンションや住宅、商店が立ち並んでいるようにしか見えない丘も、住民たちからみれば、そこは今でも紛れもなく幼き日に友人たちとの遊びの場となっていた山なのであり、先祖たちが眠る墓があった山なのである。現在の空間は、こうした記憶上の空間とも連続性を持っているのである。

第四章で扱った里山公園は、このような空間感覚が意識されたうえで設計されていたと考えられる。里山公園の計画時、自治会は「われわれ住民が保全管理できる形」を強く要望し、公園開園後は、先人や子孫との関係が強調されたうえで活動やイベントが行われていた。実際、園内には田畑が復元され、堀之内で使われてきた民具を用いて耕作が行われ、子どもたちにも農作業体験を行っている。郷里の自然から切り離された新住民はもとより、ニュータウン開発に際して自らが所有する田畑や山林を失った旧住民も、場所が変わったとしてもかつてのやり方で自然と関わることができている。第四章でみてきた住民たちの語りからは、新住民・旧住民問わず、里山公園での活動を自身の記憶や経験の延長線上に位置づけているさまを見て取ることができた。

もちろんこのような住民たちの認識は歴史文書のなかに表れにくい性格のものであるから追跡し難いだけで、近年になって突然登場した感覚ではないはずである。おそらく住民たちの間には、特定の空間にフォーカスを当てる視点と、他の地域空間と連続したものとして捉える視点とが併存していたと推測される。ニュータウン開発が進んで様々な地域空間の姿が一変していくと、それまで住民たちの間で所与のものとして実感されていた土地の連続性、一体性が、急激に断片化していき、見えにくいものとなっていったはずである。住民たちは農地、林野、あるいは民俗、石造物など、地域空間に存在していた様々なものとの関係をどのように再構築していくか迫られたことだろうが、それはそれぞれ相互に結びついていたはずの関係性の再構築でもあったのではないだろうか。こうした感覚が、先ほど使い分けられていると述べた二つの視点のうち、後者の視点を強くさせている背景にあると考えられる。

土地に蓄積された歴史の重視

このように、現在の住民たちの認識において大きな意味を持っているのは、土地に蓄積された歴史ともいえよう。先ほども確認したとおり、住民たちからは、自らや先人たちが自然に対して働きかけてきた経験が語られ、そのことが〈根ざしなおし〉を果たしていくうえでの動機となっていたこともそこから窺い知ることができた。

それは代々堀之内に定住してきた旧住民のみならず、新住民にもみられたことだった。第四章ではマンション住民たちが、「地域の一員になりたい」という思いのもとで、堀之内の歴史への関心を高め、第五章でみてきた引切の新住民たちは、どんど焼きを復活させる際、地域の長老たちから行事のいわれについて教えを請い、その歴史を学んでいる。自分がこれから住むことになる場所の歴史を知り、関わろうとする新住民と、それに応える旧住民との関係のもとで、引切のどんど焼きは多くの住民が集う場となっていると考えられる。

かつて、自然は生産の場であり、資源採取の場であった。それだけ生活と密接したものであり、自然を利用することができなかったとすれば人々は生きていくことができなかった。第一章の秣場開発への抵抗が激しいものとなったのは、それがまさに人々の生存を揺るがす問題だったからである。第二章では学校林をはじめ、財源として自然を利用する手法が新しく登場しているが、経済的な要因が自然利用の動機となっている点については共通する。

けれども現在、自然利用における経済的動機は大きく後退している。もちろん第三章に出てきた農業者たちのように農業で生計を立てている住民はいるが、それでも自身や先人たちが農業に情熱を注いできた経験が、営農を継続してきた動機として語られていた[2]。経済的動機が失われたとしても、地域に培われた歴史、文化として、自然との関係が重視される。

もちろん歴史や文化という側面から里山の意義を見出す発想は、その保全を目指す研究者たちからも重視されることである。湯本貴和が「生物多様性も含めた自然資源というハードウェアを「持続的に」現在から未来にわたって利用していくために必須のソフトウェアとして、文化の多様性を発展的に継承していく必要があり、そのためにも歴史から学ぶことが求められている」（湯本 2017: 190）と述べているように、歴史や伝統、文化といったものが里山の持続可能性を担保していくうえでも欠かせない要素とみなされるようになっている。里山をめぐる環境政策においても「伝統的知識」（木俣ほか 2010）や「生物文化多様性」（敷田 2014）という概念が台頭してきたのもそのことを物語っている。序章でも触れたように、里山保全とは単に生態系を守ることにのみ価値が置かれてきたわけではない。里山を成り立たせてきた資源管理の技法や、自然環境と社会生活の双方を持続可能なものにしてきた知恵や工夫は、自然共生社会を目指すうえで守るべき対象として扱われている。(3) どんど焼きをはじめとした民俗行事の保存も里山保全のなかで重視され、里山ボランティア活動のなかでどんど焼きの「復活」がよく行われるのも、こうした発想に基づいたものでもあるのだろう。

ただしここで押さえておかなければいけないのは、歴史を重視するといっても、現在の堀之内の自然の利用形態はかつてのそれとは異なっている。ニュータウン開発のなかで、どんど焼きのあり方が小字ごとに変わっていったのもそのことを端的に表している。住民からみれば、その場所の自然について考えるということは、その場所で生活し続けるということを考えていくことと切り離せない。そのことと向き合いながら、時々の状況と折り合いをつけられる形で、自然の利用形態を選択していく面もある。利用形態の様々な変化も、このなかから生まれてきているものともいえるだろう。

今後も地域を取り巻く社会状況が変われば、あるいは住民たちの世代が変わり、それまでとは異なる記憶や経験を刻んだ住民たちが増えれば、本節でみてきたような住民たちの認識や価値観も、そしてそれをもとに立ち現れる里山の利用形態もさらに移り変わっていくことだろう。しかしそのような変化があっても、その変化は住民の生活と密着したものであるということは、変わらないのではないだろうか。

3 〈根ざしなおし〉に際し時代を超えて重視されてきたこと

地域住民の里山への意味づけは時代のなかで更新されてきた。里山の利用形態も、そのなかで変化してきた。これだけであれば、従来の里山研究のなかでも確認されてきた、さして新しくない知見である。里山をダイナミックな空間として捉え、将来にわたっても変化していくことを前提とした、「動態保全」というような里山保全のあり方を求める議論も提起されて久しい（横張 2002）。しかしただ変化することを肯定するだけでは、地域住民が望ましくないと考える変化でさえも正当化されてしまいかねない。

重要なことは、このような変化が住民たちのどのようなプロセスを経てなされてきたのかということである。〈根ざしなおし〉に際し時代を超えて重視されてきたこととは、実はそのプロセスだったともいえるのである。二つの側面から確認していこう。

コミュニティの役割とその柔軟な創出

協働の「失敗」に焦点を当てた第三章の事例を除けば、本書が分析対象としてきた堀之内の歴史において、「人−自然関係」を成り立たせるうえで重要な役割を担ってきたのは地域コミュニティの存在だった。第一章でいえば幕府によって分断されることで創出された相給村落、第二章ではその後再統合された堀之内村、第四章では堀之内村の後身組織にあたる堀之内町会、第五章になると江戸時代に存在した村組の後身組織であり、現在では自治会の下位組織に位置づけられる小字（ネガラ）の役割について考えてきた。この点は江戸時代から近年まで、時代に関係なく一致する。

これらの主体による生活実践からみえてくることは、第五章で確認してきた郊外論を展開してきた論者たちが嘆いたり、皮肉を込めて語ったりしてきたような郊外の姿とは異なる地域社会の実像がそこにはありそうだということである。「多摩ニュータウンにおける問題は、そこに出現している「不連続性」がもっと深い地層に及んでいることから生じている。そこでは異質なものたちが文脈を欠いたまま出会うべきテーブル、つまり「共通の場」の存在そのものが十分に信じられていないからである。たしかに多摩ニュータウンという同一性はあるが、そこにはさまざまな断層線や切断線が走っている」（内田 2002: 362-3）と述べる内田隆三や、「コミュニティ形成がいわれはじめて三〇年後の今日、郊外一世とその子孫は土着層の世界にけっして同化することなく独自の生活様式――サバーバニズム――を保持しつつ、郊外的世界とでもいうべき宇宙――必ずしも地理的範囲を意味しない――の中に生きているように見える」（西澤 2000: 208-9）という西澤晃彦の論のように、これまでの都市社会学における郊外論では共同性の消失、あるいはそこにある断絶性や分断性がしきりに強調されてきた。

もちろん、堀之内においてもそのような側面もあることはあり、それが住民たちの間でも課題として認識されている面もあることは第Ⅱ部の各章からも窺えた。しかし堀之内で目指されてきたのは、人口急増が進むなかで住民の属性や価値観が多様化し、かつてのように住民相互が顔や素性を知っている状況ではなくなっているなかにおいても、郊外論の論者がいうような亀裂や分断がそのままになっているのではなく、いかに地域としてまとめあげていくかということだった。第四章でみてきた、里山楽友会をはじめとした、自治会組織そのものではないが自治会と完全に切り離された組織でもないという、半自立的な組織の創出はそうした意図のもとで考え出されたものであった。里山公園を里山楽友会の会員のみが活動を行う場とするのではなく、自治会や子ども会組織とも連携したうえで、それぞれの住民たちが自分の関わりたい程度に関われる場とすることを目指したのも同様だろう。

また第五章の事例からは、ニュータウン開発を契機として小字という在地的なコミュニティの存在の重要性が顕在化してきたさまを見て取ることができた。小字を単位とした行事としてはどんど焼きだけでなく、かつての道普請が変遷の末に草刈りの行事として続いている場所もある。自治会のような大きなコミュニティと、小字のような小さなコミュニティが使い分けられることによって、自然に働きかけ続けるための工夫がなされていたことも、ここから知ることができた。

このように、時宜に応じて在地的なコミュニティのあり方を変えていったり、それを母体とした新しいコミュニティを派生させていったりすることは近年になって初めて現れた営為ではない。第二章では堀之内村と別所村を合わせた、学区という当時登場した新しい単位が活用され、学校林の設置、運営が成り立ってきたさまも見て取れた。第一章において主体となってきたのは相給村落という、権力側の統治の都合上押しつけられたコミュニティの形態であるが、それでもそれを使いこなし、村としての一体性も保ちながら、秣場の維持を目指して手段を尽くしていた。

鳥越皓之（1994）は、地域自治会の歴史を辿るなかで、地域社会が新しいコミュニティを創出したり、コミュニティの役割を時宜に応じて改変したり、国家によって押しつけられたコミュニティだったとしても地域社会に有益なものとして使いこなしたりしていたことを発見し、それを「生活組織化」と呼んだ。堀之内の歴史を通じて行われてきたコミュニティの創出や改変、使いこなしも、この「生活組織化」の一つとして説明できるものでもあろう。このように考えてみると、地域社会におけるコミュニティの様態とは、昔も今も動的で重層的なものであることが分かる。それに対して、里山はかつてコミュニティの手によって管理されていたが、現在では伝統的なコミュニティが弱化しつつあるため、それに代わる新しい管理組織（新しいコモンズ）を広げていかなければいけないのだという、里山保全を行う論者たちから発せられがちであるコミュニティ観は、いささか単純なきらいがあるということもみえてこよう。

住民の総意の形成への注力

では、堀之内で「人－自然関係」を成り立たせる際、時代を超えてコミュニティの存在が重視されてきたのはなぜなのだろうか。各事例でコミュニティが目指していたものとは何だったのか、もう少し掘り下げてみよう。

第一章で村民たちが秣場の維持を譲れないこととして考えていたのは、それを農地の肥料として利用する生活がままならなくなる者がいたからである。分析からは「肥料格差」が拡大していくなか、特に金肥を購入できない世帯の肥料の確保は村として見逃せない課題だったことが読み取れた。これは、第二章の学校林設置の動機とも重なるものがある。村民たちにとって、学校を村で維持していくため、仮に政府や神奈川県当局が奨励するような授業料の徴収や税金の導入をしたとすれば、現金収入も十分ではなかったような世帯にとっては死活問題となったはずである。秣場の維持にしても学校林の運営にしても、村から困窮者を出さないという、「弱者生活権」（鳥越 1997: 9）的な発想がそれぞれの行動の基盤にありそうである。これは特定の者の利益に配慮しているというよりは、村民全体が豊かに生活を続けていけるようにするための工夫だったと解するのが適切だろう。

一方、これらの意思決定は江戸時代であれば地方三役、学校林設置時期でいえば戸長や村議会といったような、村の首脳部だけに委ねられていたわけではなかった。第二章では深刻な農村不況が多くの村民に影響を与えるなか、堀之内村議会が決定した入会林野を売却し、そこで得た共有金の利子を税金に充当する案は村民たちから受け入れられず、廃案となった。堀之内に伝わってきた、入会林野の処分は全世帯の同意がなければできないという慣習は、自然のあり方を決めていくうえで住民の総意をもとにしていくということに価値を置いていた証左だろう。

けれどもニュータウン開発を筆頭とした都市化がコミュニティを取り巻く状況を大きく変えたことは先ほども触れたとおりである。それでも第四章でまとめたように、里山公園の設計にあたっては、そこを一度も利用しないかもしれない者まで含めた、住民全体に目を向けたうえでそのあり方が決められていた。あくまで住民全体の納得を得ていくことに力が注がれていたのである。

宮内泰介は、「住民自身が環境を保全していくしくみ」をどう実現していくかが環境政策における要であるべきだとしたうえで、そのために「試行錯誤を保証するしくみ」の担保が重要であり、その主体として「大事なことは、その地域の歴史と現状、とくに地域の自治の歴史に根ざした調整のしくみを模索することである。たとえば「町内会」が自治の歴史に重要な位置を占めているなら、当然町内会も調整のしくみの中に位置づけていい」と述べている（宮内 2001: 57, 66–7）。また、自然への働きかけを「実際に担ってきた／担う意志のある「有志」」と、その他「のっぺりしたただの住民」との動的な関係性のなかで、「有志」が環境管理の担い手として正統性を得ていく過程に注目している（宮内 2001: 64–6）。

堀之内町会および里山楽友会の一連の取り組みは、宮内のこの問題提起を補強するものともいえよう。しかし、この取り組みの注目すべきもう一つの点は、「有志」以外の住民を必ずしも「のっぺりとしたただの住民」と捉えていないところである。現在の郊外では、住民たちを取り巻く様々な状況から、主体性を持って自然に働きかけない住民たちもいた。けれども里山公園では、多様な公園の利用方法を用意していくことにより、そのような住民であっても利用しやすい環境を整えることが重視されてきた。こうした住民全体への目配りが、納得を得ることにもつながっていると考えられる。堀之内ではこうした工夫のなかで、自然を住民全体の「人－人関係」のなかに根差していったのである。言い換えれば、住民全体の納得のもとに、里山をめぐる「人－人関係」を再構成するうえで欠かせなかったのが、コミュニティの存在だということになる。

堀之内では、昔も今も新しい自然利用のあり方を、時には外部の知識や制度、施策を取り入れながら形作ってきた。かつての例でいえば第二章でみてきた学校林があげられるし、近年の例でいえば第四章で取り上げたアドプト制度などの公園管理制度などをもとに運営される里山公園も、このなかに入れることもできるだろう。

地域住民が外部の制度や知識を取り入れ、「伝統的知識と近代的知見や社会規範との融合」が図られることを、今後の里山保全のうえでの有効な方策の一つとして注目する論者もいる（廣川 2013）。そこには一見すると、自らの課題解決のため外部の論理を使いこなす、力強い主体性があるようにもみえる。しかし住民たちが外部の論理を使いこなすことと、松村正治が指摘していたような（九頁）形で、その論理に使いこなされ、住民たちが本来里山から享受するはずだった豊かさを喪失してしまうこととは紙一重である。その意味で、外部の論理を使いこなそうとすることには危うさが伴う。

一方で堀之内の歴史が物語るのは、ただ外部の論理に飲み込まれていったわけではないということである。行き過ぎた林野の財源利用が村民に拒絶された明治時代の例は先ほども触れたが、時に縮小する、距離を置く、拒否する、という選択を行うことで、外部の制度や知識をコントロールしようとする姿も、時代を超えて見出すことができた。その選択において重視されてきたのが、住民全体が納得可能な形になっているか、住民全体の「人－人関係」のもとに、自然が位置づけられているかということだったと考えられる。第三章で農業公園構想が最終的に支持されなかったのも、それが一部の農業者を除いた多くの住民との関係から切れたものとなっていたからではないかということも、本書では確認してきた。

4 住民たちにとって里山の持続とは何か

里山の持続とは、歴史のなかにおいて繰り返し生じてきた、関係の〈根ざしなおし〉の積み重ねである。ここまでくると、本書の分析に先立って序章にて措定したこの点が、具体的に理解できるようになったのではないか。

それぞれの住民たちにとって里山の持続とは、里山のあり方がそれぞれの納得のいく形で成り立っており、「人－自然関係」を取り結ぶことができている状態が持続していることだということもできる。ニュータウン開発後の現在の堀之内においては、先人や自身が働きかけてきた自然、あるいは地域の歴史を形作ってきた自然として、関係が取り結ばれていることが目立っている。そしてその自然は、堀之内の地域空間全体のなかから捉えていこうという発想が重視されるようになっている。

ただし「人－自然関係」は「人－人関係」でもある。住民にとって里山の持続とは何かという問いは、地域社会にとって里山の持続とは何かという問いと切り離せない。では、地域社会にとって里山の持続とは何か。それは地域社会が納得をもって、主体的にその時々の里山のあり方を決めることができている状態が持続していること、ということになろう。つまり里山が残っているかどうかということもその際に当然大きな意味を持つが、一方でどれだけ里山が残っていたとしても、自分たちがそのあり方をコントロールすることができなければ、すなわち、里山との関係から切り離されてしまっていたら、それは里山の持続と認知されないのではないか。だからこそ堀之内では現在でも住民全体の納得が得られるような形で、自然利用のあり方を決めていくということが重視される。その際大きな役割を果たしているのは、自治会や小字のようなコミュニティであった。

地域社会に変動が及ぶということは、そのような状態が不安定となり、納得のもとに成り立っていた関係性を失ってしまいかねない危機が訪れるということでもある。住民たちにとっては、自然とは何か、地域とは何か、この場所で生活していくとは何か、ということが、問いとして突き付けられることとなる。そのなかで、未来の生活をより良いものとしていくことを目指したなかに、各章でみられたような自然利用が登場してきたのだろう。

住民たちの里山への意味づけや利用方法、利用形態、利用するメンバーシップなどもこうして、少なからず変化していく。けれどもその底流に、関係を根差すことで里山を持続させていこうとする住民たちの意思があることは変わりがないことを、本書の分析を通じてみてきた。里山を変化するものとして捉えるのであれば、表出した形態の違いのみに囚われるのではなく、こうした深さまで降り立ったうえでの検討が必要なのではないか。

住民たちは自らの思いや置かれた条件を考え、新しい自然利用の手法や制度を取り入れるのであれば、そのことで引き受けていかなければならない選択の結果などを見定めながら、その都度自らがどうあるべきか判断を下してきている。だからこそ、里山のこれからを考えていく際には、いかにそうした住民たちの考え方を知り、そこに寄り添うかがスタートラインになるのではないか。社会変動が断続的に生じる都市においては、今後もそれがますます重要なポイントになってくると考えられる。

本書はかつての農村集落に巨大開発が降りかかり、ニュータウンへと変貌した場所を事例として取り上げたが、もちろん一口に郊外といってもその構造は一様ではなく、新住民のみが集住する団地や新興住宅地も存在する。そのような場所では〈根ざしなおし〉の枠組みをそのまま当てはめることはできず、今後の検討課題となる。しかし冒頭でも述べたように、歴史的に里山と関わってきた者たちが暮らす場所において、里山のあり方を考えるうえでの課題が生じているケースが少なくないことから、その点について検討するうえでもこうした分析枠組みを用意することは欠かせない作業のはずである。

一方で現在、獣害や自然災害の多発など、自然環境の姿が様変わりしているのは都市化が進んだ郊外だけではない。世代を超えた定住を前提に成り立ってきた地域コミュニティの流動性も農山漁村を含めて今後ますます加速していくだろう。そのことは土地への根差しの安定性を失う場所が都市・農山漁村問わず増加するとも言い換えられよう。人／社会と自然との関係のあり方について、今後はこうした状況を含めて考えていく必要性がますます高まっていかざるを得ない。しかし人や社会と自然との関係とはひとたび崩れたらそれで終わりというわけではないこともまた前述したとおりである。それは農山漁村であっても同様であると考えられ、例えば近年増える無住化集落でさえも、元住民たちが集落へと通い、農地や林野の管理を続けていることがある[4]。地域に居住する人が消え、そのままでは自然が集落を飲み込んでいくことになる無住化は大規模開発と正反対の現象のようにもみえるが、地域社会のあり方を根底から変えてしまう社会変動であるという点では共通するだろう。

さらにこうした営為は近年の災害研究からも読み取ることができる。二〇一一年三月一一日に発生した東日本大震災も、被災地の社会のあり方に甚大な影響をもたらした社会変動だったということができるだろうが、その復興過程を扱った研究からは、被災者にとって被災前の暮らしとともにあった自然との関わりも含めた生業や習俗、コミュニティの人間関係といったものが豊かに生きていくために必要不可欠なものだと考えられ、それを取り戻すための工夫が復興過程において随所にみられたことが明らかにされている（植田 2016）。

このような、近年みられるようになった様々な事象において、自然をめぐる人々の営為を考えていくうえでも、〈根ざしなおし〉の分析枠組みはそのための一助となる可能性があり得るはずである。この点についても、今後検討を深めていくこととする。

注

はじめに

(1)『オオカミの護符——里びとと山びとのあわいに』は二〇〇八年完成。『うつし世の静寂に』は二〇一〇年完成。いずれもささらプロダクション製作。

(2) 都市社会学者の西澤晃彦は郊外について「都心地域を中心として拡がる都市圏の周辺部の住宅地域」(西澤 2000: 207)と定義する。本書も基本的にはこれに則ることとするが、本書を読み進めれば分かるように、必ずしも完全に住宅で覆いつくされているわけではない。住宅地が卓越する地域とするのが適切であろう。

(3) 正確には「目黒式筍栽培法」という。大正時代、東京目黒地域で栽培法が考案された。前年に地下茎を掘り起こして耕した畑に深く植え、肥料を施す(「根活け」という)。四〜五月、伸びてくる筍は普通のものより長い。

(4) 地域社会/地域住民という用語はいずれも、環境ガバナンスを考えていく際に頻用されるものであるが、あいまいな用語であるがゆえに時として、「地域住民の参画」がなされていることを主張するために恣意的にその範囲が定められることもある。本来であればいずれの用語がどのような範囲を指し、その論拠は何であるのか示す必要があるはずである。本書で表す地域社会とは、基本的に里山の所在する一つの大字の範囲を想定しており、そこで生活する人々を地域住民として考えたい。なぜ大字という単位に着目するかについては、一八頁にて説明している。

（1）生態系保全という観点から著された論考を取り上げただけでも、「農用林や平地林」（四手井 1973: 94）という当初の定義が二次的自然環境全般を表す用語へと変わり（重松 1991; 石井 1993）、近年では「人間の居住とともに二次林、農地、ため池、草地を含む異なる複数の生態系からなるモザイク構造のランドスケープ」（国際連合大学高等研究所ほか編 2012: 4）というような空間を表す定義がなされるようになるなど、保全目標の変遷に合わせて変わってきたように、厳密な定義は確定していない。

（2）このことの具体的な検討については岡田（2017a）にて行っているので参照されたい。

（3）当時、大阪自然環境保全協会理事だった木下陸夫は、里山という用語を使用した経緯について以下のように述懐している。「当初は里山という言葉は使わなかったのですが、府下に広がる山々をかけ回っておりましたところ、生息する野生動物というのが、一般に「里山」といわれる非常に身近な低山帯に主に生息しているということが体験的に（わかり）そのような場所を守ることが、実は生息場所の確保ということで野生動物の保護にもつながるということに目が向いたわけです。そしてその里山とは、どういう所なんだろう、ということから出発したのが、里山保全運動だったわけです」（木下 1987: 4）。

（4）環境省自然環境局ＨＰ「里地里山の保全・活用　ＳＡＴＯＹＡＭＡイニシアティブとは」（http: //www.env.go.jp/nature/satoyama/initiative.html　最終閲覧日二〇二二年一〇月二〇日）より引用。

（5）景観生態学者の森本幸裕によると、このＳＡＴＯＹＡＭＡイニシアティブは「「21世紀環境立国戦略」がめざした「持続可能社会」のモデルとして、伝統的な里地里山の持つ「低炭素・循環・自然共生」の特性が評価され」提唱されるに至ったという（森本 2013: 13-4）。

（6）研究者の例でいえば、石井実（2000）、高槻成紀（2014）など。政策担当者の例でいえば、環境省自然環境局（2010）など。

（7）なおこれらの論文では、「都市緑地」「都市林」などの実体的な用語が使われることも少なくなく、必ずしもすべてに定義不明瞭な里山という用語が用いられているわけではない。しかしそれを保全していくことの名目として述べられる、基本的な論理構造についてはほとんど変わらないことから、ここで取り扱っている。

（8）例えば「財政緊縮化にある地元行政主導による管理が期待できない現状下では、緑地を適切に管理していくためには、地域住民等が自主性を持ち、自らの意思で管理していくような主体的な活動が期待されている」（甲野 2017: 14、傍点は筆者による）という課題が設定されていれば、近年国策として「小さな政府」が志向されるなかで、縮小させた行政機能の代替を低コストである市民ボランティアに求める、新自由主義的政策に基づいた価値観が「期待」に込められているということになるのだろう。

（9）松村はこうした現場に忍び込む権力作用を抑止するため、「ガバメント型公共性をガバナンス型へと組み替える」ことの必要性を説く。そしてそのような「ガバナンス型公共性」の成否は、「私たちが地域の資源、歴史性・社会性を大切にするかどうか、地域のために力を尽くす当事者を信頼して支えるかどうかにかかっている」と述べ、そのことを踏まえた、「人びとも里山もともに豊かになれる仕組み」の創出が必要だとしている（松村 2013: 244-5）。

（10）一例をあげれば、「森林は所有者に帰する便益だけではない公益的機能をもっている。管理が放棄された里山に対して、地権者だけに責任を押し付けず、都市住民を含めた新しい担い手とシステムで里山とのかかわりを再構築する道を考えるべき時がきている」（湯本・大住 2011: 16、傍点は筆者による）といった言説など。

（11）平井が事例地としている場所は、周囲に鉄道敷設がなされず大規模な住宅開発圧から逃れてきた、近郊農村ともいえる場所である。だからこそ自然再生事業の対象地となるほど豊かな自然環境が残され、むら的なコミュニティも人口増加の影響を受けずに維持されてきたのだと思われる。その意味で、本書の対象地である多摩ニュータウンのような、強度な開発を受けた郊外とは異なる環境にあることには留意すべきだろう。

（12）福永自身はサステイナビリティという表現を用いているが、本書では便宜上、持続可能性と表記した。

（13）田口洋美は里山をテーマとした座談会において、「里山運動が各地で展開されていますが、僕が新潟の三面《みおもて》や長野の秋山郷を歩いて保全運動のあり様を見聞しながら、もっとも不満に思うことは、そこに住民の話がほとんど出てこないことなんです。運動の円卓会議に参加する人たちは大抵が地域の知識人や専門家たちです。彼らはさも地域のことを知っているように語りますが、実際に自然と関わって生きてきたのは地元住民なわけです」（秋道ほか 2005: 8）と語っているが、こうした現状があることも地域住民の立場から里山を捉え返していくことが求められる理由になる。

（14）例えば秋津元輝（2000）は、二〇世紀初頭の山村で製炭や養蚕の急激な拡大といった「大きな産業構造変動」があり、それに呼応するように人口増も起こっていたこと。そのために、その後発生した経済恐慌の影響を大きく受け、山村が「出口の見えない停滞に向か」ったことを示している。

（15）この表現の下敷きになっているのは関礼子が福島県浪江町の津島原発訴訟について論じる際に用いた「土地に根ざして生きる権利」である。関は「人と自然とのかかわり、人と人とのつながり、その持続性と永続性」（関 2019: 46）の総体を「土地に根ざして生きる権利」として分析している。そのうえで福島第一原子力発電所事故による加害の特徴とはこの「権利」の侵害であり、津島原発訴訟はそれによる「ふるさと喪失／剥奪」への抗いなのだとする（関 2019）。本書では関のいう「人と自然のかかわり、人と人のかかわり」をそれぞれ「人－自然関係」、「人－人関係」と表現し直したうえで、土地に根差されていた、けれども社会変動を大きく受けてしまったそれら関係性が、その後再構成される過程を表す概念として、〈根ざしなおし〉を用いることとした。

（16）この面積は二〇二四年現在のものである。一九八六年には住宅開発された北西部の山地一帯が南陽台として分離独立した。一九九六年に由木区画整理事業が完了した際にも事業区域一帯では境界変更が行われ、堀之内の一部が隣接する大字である別所と越野へ移管された。そのためかつてより面積は減少している。本書では、この移管された土地も含めて堀之内と考える。明治期の地租改正時のデータでは、後年分離した場所を含む堀之内の総面積は二三八町三反八畝四歩とされている（「南多摩郡堀之内村誌」斎藤家文書）。

（17）以下本書では、西暦標記を原則とするが、理解の助けのため、一九四五年以前に関しては、元号も併記することとする（人物の生年や文献の出典を除く）。

(18)「丘陵地の里山の大規模な喪失は、関東地方では多摩ニュータウンの建設による広大な里山地帯の消失に象徴される」（鷲谷 1999b: 11）、「丘陵地の土地利用変化の典型例を、東京西郊に広がる多摩丘陵にみることができる。〔中略〕多摩ニュータウン開発事業が大規模に展開され、かつての里山林が住宅地などの都市的土地利用に大規模に転換された」（武内 2006: 96-8）というように記述される。

(19) 長年行政による公式な名称は「おおぐりがわ」とされてきたが、住民によるとこれは誤って登録された名称であり、「おおくりがわ」が本来の読みであるという。実際堀之内の少なくとも旧住民の間では「おおくりがわ」という名が一般に通用している。二〇二一年、河川に設置された標識が「おおくりがわ」と記された新しいものに交換され、公式名称も本来のものに復されたようである。

(20) 標準和名はホトケドジョウ。谷戸を主な生息環境とするため、里山保全を進めるうえで象徴的な生物とされることもある。絶滅危惧種ⅠＢ類。

(21) 目篭。いわゆる六ツ目の竹篭。

(22) 標準和名はアズマネザサといい、放置すると藪を形成し、その場所の生態系の豊かさを損ねるとされ、そのことが里山保全を訴える論者からは里山「荒廃」の主因の一つとなっているとみなされている。

(23) 堀之内でメカイ生産がピークを迎える大正初期の記録に由木村のシノダケについて「篠〔シノダケ〕はその原料品の如き明治三十年頃までは村内の山野川辺に鬱蒼と自生せしが、近時漸次欠乏し現今は主として神奈川県津久井郡地方に迎くの状なり」（東京府農会編 1917: 112-3）とあり、メカイ生産のために急速に切り尽くされていった当時の状況を伝えている。

本論に入る前に

（1）堀之内（堀ノ内・堀の内）という地名は東日本から北日本を中心として全国各地に数多く存在している。その名前から直感的にイメージされるのは堀で巡らされた居館や城郭であり、かつては研究としても用水堀の勧農機能に着目した「堀の内体制論」（小山 1987）のようにそうした前提から行われていた。しかし近年の研究では「「堀の内」は免租地・給分地としての意味を第一義としており、周囲に水堀や土塁を巡らせた方形館を直接に意味するものではない」（伊藤 1998: 79）とされるようになっている。多摩ニュータウン開発に伴う綿密な文化財調査があったにもかかわらず水堀や土塁の形跡が確認できなかったことから、本書の舞台となる堀之内もそのような土地として名がおこった蓋然性が高い。

（2）『日本歴史地名大系』は一三六二（貞治二）年一二月一九日の「船木田庄領家方年貢用状」（東福寺文書）にみえる「一貫百文 下堀村」という記述が堀之内を示す最古の文書記録だとする（平凡社地方資料センター編 2002: 1158-9）。『新八王子市史』もこの「下堀村」を堀之内だとみなしている（八王子市市史編集委員会編 2016: 83）。管見の限り堀之内そのものの名が確認できる最古の記録は土豪小田野新右衛門尉が国人領主大石道俊から「別所谷并堀之内分手作之所」の所領安堵を認められた、一五四八（天文一七）年の文書である（大石道俊書状写「安得虎子 巻十」（宮本 [n.d.] 2017）所収）。

（3）例えば上寺沢東部にある「広泰寺《こうてえじ》」という地名は、住民の説明によれば中世期に同地に存在したとされる寺院の名称だという。この寺院は中世末頃に現在の越野に移転し、「広泰山普願寺」と改称されたが（明治初頭廃仏毀釈のために廃寺）、地名は伝承とともに現在まで伝わってきた。

（4）調査グループの中心メンバーだった環境考古学者の辻誠一郎はのちに「最近まで各地に残存した里山と同様なものが、縄文時代にすでに存在した」として「縄文里山」を提唱するが、その大きな論拠の一つとしているのはこうしたクリの利用である（辻 1997a: 22-3）。

（5）木伐沢村は近世期までに村としての自立性を失い、程久保村（現在の日野市程久保）の一部（小名）となっていた（『新編武蔵風土記稿』）。

（6）「井上姓由緒書」（堀之内保井寺所蔵）より。なおここでは領有を認めた人物を「北條陸奥守氏輝」（傍点筆者）としているが、一五四二（天文一一）年生まれの北条氏照は、天文年間の最終年（一五五五・天文二四年）でもまだ元服前であり、活動時期と合わない。保井寺は井上氏により「井上を保つ寺」として創建されたと伝えられ、井上七兵衛の墓所もここにある。

（7）『新編武蔵風土記稿』（間宮・林編［1830］1981）では越野村の分村について一六一九（元和五）年とする伝承を記しているが、井上氏の活動時期と年代にずれがあるうえ、北八幡神社朱印状（一五九七・慶長元年）にも「腰之村」とあったとされる（『新編武蔵風土記稿』）ことから、分村はそれ以前に行われたものと考えるのが妥当だろう。

（8）例えば中世史家の水野章二は「山野河海に至りては入会うべし」と記された文書記録などから「中世荘園における山野河海は原則として、個々の荘園支配に連なる荘園領主・荘官・荘民の重層的な利用が公認されたローカル・コモンズにあたる」ことを見出し、近江国にみられた「惣林」「惣森」の存在を「中世におけるタイトなローカル・コモンズの代表的なもの」としている（水野 2015: 185-7）。

（9）「井之上家旧記」（堀之内保井寺所蔵）や「落合村旧記」（一七六三・宝暦一三年に記された堀之内村の隣村・落合村の旧記。多摩市教育委員会教育振興課編（2011）所収）等、周辺地域に残る文書記録ではこの年に井上七兵衛の願いで実施された再検地の際年貢高の大幅な上昇があり、反発した農民が七兵衛を訴え出たことが原因としている。一方現在の保井寺の説明では年貢に苦しむ領民を見かねた七兵衛が再検地を願い出たが、裏切り者が出たために願いが差し戻しとなり七兵衛も処刑されたとする。また代々長谷戸に居住してきた家の伝承では殿藪にあった隠し田が露見したからだということになっているという。

（10）この事件について社会経済史家の安澤秀一も「中世的体制から近世的体制へと転換していく過程で、小領主（地侍）層が整理された事件」と解釈している（安澤 1972: 72）。

（11）堀之内村における近世の到来は、村の境界をも変えるものだったと現在でも語られる。伝承では、引切と番場はかつて中野村の一部だったものが、「村切り」によって堀之内村に編入されたのだとされる。引切の名の由来は、中野から「引っ切られた」ことにあるとされるほか、両集落が東中野の熊野神社の氏子だったことや、東中野の共有地（入会林野）の利用権を持っていたことも、このことの名残りであったと説明される。

第一章

（1）こうした言論に対しては次のような疑念も呈されている。松村正治はいう。「生物多様性の保全や生態系サービスの持続的な利用の必要性を訴える際に〈里山〉（以下、理想化された里山を〈里山〉と表現する）が引き合いに出されるのは、あくまでも規範的な理念モデルであると思われるからである。つまり、里山で持続的に生物多様性が守られてきたという事実命題が問われているならば、歴史的な実証データをもって反証できようが、生物多様性が理想的なかたちで守られるモデルとして〈里山〉が提示されているとしたら事情は異なるだろう。すでに、そうした歴史学的な批判を見越したうえでの里山賛美だとすれば、それに対する批判は異なる水準から企てなければならない」（松村 2012: 11）。

（2）例えば「かつての里地・里山システムはそのすべてが持続可能な社会のお手本であったかのような錯覚が、国民の間に生まれているように思われてならない。実際の里山生態系にははげ山もあった。アカマツの目立つ柴山も草山もあった。そして、このシステムの中に、人々の貧しい生活もあった」（太田 2012: 67-8）といった言説など。瀬戸口明久もはげ山と草山の存在を根拠に「日本人が過去を通して森林を持続的に利用してきたという歴史的な事実はない」と断じている（瀬戸口 2009: 165）。一方自然科学者にしても政策担当者にしても、別段「豊かな」森林のみを「持続可能な里山」と賛美しているわけではない。むしろ近年の草地の急速な減少によって生態系の危機が生じていることから、草地環境の保全も里山保全の中核テーマの一つとして訴えられてきた（石井 1993; 高橋 2014）。

（3）本章の記述は現存する歴史資料の分析を中心に進め、聞き取り調査による補足も併せて行っている。筆者はかつて、本章の中心事例となる秣場開墾計画とそれへの抵抗について、落合村（現在の多摩市落合）の「有山家文書」「寺沢家文書」の記録を中心として論考を著した（岡田 2017b）。しかしその後、堀之内村で開墾への抵抗に中心メンバーとして携わってきた「村野家文書」（現在は八王子市郷土資料館所蔵）の分析により、多くの新たな発見を得ることができた。近世期、倉橋知行所に属した村野家は「ニヤ」という屋号が示すとおり分家筋にあたるが、「中興の祖」といわれる五代惣次郎やその後嗣である六代佐右衛門の時代以降、生糸の取引によって大きな成功を収め、村政においても中心的役割を担うようになったとされる。そのため近世末期以降の堀之内を知るための多くの記録が残され、そこには秣場開墾計画や抵抗の様相について堀之内村（さらには各相給村落）の立場から記された文書類も多数含まれていた。本章はその内容を反映させ、旧稿を大幅に加筆・修正したものである。

（4）「山之根九万石村高改帳」（八王子市大谷町・大谷家文書）など複数の古文書に「山之根九万石」の表記がみられる（八王子市市史編集委員会編 2013b: 479-500）。

（5）なお文書記録からは堀之内でもかつて「入会」という言葉が用いられていたことが分かるが、それはテクニカルタームとしての「入会」とは若干意味が異なる。複数の村が共同で林野を利用している状態（＝村々入会）、もしくは他村に入会林野を利用しに行くことを示す語だったようである。現在ではその言葉が使われていたことは知られていないが、明治後期の記録まで確認できる。

（6）「井之上家旧記」（保井寺文書）。

（7）現在の堀之内では「共有地」と呼ばれることが一般的であるが、これは近代（地租改正）以降定着した官製用語が起源だとみられる。一方「中沢」のことを指す際、今でも「サンゼエ」（多摩地域の方言では「ai」音が「e」音と発音される）という言葉が用いられることがあり、こちらがネイティブな用語だったと考えられる。

（8）堀之内、落合、上小山田、下小山田、越野、大塚、図師の七村。

（9）秣場（秣野）という言葉は近世から明治期の文書上には頻繁に登場するものの、現在の堀之内で、そのような言葉が使われていたことは知られていない。当時の文書上で秣場と言い表されてきた場所は「カヤノ」と呼んだという。しかし五七頁にもあるように、当時の文書記録からは、秣場と萱野《かやの》が別物として呼び分けられていたことが分かる。こうした齟齬が生じているはっきりとした理由は不明である。

（10）筆者はかつてこの二ヶ所の秣場について、明治末に作成された文書の記述をもとにして、それぞれ「富士塚共有地」「小山田共有地」と記した（岡田 2017b）。しかしその後、当時の村野家文書に「私共入会字中沢与唱候秣場」という記述があることを確認した（「乍恐以書附奉願上候」村野家文書・目録番号104）。他の文書においても秣場が字名で記されていたことから、少なくとも幕末期においては字名が当時の秣場の呼び方だった可能性が高く、本書の記述はそれに合わせて表記することとした。

（11）「元禄二年五月落合村明細帳」多摩市落合・有山家文書（多摩市教育委員会所蔵。目録番号061）。

（12）「武州上小山田村明細帳」町田市上小山田・上小山田共有文書（町田市史編纂委員会編 1973: 318–20）。

（13）「乍恐以書付を奉願上候」八王子市小宮町・関根家文書（八王子市市史編集委員会編 2015: 307–8）。

（14）「乍恐書附御訴訟申上候」村野家文書（目録番号22）

（15）「秣場新開免除願」有山家文書（目録番号499－19）。

（16）落合村のうち、一六九八（元禄一一）年に分郷された松平若狭守知行地の区画のこと。上落合村と記述する史料もある。もう一方の相給村は下組（下落合村）である。

（17）「秣野一件村々議定書写」多摩市落合・寺沢史家文書（多摩市史編集委員会編 1995: 249–52）。

（18）前掲文書（17）。

（19）相給村落には一定の領域ごとに知行地が線引きされる「坪分け型」と、空間とは関係なく、家ごとに知行主が分けられる「居家入交り型」があったとされる（白川部 2013）が、このことから堀之内村の場合は前者だったと推定される。

（20）「議定書」村野家文書（目録番号85－1）。

（21）「議定一札之事」村野家文書（目録番号86）。

（22）「慶応二年九月御用留」吉野家文書（東京都教育庁社会教育部文化課編 1986: 117-9）。これ以外にも多摩地域各地の村の「御用留」に同一の文書が残されている。例えば上河原村（昭島・歴史をよむ会編 2009: 177）、廻り田新田（小平市中央図書館編 1997: 262）など。本章の事例に関係する村々にも、同様の文書が回覧されていた蓋然性が高い。

（23）「御用留」多摩市落合・寺沢茂世家文書（多摩市教育委員会所蔵。目録番号24）

（24）前掲文書（15）。

（25）「為取替申議定之事」有山家文書（目録番号363）。

（26）「口上書」有山家文書（目録番号364）。

（27）そのことは例えば、前掲文書（26）の内容などから分かる。

（28）「儀定書」寺沢史家文書（パルテノン多摩・財団法人多摩市文化振興財団編 2006: 67-8）。

（29）「為取替申議定書之事」村野家文書（目録番号98）。なお本文書および（31）の文書では佐右衛門の肩書がなぜか「名主」ではなく「組頭」となっている。出訴するにあたり立てられた何らかの戦略だろうか。

（30）この対立は後年まで尾を引いた。村役人と一般村民との対立が引き金となり、落合村では百姓代の引き受け手がいなくなった。百姓代の不在によって村政のチェック機能が果たされなくなり、さらなる混乱を招いたという（多摩市史編集委員会編 1999: 39-40）。

（31）「乍恐以書付奉願上候」村野家文書（目録番号44）。

（32）「地頭奉札願」村野家文書（目録番号98。（29）の文書と同一用紙中に記されているが、別文書である）。

（33）「差上申御受書之事」村野家文書（目録番号98。（29）、（32）の文書と同一用紙中に記されているが、別文書である）。

(34)「乍恐以書付奉申上候」有山家文書（多摩市史編集委員会編 1995: 214-7）。
(35) 村野家文書（目録番号97）。
(36)「乍恐以書付奉願上候」村野家文書（目録番号94）。
(37)「乍恐以書付奉願上候」有山家文書（多摩市史編集委員会編 1995: 219-20）。この時、倉橋知行所の相給村から署名、押印したのは佐右衛門ではなく組頭の文次郎だった。
(38) 前掲文書（10）。
(39)「御用留」村野家文書（目録番号354）。
(40)「堀之内区共有山林地番控」堀之内町会文書。
(41) 寛文検地の数値については「明治二年七月御検地帳写書上」（村野家文書・目録番号349）。その後一七一六（享保元）年には六〇四石一斗九升九合（前掲文書（4））。一七二〇（享保五）年には六〇四石三升九合（「助郷村高」日野市・佐藤家文書、日野市 1978: 262-72）。一七六三（宝暦一三）年には六〇〇石三斗（「助郷村高書之控」多摩市連光寺・富沢家文書、日野市 1978: 320-5）。一八〇三（享和三）年には六〇〇石八斗九合（「助合村々高書上帳面写」多摩市落合・寺沢茂世家文書、佐伯編 1990: 132-6）。一八六九（明治二）年には六〇四石五斗六升九合「武蔵国多摩郡堀之内村高帳」（村野家文書・目録番号363）と、それぞれ記録されている。ここでの記録は旗本知行地に対してのもので、このほかに保井寺領として四・五石あった。
(42) 全三四冊。斎藤家文書。斎藤家文書（堀之内村戸長役場文書）の概要については第二章の注（4）を参照されたい。
(43) 現在の住民たちの間で使われている言葉である「小陰《こさ》刈り地」（多摩丘陵の方言で、田畑に隣接する斜面地を日照確保のために刈り込んでできた草地。その用益は田畑の所有者が持つという慣習があり、秣場と同じ用途に供された）の場所と一致するため、その場所を指す用語であると推定される。
(44)「組分連印帳」村野家文書（目録番号372-7）。なおこの段階ではまだ残存していた勝田知行地を除く三給が「一纏」された。勝田知行地は翌一八七〇（明治三）年七月に上知されるので、相給村落の完全な解消はその直後に果たされたと推測される。勝田知行地が一定期間残存した理由については第二章の注（10）参照のこと。

第二章

（1）このような事実自体は古くから確認されていたものの（島田 1941 など）、そこからみえてくる人と自然との関係性を現代的に再解釈し、これからの関係のあり方を描いていくための礎とすることを目指したという点に鳥越らの研究の意義がある。

（2）菅はこうした問題関心のもと新潟県山北郡大川流域のコド漁の歴史を著した。そのなかで明治期においても、国家に面従腹背したり、自らの組織を柔軟に組み替えたりしながら、コド漁の「共」的体系を維持してきた姿を明らかにしてきた（菅 2006）。しかし林野については言及されておらず、この面からの研究は現在でも十分だとは言い難い。

（3）学校林は、二〇〇〇年代以降森林政策学（林業経済学）の研究テーマとしてにわかに注目を浴びるようになり、その歴史も含め多角的な観点から盛んに研究されるようになってきた（室田・三俣 2004; 加藤 2008; 奥山 2013）。しかしいずれの研究でも、本章にてみてきた時代について正面から扱ってはこなかった。

（4）本章の内容についても、地域で記録されてきた歴史文書をもとにした分析を行った。その中心となったのが、前章でも使用した村野家文書と斎藤家文書である。斎藤家文書は明治期の堀之内村政において活躍した斎藤弥之助（一八五二〜一九一六年）由来の、堀之内村戸長役場文書を中核とした文書群である。「シンヤ」という屋号で呼ばれる分家の二代目にあたる弥之助は一八七〇（明治三）年、弱冠一八歳にして百姓代に就任して以来、堀之内村において要職を歴任し、堀之内村がいわゆる明治の大合併によって行政村としての役割を終える前の最後の村の代表職（戸長）を務めた人物である。この際戸長役場文書は、当時の役場事務に用いられていたという木製の引き出しとともに弥之助が保管し、以来斎藤家に伝存してきた。筆者は現在文書を所有する弥之助の曾孫の方の協力を得て、文書の整理を行うとともに、調査研究に使用させていただいた。

（5）北八幡神社は堀之内南部（日影）にある南八幡宮とともに堀之内村の村社だった。別当は普願寺（越野村）。天文年間（一五三二～一五五五年）に創建したとされる。当初は宮嶽（中寺沢北部）にあったが、後年（中世末期頃か）現在地に移されたとされる。一五九六（慶長元）年、朱印地九石三斗を得て、幕末までそれを維持した。その朱印状には「社内山林竹木」は「諸役免除」すると記されていたというが（『新編武蔵風土記稿』）、神社林のことだと推測される。

（6）当時、そのことを記念して設置された石碑（北八幡神社所在）の記述より。

（7）廃校後しばらくは、統合後設立された由木尋常小学校の仮教室として引き続き使用されたが、これも一九二〇（大正九）年には廃止されている。廃校後の校舎は自治会の集会場（現在の堀之内会館）として使用されてきた。一九六九年、老朽化によって建て替えられたが、現在の会館にも当時の建材（鴨居など）が残されている。

（8）こうした要因としては、従来の研究が『文部省年報』という限られた行政資料に依拠して調査する手法をとってきたこともあろう。千葉もこの点について「制度の変遷の面からする考察は一応なされるが、そのために利用される資料は文書だけであり、ことに「文部省年報」を主とする官庁資料が大部分をしめるから、これを補充ないし検証する実態の研究が別に必要である」（千葉 1962: 9）と認めているが、その後も当時の学校林についてこの観点からの研究は行われてこなかった。本章では、行政機関作成の統計資料や報告書と、堀之内やその周辺に伝存してきた地方文書の双方をもとに分析していく。

（9）同時期の学校林設置の動きは堀之内村周辺でも確認できる。落合村（処仁学校）では一八七八（明治一一）年以前の段階で、秣場一〇町二反六畝二六歩に「夫々雑木苗木植付之労力ヲ要シ学校資本ニ仕来」と、学校資本調達のための植林が行われていた（「官民有区別調書（落合村）」斎藤家文書）。堀之内村に北隣する程久保村（潤徳学校）でも一八七四（明治七）年に、「小学校費用手当ニ備置」ことを名目に萱場山と日陰山という官有の山林計五町七反一畝二〇歩とそこに生える「雑木小苗木」五〇〇〇株の払い下げを要求している（「官林御払下願」日野市程久保・田倉家文書（日野市 1979: 10-2））。学校林というアイデアを誰がどのように発案したのかは不明だが、この時期それが周辺地域と広く共有され、実践されていったことが記録上から窺える。

(10) 旗本勝田鋼吉のみ早々に明治新政府へと降り朝臣化した功で「本領安堵」が認められた(「太政官日誌 巻九十二」および「鎮将府日誌 第十六」)。その勝田知行地も版籍奉還が進むなか、一八七〇(明治三)年七月には上知となる(斎藤家文書)。

(11) 「御林山御願書」村野家文書(目録番号295)。

(12) 「御林山御改御出役御請書」村野家文書(目録番号365)。

(13) 「武蔵国多摩郡堀之内村田畑其他反別取調野帳」斎藤家文書。

(14) 開墾することを条件に、数年の間地租が減免される土地を示す地目のこと。

(15) 「地券書換願」斎藤家文書。

(16) 「官民有区別調書」斎藤家文書。

(17) 「以書付申上候」村野家文書(目録番号266)。なお、当時の文部省が教育沿革史(未刊行)の編纂を企図して蒐集した、学制施行以前の教育関係史料を刊行した『日本教育史資料』(第八巻)では、開学は一八六〇(万延元)年とされている(文部省編 1883: 291)。一方現在堀之内に残る伝承によれば、一八六一(文久元)年八月、小倉藩出身の浪人である原田肇なる人物が堀之内村を訪れ、村人に幼童の筆学師範をしたいと申し出たという。そこで村民で協議した結果、有志四五人が発起人となり学校を創設したとされている(堀之内町会発行パンフレット「堀之内町会秋のハイキング」)。

(18) ここでいう新道橋は堀之内西端に大正時代頃まで架かっていた橋のことである。現在堀之内東部にある新道橋はニュータウン開発時に架橋されたもので、かつての新道橋にあやかって名付けられたものであろうが、場所が大きく異なる。なお萩生田斎治の事績の詳細については、岡田(2017c)参照のこと。

(19) 「備忘録」多摩市和田・柚木家文書(多摩文化研究会編 1973: 3–12)。また実際に萩生田家には当時の教科書だったという漢籍が伝存しており、柚木の記録を傍証している。

(20)「明治五年文部省布達第四十二号「小学校委託金額ノ事」」(文部省内教育史編纂会編 1938: 368)。

(21)「明治七年神奈川県学事年報」(文部省編 1874: 59–63)。なおここで神奈川県とあるのは、一八七一(明治四)年から一八九三(明治二六)年まで、堀之内が神奈川県の所管だったからである(その後東京府へと移管されて現在に至る)。

(22)「明治七年神奈川県布達庶第五十七号」(神奈川県立教育センター編集 1971: 23–4)。

(23)文部省編(1874: 21)より。

(24)文部省編(1875: 10)より。以後の「文部省年報」の統計を見ても誨育学校の授業料は無料だと記されている。

(25)学校が貯蓄し学校運営や資産運用に用いた資金のことを学資金と称していた。

(26)「明治九年神奈川県布達第百五十五号」(神奈川県立教育センター編集 1971: 50–7)。

(27)「第一大学区第八中学区内第八大区小学校明細表」町田市下小山田・大谷家文書(町田市史編纂委員会編 1970: 180–205)。

(28)文部省編(1874: 21, 1875: 10, 1876: 11, 1877: 12)より。

(29)前掲文書(16)。

(30)「南多摩郡由木村堀之内共有土地及入会土地台帳」堀之内町会文書。

(31)「字地書上」斎藤家文書。

(32)「小学所敷地并立木御下ヶ願」斎藤家文書。

(33)「明治八年神奈川県布達第百六十四号」(神奈川県立教育センター編集 1971: 40–1)。

(34)「社地上知御下願証」斎藤家文書。

(35)「小学校敷地御下ヶ願」斎藤家文書。

(36)同時期、近隣の鑓水村(鑓水学校)でも同様の経緯で官有地になっていた廃寺跡の払い下げ申請を行っているが県の許可が下りず、やむなく別の民有地に学校を新築している(小泉 1967)。こうしたことに関しては、千葉も「学校用地のために官有地を払下げるという恩恵的な方針をいいながら、その本心は不徹底で、口実を設けては実際の払下げを制限していた」(千葉 1962: 125)と指摘している。

(37)「小学校敷地御下ヶ願」斎藤家文書((35)とは同名の別文書)。

(38)前掲文書(37)。

(39)竹本が明治地方自治制成立以降の学校林を重視する根拠としているのは長野県の事例のみである(竹本 2009: 46-56)。しかし誨育学校の例からは、学校林設置の取り組みは全国一律で進んだものではなく、地域差があった可能性が窺える。だからこそ、竹本が想定していた学校林の展開時期と堀之内村の取り組みとの間にタイムラグが生じたのだろう。

(40)一連の背景からは、学区の成立に伴う学校運営の主導権の移り変わりが見え隠れする。堀之内村はこの時代、周辺のいくつかの村を統括する役職に就く者を輩出するなど、周辺地域のなかでも力のある村落だった。対して別所村は世帯数・人口も堀之内村の三分の一程度の小村であり、このような力関係からか、学校世話役は当初堀之内村民のみが務めていた。学校林払い下げの要求が堀之内村単独で行われていたことを鑑みても、当初、誨育学校の運営は堀之内村が主導権を握っていたさまが透けて見える。ところが一八七六(明治九)年には学校世話役は堀之内・別所両村から一人ずつ任じられるようになっている。この時期を境に県への誨育学校に関する報告や要求は両村の連名で行われるようになり、一八八一(明治一四)年には誨育学校学区内連合会が組織され、学校の運営は両村から選出された議員によって行われるようになった。それらの過程を概観すると、堀之内村主導での学校運営の色合いは次第に薄まり、学区という新しいコミュニティが形作られ、そこでの合議によって学校が運営されるようになっていく姿が見て取れる。学校所有の学校林が設置されたのもこの時期であり、こうした経緯のなかで学校林を村落財産から独立した、学区のものとして明確化する必要が生じたのではなかろうか。詳細は岡田(2017c)参照のこと。

(41)「水害御届」斎藤家文書。

(42)「水害表記目録」斎藤家文書。

(43)「損壊道路橋梁其外修繕費拝借願」斎藤家文書。

(44)「学校新築伺」斎藤家文書。

(45)「学校新築費書上」斎藤家文書。

(46)「新規券状御下願」村野家文書（目録番号４６５）。

(47)「学校敷地名称変換届」斎藤家文書。

(48)前掲文書（37）。

(49)「明治八年神奈川県学事年報」（文部省編 1874: 144–8）。

(50)「委任証」村野家文書（目録番号４６５）。

(51)「開墾地届」斎藤家文書。

(52)「地方ノ悲況」府中市・原家文書（色川責任編集 1979: 676）。

(53)こうした社会不安の高まりのなか、困窮した農民たちの間には近世期の旧由木領地域の村々を中心に連合して由木困民党を組織する者もいた。そして党員四〇〇余名が当時堀之内村と連合村を組んでいた隣村の名望家宅を襲撃して借金の証文を焼き払う騒擾まで起こった（色川 1984: 187–8）。由木困民党は武相地域各地で結成されていた困民党と合流して武相困民党となり、一万人を超えるともされる農民が堀之内村の西三キロほどの場所にある御殿峠へと集結して借金の延納や利子の減免などを求める、武相困民党事件という一大農民騒擾へと発展した。武相困民党には堀之内村からの参加者も確認されており、村総代という堀之内村の党員を束ねていたとみられる役職も置かれていたことが記録されている（「回章」八王子市・須永家文書。色川責任編集 1979: 608–10）ことなどからも、村内において組織的な参加者の広がりをみせていたと考えられる。

(54)「南多摩郡堀之内村明治十六年度前半期協議費及支払方村会議案」斎藤家文書。

(55)「南多摩郡堀之内村明治十六年度前半期地方税徴収村会決議書」斎藤家文書。

(56)「一村共有地売却契約証」斎藤家文書。
(57) 自治会によって一九一二(大正元)年に作成された資料(「共有山林地番控」堀之内町会文書)には、ここで売却されるはずだった山林が堀之内の共有地として記されていることから、売却はされなかったことが分かる。堀之内では入会林野の処分は「一つでもハンコが欠けたらできない」という暗黙の取り決めがあったとされる一方、この時の「一村共有地売却契約証」には当時の入会林野の権利を有する九〇世帯中五一世帯しか押印がなされておらず、住民の総意が得られていなかったことが示唆される。
(58) 一九五四年、入会林野が公園用地として売却される計画が進んだ際、それに反対していたある堀之内住民(当時由木村議会議員)は「[かつて入会林野売却計画が持ち上がった際にも]堀之内としてはどうしても残したいといふので現在に至っている。これを公園として使用するのは果してどうか。私は反対を表明するものである」(「財産処分の件」由木村議会文書。八王子市議会所蔵)と当時のことを引き合いに出した答弁を由木村議会で行い計画に疑義を唱えている。こうしたことからも、入会林野売却に反対の声があがり頓挫したことは人々の間に後年まで影響を与えたことが窺える。
(59)「南多摩郡由木村条例案」由木村議会文書。
(60)「契約証」村野家文書(目録番号464-1)。
(61) 共同利用形態とは、個別権利者が区域を決めないで入会林野を利用できる形態のことをいい、分割利用形態とは権利者ごとに一定の利用区域を定め、その利用区域においてはそれぞれの利用者が排他的独占利用権を有する形態のことを指す。直轄利用形態とは各構成員の自由な利用を禁止し、単一体としての入会集団が直轄する形態をいう。共同の賦役によって林野を管理し、林野資源の売却益は原則として公共財産として利用される。契約利用形態とは特定の個人が単一体として入会集団との間に近代法的契約関係を結ぶことによって入会林野を利用している形態を指す。
(62) こうした入会林野の変容に関する類型は、渡辺洋三が共同利用形態を「典型的入会」としたうえで採草入会地と放牧入会地を重要なものとしてあげている(渡辺 1975)ことからも分かるように、山間部において大規模に採草利用や放牧利用が行われ、草資源需要の減少とともに造林に転用されつつあった場所を主な対象としていた。そのため、堀之内村のように都市近郊の丘陵地帯における入会林野の実態とは異なる点もあるということは留意しておかなければならないだろう。

第Ⅱ部

第三章

（1）環境社会学者の黒田暁（2013）は都市近郊の農業用水路の調査から、こうした分断状況の一端について示している。

（2）林は農業公園構想実現のために結成されたR研究会について、「都市と農村の対立、保守と革新の対立を超え、人間の共同性と全体性を回復しようとする社会空間」、さらには「営農を否定した多摩ニュータウンに生み出されたひとつのユートピアのよう」（林 2010: 193）とまで表現している。一方でそれについて、農業者がどのように考えていたのかについては触れていない。

（3）ニュータウン開発の「構想と現実」を明らかにしようとするこうした問題関心は福武直編（1965）に拠っているという（林 2010: 184）。

（4）一九住区の歴史を農業者の立場から捉え返していくためには、林の論証のうち二点の再検討が必要だと考えられる。一つは一九住区で生じた運動には多様な立場にある住民が関わってきたにもかかわらず、そのなかから二人のみを取り上げ、営農形態や政治的・社会的立場等の属性の対比によって分析していることである。しかし実際の一九住区の運動に携わった住民たちは、特段林の挙げた立場に二分されていたわけではない。もう一つは住民に関する語りの多くを、一人の住民が運動を展開していく際に記した手記の内容に拠っている点である。林自身も認めているが、この手記は運動を有効に展開していくために外部の支援者がもたらした論理を多分に取り入れて記されたものである。むろんそこにはある面での当事者のリアリティも反映されていることは確かであろうが、そこばかりに依拠すれば住民たちの考えの本質を掴み損ねかねないはずである。

（5）筆者は存命だった当時のR研究会に参加した農業者六名と、他多数の一九住区住民、専門家グループ三名、当時の協働に参画した一九住区外在住の市民六名、事業者（都市整備機構）職員より聞き取り調査を行った。また調査によって得た報告書、議事録、会報、ビラ、団体規約、請願書、新聞記事等をもとにした資料分析も実施した。本章の記述は、ここで得たデータをもとにしている。

（6）養蚕が盛んだった時期は「畑という畑はみんな桑原だった」といい、桑需要を満たすため林野の開墾が進んだ。幕末に幕府が進めた開墾政策に強く抵抗（第一章を参照）した「中沢」「土橋」すらも大正期に開墾され、それぞれ「オチアラク」「小山田アラク」と呼ばれる、希望者に貸し付ける大字共有の畑となったほどである。

（7）林の論考にはいくつかの事実誤認がある。例えば「由木村が交通面で「陸の孤島」となっていたため、農業で生計をたてることが困難であった」（林 2010: 187）とするが、実際には養蚕業や目籠生産業の衰退といった生業構造の変化が主たる要因である。隣接する多摩市や日野市では交通網の発達が都市化を招いたように、高度経済成長期の都市近郊ではむしろ交通面の有利さが農地開発と一般的に結びついてきた。また由木村が「昭和30年代の急激な西郊都市化に襲われる」（林 2010: 187）としているが、実際にそのようなことが生じるのは多摩ニュータウン計画が表面化した一九六五年以降のことである。昭和三〇年代の由木村はむしろ目立った都市化は生じず、そのために一九六四年段階では南多摩郡唯一の村（島しょ部を除けば当時の東京都の村は他に西多摩郡日の出村、桧原村のみ）となり、八王子市への吸収合併を余儀なくされた。

（8）一九住区の事業主体はその歴史的経緯もあり、東京都住宅供給公社、都市基盤整備公団、住宅・都市整備公団、都市再生機構等と、時代ごとに複雑に推移している。

（9）区画整理事業区域における住民たちのこのような葛藤や決断については、文屋俊子が当時の状況を詳らかにまとめている（倉沢ほか 1982: 39-48）。

（10）二〇一四年一〇月に実施した農業者への聞き取り調査より。

(11) 二〇一四年一〇月に実施した農業者への聞き取り調査より。
(12) 一九住区一帯では酪農が多摩地域全体のなかでもいち早く明治期から始められ、昭和初期の段階ですでに複数の共同搾乳場が建設されるなど広がりをみせていたが、一九六〇年代には牛乳需要が急速に高まったことから安定した収入を見込めるようになり、さらに注目が高まった。
(13) 二〇一四年一〇月に実施した農業者への聞き取り調査より。
(14) 二〇一四年一〇月に実施した農業者への聞き取り調査より。
(15) 一九七四年時点で二集落の住民が「集落除外期成同盟」を結成していた(「多摩ニュータウン〈22〉「一方的な自然破壊」許せぬ」『読売新聞』一九七四年三月二三日発行)。請願の提出(一九七三年一二月)等独自の運動を行っていたが、注
(20) の住民団体が結成されると有志はそちらに合流したようである。大石(1981a: 153)、金子(2017: 71)は除外を求める者が酪農家のみに限定された、林(2010: 188-9)はそのために酪農家が地域のなかで孤立した、等としているが両団体の呼びかけ人からも分かるとおり誤りである。
(16) 「寺沢・引切地区のまちづくり 第1号」T農事農地利用組合、一九八六年二月発行。
(17) 労働組合が関与に積極的だった背景について酪農家の間では、「都の職員組合にしてみたら、東京から農業がなくなれば農政部があいてしまう。そういう危機感もあったようだ」とも捉えられていた(二〇一三年一一月に実施した農業者への聞き取り調査より)。
(18) その行動範囲は広く、東京大学五月祭(学園祭)での学生向けのイベント(農学部五月祭実行委員会企画「破壊される農業――職場からの報告」)にまで及んだ(「第52回五月祭パンフレット」より)。
(19) 「多摩ニュータウン最後の用地 〝東京農民〟 農地を死守」『朝日新聞』一九七五年七月五日発行、「ニュータウンと牛飼い」『明るい農村』NHK総合一九七七年一二月二六日放送、など。
(20) 多摩ニュータウンの酪農と農業を守る会(一九七六年七月結成。呼びかけ人酪農家四人、養蚕農家一人、兼業農家一

人）、寺沢・引切地域の環境と生活を守る会（一九八一年一二月結成。初期会員五二人。呼びかけ人酪農家三人、花卉園芸農家一人、兼業農家四人、非農家住民一人）など。

（21）「19住区の取扱方針」東京都、一九八二年二月作成。

（22）このほか、集落部を中心に保留地区（事業未承認区域）一二・二ヘクタールも設けられ、ニュータウン計画区域から除外された（詳細は【図3－1】参照のこと）。居住集落の区画整理事業からの除外を求めてきた住民の要望もある程度汲み入れられたということである。

（23）「農事組合法人T農事農地利用組合規約」。

（24）二〇一三年一〇月に実施した元調査委員会メンバーへの聞き取り調査より。

（25）「多摩ニュータウン19住区および19住区北側に隣接する区域における酪農経営調査に関する覚書」。南多摩新都市開発本部ほか編（1985）に掲載。

（26）「挨拶要旨」T農事農地利用組合組合長作成。

（27）「都市にとって酪農・農地の果たしている役割」として以下の一〇の機能があげられている。「①都市住民に牛乳・乳製品を供給する機能 ②中間生産物たる堆肥供給機能 ③野菜・花等の農産物の供給機能 ④漬物・みそ等農家手づくりの農産加工品の供給機能 ⑤農地を市民菜園として貸付ける機能とその管理保全、栽培技術指導等の機能 ⑥都市住民の災害避難地、緑地、オープンスペース等の豊かな生活環境供給機能 ⑦乳牛等の家畜とその飼い方の見学、農業畜産の作業体験などを行う観光牧場や体験農場としての機能 ⑧牛乳・乳製品の処理加工、料理などを行える研修教室としての機能 ⑨ホタルやトウキョウサンショウウオ、小川や雑木林等の保全管理（ママ）の担う自然環境保全機能 ⑩祭りなど伝統的文化の継承と都市住民への普及機能、その他」（松木 1986: 330-1）。

（28）「連絡調整会議と今後の進め方」T農事農地利用組合、一九八五年一二月二七日作成、および「最後の住区着工ＯＫ農・住共存めざす 接点に農業公園を計画」『朝日新聞』一九八七年一月二六日発行。

(29)「要望書」T農事農地利用組合、一九八六年一〇月二一日作成。
(30)「多摩ニュータウンはたちの鼓動18 共生こそ理想のはず」『読売新聞』一九八九年一一月二五日発行。
(31)「R研究会事務局だよりNo.3・No.6・No.9」(それぞれ一九八六年六月二三日・一九八七年一月二〇日・一〇月一二日発行)の記述より。
(32)「R研究会事務局だよりNo.8」(一九八七年八月二〇日発行)の記述より。
(33)「R研究会事務局だよりNo.3」の記述より。
(34)聞き取り調査より。発話の内容上、年月日については伏せる。
(35)「堀之内こぶし緑地」のシンボルツリーであるコブシの大木は、もともと緑地の近隣にある神社に生えていたが、ニュータウン開発のために伐採の危機が迫り、氏子の強い要望によって移植されることとなった経緯がある。コブシは一九住区一帯では「田うない花」と呼び、田うない(田起こしのこと)の季節を告げる花として、農事暦と深く結びつけて認識されてきた。その意味でこの緑地は緩衝地帯という機能面を持つだけでなく、かつての「人‐自然関係」の象徴として、住民たちにそれを思い出させる場という意味もあるといえる。
(36)A氏の記述は二〇一三年八月および二〇一四年八月に実施した聞き取り調査をもとにした。
(37)堀之内の方言で、標準和名はクロスズメバチ。
(38)里山農業クラブ。二〇〇〇年結成。堀之内里山保全地域となった宮嶽谷戸での田畑の耕作や堰山の植生管理活動のほか、メカイ作りの保存と継承を目指し、郷土資料館やフェスティバルのイベントの際など、八王子市内各地でメカイ作りの体験講座や実演販売を行っている。一連の活動は、二〇一三年に「南多摩のメカイ製作技術」の「東京都指定無形民俗文化財(民俗技術)」への指定にもつながった。
(39)B氏の記述は二〇〇八年一一月および二〇一四年一一月に実施した聞き取り調査をもとにしている。
(40)「300年育てた土地失う苦渋「私は死ぬまで農業やりたい」」『アサヒタウンズ』一九八八年四月二一日発行。

(41)前掲記事(40)。
(42)C氏の記述は二〇〇八年一二月、二〇一三年一一月および二〇一四年一〇月に実施した聞き取り調査をもとにしている。
(43)D氏の記述は二〇一四年八月に実施した聞き取り調査をもとにしている。
(44)「姿消す「かぶと造り」農家」『朝日新聞』一九八三年一一月二五日発行。

第四章

(1)筆者は二〇〇八年九月以来堀之内および里山公園にて、公園における定例活動およびイベントの参与観察、関係者への聞き取り調査、借り受けた文字資料の分析等を行ってきた。調査対象は里山楽友会メンバーをはじめとした堀之内住民、多摩ニュータウン建設事業者職員、八王子市職員である。本書の記述はここで得たデータに依拠している。
(2)本来この谷戸は「舟原谷戸」と呼ばれていたことが明治初期の記録(「字地書上」斎藤家文書)から分かるが、現在生きている住民たちの間ではほとんど知られていない。
(3)「私たちの提案 酪農集落保全的利用構想図(案)」由木の農業と自然を育てる会作成資料。
(4)当初は堀之内寺沢里山公園アドプト委員会と称しており、二〇一二年にまちづくり里山楽友会へと改称したが、本書では便宜上里山楽友会と統一して表記する。
(5)総世帯数(二三頁)と比してこのような開きがあるのは、一九住区のうち丘陵上の山林を造成した新興住宅地(六八一区画)が別の自治会を分立させたことによるものと、マンションの場合独自の管理組合があり、自治会に加入していないことが多いためである。
(6)この時八王子市への合併があり、町場である八王子市の慣例に合わせて堀之内町会と称することとなった。
(7)しかし政府が「特殊法人整理合理化計画」を閣議決定したのを受け、多摩ニュータウン新住宅市街地開発事業は二〇〇六年三月をもって終了することが決められた（多摩ニュータウン事業誌編集委員会編 2008: 267-8）。これにより里山公園など少数を除く、ここで示された構想のほとんどが棄却され、一九住区の未開発用地は民間ディベロッパー三社に払い下げられることとなり、以降オーソドックスな戸建て住宅の開発が進んでいる。

（8）この段落および次段落の発話は当時の自治会長であったE氏へのインタビュー（二〇〇八年一二月一四日実施）によるものである。

（9）アドプト（adapt）制度は里親制度ともいわれ、道路や公園などの公共施設を里子に見立て、その管理権を住民団体に里親として委譲し、一定の裁量のもとでの利用・管理を可能にする制度である。一九九〇年代末に日本でも導入され、二〇〇〇年代以降広く普及し「親子という人間関係の気持ちを道路や公園という場所にまで応用し、親子という気持ちの大切さを私たちの地域社会の生活に生かしている例」という評価もされてきた（鳥越 2008: 62）。八王子市でもこの潮流のなかで二〇〇四年に制定された。アダプト制度と呼称する自治体もあるが、本書では八王子市の用例に則り、アドプト制度と記している。

（10）「堀之内寺沢里山公園」八王子市発行資料より。

（11）本書では堀之内住民に焦点を当てているが、いずれの活動も居住地を問わず自由に参加でき、なかには他市・他県から参加するメンバーもいる。

（12）「里山公園の開園にあたって、保全活動に参加下さい」二〇〇八年六月一七日堀之内町会まちづくりアドプト委員会（のちの里山楽友会）発行資料。

（13）堀之内の方言で四つ割りにしたシノダケから剥いだ表皮のこと。これをもとにして目籠を編みこんでいく。

（14）この発話は二〇〇八年一二月一四日に実施したE氏への聞き取り調査によるもの。

（15）F氏に関する記述は二〇一九年四月一三日に実施した聞き取り調査によるもの。

（16）G氏の記述については二〇一九年四月一三日に実施した聞き取り調査によるもの。

(17) 女性部(婦人会)と消防部(消防団)は戦前より存在。ただし一八九三(明治二六)年結成の消防部は近年まで、長らく自治会から独立した組織だった。

(18) 同じタイミングで創設された堀之内地域塾(放課後、堀之内会館に集った小・中学生に、有志で集った部会員が宿題や受験対策等、勉強を教える部会)も、堀之内町会独自の発案のもとで創設された部会である。

第五章

(1) 小正月の火祭りは全国的に行われており、どんど焼き、とんど(島根県・広島県など)、あわんとり(千葉県・茨城県)、三九郎(長野県)、歳の神(福島県)、やははえろ(山形県置賜地方)など地域ごとに名称が異なる。学術論文においても「道祖神祭り」「サイノカミ行事」など統一されていないが、本書では地域で通用している名称に合わせてどんど焼きを主に用いる。堀之内では道祖神碑のある場所、あるいは火祭りを行う場所のことをサイノカミ(あるいはそれが訛ってセーノカミ)といい、火祭り自体をサイノカミ、団子焼きもしくはどんど焼きと呼んできた。現在ではどんど焼きと呼称することが一般的となりつつある。

(2) 有末が示した「三つの類型」とは、「(1) 都市の歴史の中から現代の社会生活にまで引き継がれてきたいわゆる民俗事象(例えば、祭礼、商家慣行、芸能など)(2) 村落社会の民俗事象で、現代都市生活の中では消えてしまったもの(例えば年中行事、俗信、生業に関する儀礼など)(3) 都市生活の中で新しく生み出されてきた文化(例えば都市建築、マス・メディア文化など)」である。

(3) 本章は主として筆者が二〇一四〜二〇二〇年に実施した堀之内各地のどんど焼きの参与観察と、二〇一八年一月〜二〇一九年三月(計二七日)に実施した聞き取り調査で得たデータをもとにした。ただしT氏への聞き取りは二〇一四年以降断続的に行ったデータを使用している。データは音声データのほか、筆者が取ったメモ、借り受けた文書資料などである。以下、本章に記述した発話はこのデータの内容をもとにしている。

（4）班が創設されたのは一九七〇年代。地区は昭和初期頃であると考えられる。地区の範域は農業会（その後の農協）の単位がもとになっているといわれており、農業集落の単位でもある。

（5）小名については、歴史学者の木村礎による詳細な論考（木村 1975）を参照されたい。木村は「村ができ、次に小名集落が形成された、とするよりは、小名集落がまずあり、それを幾つか包括して村ができた、と考えるべきであろう」（木村 1975: 269）と推測し、小名の持つ歴史性の深さに着目している。近世期に成立した「新編武蔵風土記稿」には堀之内村の小名として、芝原、引切、馬場《ママ》、日影、中里、谷戸山、寺沢（「上下にわかつ」と注釈あり）、山谷、長谷戸の名がみられ、現在の小字よりいくぶん多い。堀之内には、現在無住の地（山林や農地）となっている山谷から、中寺沢と芝原へ集団移転が大昔（おそらく江戸時代）に行われたという伝承があり、再編がかつてあったことが示唆される。

（6）部落という名称も明治期に登場した官製用語であるので、それ以降普及したものであると考えられる。堀之内ではネガラがネイティブな用語だったのだろう。ネガラ（根柄）を扱った論考は管見の限りほとんどないが、泉雅博（1987）が近世期の実態について触れている。

（7）一九六〇年代の堀之内を調査した亀山慶一によると、当時の道普請は年二回、春と秋の彼岸中に行われたという。「道をなおし、山の草を刈り、その草を入札でおろして、夜はオヒマチをした。その宿は各戸順番に廻る。都合の悪い時には特殊な場合を除いて不参金を出した。大正時代には五〇銭、現在は二〇〇円ぐらい」（亀山 1969: 65）。

（8）一九九七年までは「日影地区」と称していたが、由木区画整理事業終了に伴い実施された住居表示実施の際、日影と番場の領域が堀之内三丁目とされたことから、地区の名称もそれに合わせて改められた。

（9）「懐かしいネェ小屋がけ芝居　30年ぶりの復活公演　八王子の南八幡神社　〝役者〟は素人8人衆」『読売新聞』一九七九年八月二六日（多摩都民版）、「今年も出ます〝村芝居〟復活二年目　堀之内の南八幡宮　腕前あげてきょう本番」『読売新聞』一九八〇年八月三〇日（多摩都民版）、「シルバーエイジは手と手で⑤イヨッ!!八王子の玉五郎」テレビ朝日・東京ＴＯＤＡＹ一九八四年一一月三〇日放送など。

(10) 三丁目地区住民有志によって結成された住民団体で、第四章で扱った里山楽友会と同様、アドプト制度を用いて公園の緑地管理を行っている。

(11) 二〇一三年開園。第四章でみてきた堀之内寺沢里山公園と同じコンセプト(里山公園)として計画、開園した別の公園である。堀之内寺沢里山公園と同じく、住民団体(沖ノ谷戸公園自楽会)によって管理活動が行われている。

(12) こうした慣習については多摩丘陵地域で実際にみられた(町田市史編纂委員会編 1976)と記録されているが、明治維新期の一八七〇(明治三)年に神奈川県が禁令を出している(神奈川県立図書館 1965: 352-3)。

(13) ここでいう新住民とは、一九七〇年代頃堀之内以外の場所から下寺沢へと移住したものの、多摩ニュータウン事業の影響で芝原への移転を余儀なくされた住民である。

(14) もちろん数十年の間に様々な面で行事のあり方の変化がみられ、必ずしも今の行事が「昔ながらのやり方」に忠実というわけではない。例えば、かつて大きく組んでいた竹のヤグラは雑木の枝を積み上げたものに変わった。しかしここで重要なのは、担い手たちがそれを「昔ながらのやり方」と語り、それを守ることにアイデンティティを抱いていることにある。

終章

(1) 菅豊は、よそ者が景色を一瞥した際に見える「目に映る地表の相貌」としての景観とは、社会に規定され「目には見えない仕掛けの相貌」の積み重なりのうえに成立しているものだと考えている(菅 1999: 95)が、ここでみられる堀之内住民たちの空間認識とも重なるものだろう。

(2) このような先人との関係性について、自然そのものをテーマとした研究ではないものの、玉野和志が東京都市域の一つの街を通史的に分析して得た「よいものも、わるいものも含めて、人間が歴史を引き継ぐとはどういうことなのか。それは高尚な思想や法や制度のみならず、身近な都市や町の空間に刻み込まれた人々の生きた証しを通して、先達の思いと社会的に繋がっていくということなのである。この意味で今いる人ともういない人とがつくり出すもうひとつの社会が、ローカル・コミュニティには息づいている」(玉野 2005: 278) という結論が示唆に富んでいる。堀之内の場合、「先達の思いと繋がっていく」ことと、彼らが働きかけてきた自然と繋がっていくことと重なってきたのである。

(3) そのような価値観が付随しているがゆえに、結果として歴史、伝統、文化といったものの総体のなかから、自然生態系と調和的とみなせるものを抽出し、断片的に切り取ってきがちだという問題があることも、指摘しておかなければならないだろう。

(4) 筆者は二〇一二年以来、このテーマについて山形県内の山村での調査を続けている。本書の枠組みも援用しながら、今後、成果を示したい。

おわりに

「大冒険は近所でもできます。名前しか知らない場所、聞いたことがあるだけの職業、会ったことのない人たちは、すぐそばに存在しているはずです。多くの異文化に直に触れてみて下さい」。これは環境社会学者の植田今日子先生が学生向けに記したメッセージである（http://www.sophia-humans.jp/teacher/ued_kyoko.html 最終閲覧日二〇二一年三月三一日）。今日までの私の研究は、この言葉が端的に表していると、とても深く心に残っている。

私は幼少時に多摩地方へと引っ越し、以来、市街地のマンションで暮らしてきた。当初家の周りは整地された一面の空き地が広がっていたが、次第に開発が進み、商業施設やマンション群が整然と立ち並んでいった。けれども、市街地から少し離れると、所々に畑や雑木林が残っており、茅葺き屋根をトタンで覆ったような、いかにも歴史がありそうな民家がいくつもあった。路傍には江戸時代の石碑が置かれ、いつも誰かが手向けた花が飾られていた。神社ではお祭りの日、民俗芸能として江戸時代以来の歴史があるという獅子舞が踊られる。マンション住まいの私にとってそれらは近くて遠い存在だったが、自分の身の回りに見え隠れするそうした空間は、とても興味深いものであった。

大学生になると、地域社会に関心を持つ学生たちと沢山出会った。都市が好きな人は都心の繁華街へと、自然や農山村が好きな人は地方へと通っていた。そのなかで私は、自分の身近にあったような、都市とも農村ともつかない場所を調べたいと思うようになった。今なお郊外にみられる、そうした世界の深層を知りたくて本や教科書を読み漁ったが、そこには具体的なことについてほとんど書かれていなかったのである。

初めて堀之内に足を踏み入れたのは、残暑が続く二〇〇八年九月初旬のことだった。高架上にある京王堀之内駅のホームから見えたのは、遠くに緑の稜線が見えるものの、そこまで一面の宅地や商業施設で覆われた、よくある郊外の風景だった。けれども住宅地を抜けると、突如大正時代に建てられたという蚕室を持つ大きなお屋敷が現れ、そこでは今でも養蚕をしていると知った。裏庭は崖になっており、崖からはこんこんと清水が湧きだし、池へと流れ落ちていた。崖の上には樹齢百年を優に超えるというヒノキの大木が何本も、きれいに整備されて聳えていた。またある家では二〇年ほど前に自宅を建て替える際、二〇〇年前の先祖が子孫のためにと植えた木を用いて建て替えを行い、同時に二〇〇年後の子孫のために再び山に木を植えたという語りを聞かされた。自然をめぐる悠久の時間感覚を語る人が多摩ニュータウンとされている場所にいることに驚きを覚えた。お互い屋号で呼び合い、集落（小字）がはっきりと意識されていた。近代的な住宅が密集し、今では農山村のようにその領域が目に見える形では明瞭でなくなってしまっても、住民たちにはそれがしっかり認識され、新住民もそこにアイデンティティを持っていた。そのような堀之内のことを、もっと深く知りたいと感じ、この場所に通い始めた。

それから一五年あまり。堀之内の方々には数えきれないほどお話を聞かせていただいてきた。それはノートを片手に、ICレコーダーを挟んで行うインタビュー形式によるものばかりではない。里山を案内していただきながら。燃え盛るどんど焼きの炎を眺めながら。ラーメン屋で一緒にラーメンをすすりながら。なおらいの場でお酒を酌み交わしながら。多くのことを教えていただいた。インタビューしているつもりがいつしかお酒が出てきて、終電まで一〇時間くらい話し込んだこともあった。

「どうして堀之内ばかり、こんな熱心に研究するのか」ということは堀之内内外でとてもよく聞かれた質問であるが、リアリティに深く迫り、向き合っていくためには、そうするしかなかったから、というところであろうか。端から端まで三〇分あまりで歩ききれる小さな社会を対象としていたはずなのに、そこは宇宙のように広く深く感じられた。

「事例の力」という言葉がフィールドワーカーたちの世界にはある。本書は、そうした事例の力を、でき得る限り丹念に表現しようとした試みでもあった。ただ改めて読み返してみると、それが十分表現できているかといえばはなはだ心もとない。一五年あまり調査したからといって、今もって分からないままのことも多い。一つのことが分かったとしても、同時にその背後にあるいくつもの分からないことがみえてくるということもよくあることだ。残された宿題だと考え、これからも真摯に向き合っていきたい。突然やってきたよそ者のお願いに多くの時間を割いてくださり、深く感謝申し上げたい。

本書を上梓するにあたっては、研究面からも多数のお力添えをいただいてきた。博士論文の審査にあたっては、主査である清水亮先生に加え、審査委員として私が所属した東京大学大学院新領域創成科学研究科社会文化環境学専攻から、岡部明子先生、清家剛先生。外部審査委員として東京大学東洋文化研究所の菅豊先生、立教大学社会学部の関礼子先生にご指導を賜った。審査会において適切なご指摘、ご意見を賜ったおかげで、学位を得ることができた。その後、関先生には、日本学術振興会特別研究員ＰＤの受け入れ教員になっていただいた。不十分な点が多々あった博士論文を単著として出版できるまでに改稿できたのは、関先生の親身なご指導があってこそのものである。

大学学部生時代を過ごした早稲田大学人間科学部人間環境科学科では鳥越皓之先生のゼミで過ごした。フィールドワークの醍醐味と大切さ、物事を研究するということの面白さと難しさを知ることができた。鳥越先生に出会っていなかったら、私は大学院へと進学するなんて考えてもみなかっただろう。私が生活者、そして生活世界のリアリティに肉薄することの意義を大切にしてきたのは鳥越先生の教えがあったからこそである。私の研究の原点になっている。大学三年生になり、鳥越ゼミに入った時から刺激を受け続けてきたのは一学年上だった金子祥之さん（東北学院大学）である。その時からフィールドワークとはここまでやらなければいけないのかということを背中で教えられていた気がする。

そして早稲田大学時代には、二〇一三年に亡くなられた村井吉敬先生のゼミにも参加させていただいていた。ゼミでの議論の場のみならず、ご自宅までお招きくださり、お手製のカレーを味わわせていただいたのはかけがえのない思い出である。

大学院進学後はいくつかの研究会やゼミへの参加の機会をいただいた。大学院では、どうやって研究を続けていけばいいか分からず途方に暮れていた時期もあったが、「ゼミに参加させてください」、「私の研究を見てください」というお願いに対し、ほとんどの方が二つ返事で引き受けてくださった。何度も持ち込んでくる生煮えの私の報告を飽きずに聞き、懇切丁寧にアドバイスをくださった。苦しい時に手を差し伸べ、優しく温かな言葉で、絶えず励ましてくださった人がいたからこそ、道を切り開くことができたと考えている。

コモンズ研究会では齋藤暖生さん（東京大学）、泉留維さん（専修大学）、山下詠子さん（東京農業大学）、岡田美香さん（一般財団法人林業経済研究所）、森朋也さん（山口大学）に、都市山村研究会では福田恵先生（広島大学）にお世話になった。林野を対象にした研究者の方々との議論の時間が、里山研究を目指す私の学問的な知見を鍛えてくれた。特に福田先生には、遠路はるばる広島から上京して研究会を開いてくださったことにも心から感謝申し上げたい。

誰よりもその学恩に深く感謝したいのは、私の指導教員である清水先生である。気ままに色々な場所へと首を突っ込みたがる私のやりたいように研究をやらせてくださり、温かく見守ってくださった。それでも決定的に道をそれそうになると、それとなく進むべき道に引き戻してくださった。自由に、それでいて関心が拡散し過ぎずここまで来ることができたのは、ひとえに清水先生のおかげである。ゼミの場、研究指導の場では私の研究に対して、私の目線に立った方向性をいつも考えてくださり、的確なアドバイスをいただき続けた。公私にわたって様々な相談に乗ってくださり、困難を乗り越えることができた。清水先生の存在がなければ、研究生活自体を続けることもできなかったのではないかと今になってつくづくと思う。本当に感謝してもしきれない。

清水研究室では多くの仲間に恵まれることができた。望月美希さん（静岡大学）と三枝七都子さんは同じ博士課程の一番身近な存在で、研究のことから将来のことまで沢山話をしてきた。刺激を受けることができる存在が身近にいたからこそ、励みになったし、切磋琢磨できた。博士論文を書き上げるうえでも、数えきれないほどの協力をいただいてきた。

こうして考えてみると、数えきれないくらい、得難い人との出会いがあったと実感する。本として研究を形にするまで、かたつむりが歩むようにとても時間がかかってしまった。だが、誰よりもマイペースな自分が、優しさや温かさに支えられ、自分らしく歩むことができたからこそ、形にすることができた。

出版にあたっては、株式会社新曜社編集部の伊藤健太さんに多大なるご協力をいただいた。私の至らなさにより色々とご迷惑をおかけしてしまったが、いつも親身になって対応してくださった。また史資料の閲覧に際しては、八王子市郷土資料館の柳沢誠さんのご協力を賜った。御礼を申し上げたい。

そして最後に、私を見守っていただいた家族に心から感謝申し上げたい。私のわがままで大学院進学を希望し、数えきれないほど心配や迷惑をかけてきた。にもかかわらずいつも温かく見守り、応援していただいてきた。ありがとうございました。

二〇二四年一一月一日

岡田　航

初出一覧

本書は、2019 年 9 月、東京大学大学院新領域創成科学研究科へ提出した博士学位論文「郊外里山における在地社会の生活実践としての〈根ざしなおし〉」をもとに、大幅に改稿したものである。各章は以下の論文を土台としている。

【はじめに】
書き下ろし.

【序章】
「郊外社会における里山保全の課題と展望」『林業経済』76(7): 1-14, 2023 年.

【第一章】
「村落における入会林野の多義的な利用が持つ意味——武蔵国多摩郡堀之内村の共有地を事例として」『村落社会研究』24(1): 25-36, 2017 年.

【第二章】
「村落における入会林野の多義的な利用が持つ意味——武蔵国多摩郡堀之内村の共有地を事例として」『村落社会研究』24(1): 25-36, 2017 年.
「学制施行期における学校林の展開と林野利用の再編——武蔵国多摩郡堀之内村誨育学校を例として」『林業経済研究』63(3): 42-52, 2017 年.

【第三章】
「都市農地保全をめぐる地元農業者の論理——東京都多摩ニュータウン「農業公園構想」を事例として」『ソシオロゴス』46: 150-73, 2022 年.

【第四章】
書き下ろし.

【第五章】
「郊外社会における民俗行事のあり方の多様化と近隣組織——八王子市堀之内における道祖神祭の変容を事例として」『現代民俗学研究』11: 1-15, 2019 年.

【終章】
書き下ろし.

横張真，2002，「里山ランドスケープの保全をめぐる新たな発想」『国際景観生態学会日本支部会報』7(3): 69–72.
横張真・渡辺貴史編，2012，『シリーズ〈緑地環境学〉3 郊外の緑地環境学』朝倉書店.
湯川洋司，1998，「民俗の生成・変容・消滅」小松和彦・福田アジオ編集『民俗学の方法』雄山閣出版，84–98.
結城正美・黒田智編，2017，『里山という物語――環境人文学の対話』勉誠出版.
湯本貴和，2014，「里山とコモンズの世界」秋道智彌編著『日本のコモンズ思想』岩波書店，51–66.
――――，2017，「里山――その実態の歴史的変遷と現代的表象」結城正美・黒田智編『里山という物語――環境人文学の対話』勉誠出版，171–94.
湯本貴和・大住克博，2011，「森から林，そして里」湯本貴和編『シリーズ日本列島の三万五千年 人と自然の環境史 第3巻 里と林の環境史』文一総合出版，11–6.
財団法人東京都スポーツ文化事業団・東京都埋蔵文化財センター編集，n.d.，『多摩ニュータウンNo.72 遺跡――縄文のムラ』東京都立埋蔵文化財調査センター.

辻誠一郎，1997a，「クリと人とのかかわり史」『林業技術』666: 20–3.
――――，1997b，「日本の森林史と縄文文化」『森林文化研究』18: 11–8.
辻誠一郎・南木睦彦・鈴木三男・能城修一・千野裕道，1986，「縄文時代泥炭層の層序と植物遺体群集」『東京都埋蔵文化財センター調査報告』7: 72–116.
筒井迪夫，1978，『日本林政史研究序説』東京大学出版会.
内田隆三，2002，『国土論』筑摩書房.
内山節，1993，『時間についての十二章――哲学における時間の問題』岩波書店.
――――，1998，「近代的人間観からの自由」内山節・大熊孝・鬼頭秀一・木村茂光・榛村純一『ローカルな思想を創る――脱世界思想の方法』農山漁村文化協会，46–68.
――――，2000，「持続可能な社会と労働」『環境情報科学』29(3): 38–9.
――――，2001，「新たな共有的世界の創造と里山」トトロのふるさと財団編『都市近郊の里山の保全――里山保全への現代的な課題を考える』トトロのふるさと財団，61–101.
――――，2006，「里山文化考」『グリーン・エージ』33(5): 16–8.
植田今日子，2016，『存続の岐路に立つむら――ダム・災害・限界集落の先に』昭和堂.
和田照男，1972，「都市化の中の土地利用計画――課題と方法」坂田期雄編『明日の都市 3 都市と農村』中央法規出版，292–309.
――――，1988，「都市と農業および農村環境」『農村計画学会誌』7(2): 39–47.
――――，1990，「都市農業の展望――地域住民との連携が重要」『農業協同組合』36(3): 21–5.
若林幹夫，2003，『都市への／からの視線』青弓社.
――――，2007，『郊外の社会学――現代を生きる形』筑摩書房.
鷲谷いづみ，1999a，「里山を護る」『プランタ』66: 9–18.
――――，1999b，「保全生態学からみた里山と生物多様性保全上の課題」『緑の読本』52: 8–13.
――――，2001，「保全生態学から見た里地自然」武内和彦・鷲谷いづみ・恒川篤史編『里山の環境学』東京大学出版会，9–18.
――――，2011，『さとやま――生物多様性と生態系模様』岩波書店.
渡辺真季・三橋伸夫・佐藤栄治・本庄宏行，2015，「市民参加型緑地保全活動および住民意識の実態把握――横浜市舞岡町と新治町の比較分析」『日本建築学会計画系論文集』80(717): 2545–55.
渡辺奨，1990，「村の明治維新」日本村落史講座編集委員会編『日本村落史講座 第 5 巻』雄山閣，95–112.
渡辺尚志，2012，『百姓たちの幕末維新』草思社.
――――，2017，『江戸・明治 百姓たちの山争い裁判』草思社.
渡辺洋三，1957，「入会権の実態と性格（1）」『社会科学研究』9(3): 1–53.
――――，1975，「入会の解体とその要因」潮見俊隆編『農村と労働の法社会学――磯田進教授還暦記念』一粒社，39–69.
養父志乃夫，2009，『里地里山文化論・上――循環型社会の基層と形成』農山漁村文化協会.
柳哲雄，2006，『里海論』恒星社厚生閣.
柳田国男，1910，『石神問答』聚精堂.
家中茂，2001，「石垣島白保のイノー――新石垣空港建設計画をめぐって」井上真・宮内泰介編『コモンズの社会学――森・川・海の資源共同管理を考える』新曜社，120–41.
安澤秀一，1972，『近世村落形成の基礎構造』吉川弘文館.

取り組みから」『農業および園芸』89(3): 328–39.
高瀬唯・古谷勝則・櫻庭晶子，2014,「市民と緑地保全活動団体の意識差からみる保全活動の参加促進課題」『ランドスケープ研究』77(5): 553–8.
高槻成紀，2014,『唱歌「ふるさと」の生態学——ウサギはなぜいなくなったのか？』山と渓谷社.
武井弘一，2015,『江戸日本の転換点——水田の激増は何をもたらしたか』NHK 出版.
竹本太郎，2009,『学校林の研究——森と教育をめぐる共同関係の軌跡』農山漁村文化協会.
武内和彦，1994,『環境創造の思想』東京大学出版会.
————，2001,「はじめに」武内和彦・鷲谷いづみ・恒川篤史編『里山の環境学』東京大学出版会，ⅰ–ⅱ.
————，2006,『ランドスケープエコロジー』朝倉書店.
————，2010,「都市の生態系と里地里山の再生」『アーバン・アドバンス』52: 5–10.
竹内利美，1941,『信州東筑摩郡本郷村に於ける子供の集団生活』アチック・ミューゼアム.
多摩文化研究会編，1973,『民権家の半生涯——柚木芳三郎の記録』多摩文化研究会事務局.
玉野和志，2005,『東京のローカル・コミュニティ——ある町の物語一九〇〇–八〇』東京大学出版会.
多摩ニュータウン事業誌編集委員会編，2008,『多摩ニュータウン開発事業誌 市域篇Ⅱ』.
多摩市教育委員会教育振興課編，2011,『落合村旧記』多摩市教育委員会教育振興課.
多摩市史編集委員会編，1995,『多摩市史 資料編 2』多摩市.
————編，1997,『多摩市史 民俗編』多摩市.
————編，1999,『多摩市史 通史編 2』多摩市.
田中丘隅，1721,『民間省要』（再録：滝本誠一編，1915,『日本経済叢書 巻一』日本経済叢書刊行会，219–740.）
田代順孝，1982,「土地利用制御手法の基礎的考察——都市農地の安定性及びその制御について」『造園雑誌』46(5): 241–6.
所三男，1980,『近世林業史の研究』吉川弘文館.
特定非営利活動法人森づくりフォーラム，2019,『森林づくり活動についての実態調査——平成 30 年調査集計結果』林野庁森林利用課.
鳥越皓之，1994,『地域自治体の研究——部落会・町内会・自治会の展開過程』ミネルヴァ書房.
————，1997,「コモンズの利用権を享受する者」『環境社会学研究』3: 5–14.
————，2006,「いまなぜ里川なのか」鳥越皓之・嘉田由紀子・陣内秀信・沖大幹編『里川の可能性——利水・治水・守水を共有する』新曜社，2–5.
————，2008,『「サザエさん」的コミュニティの法則』NHK 出版.
都市基盤整備公団東京支社・多摩ニュータウン事業本部編，2000,『19 住区施工計画他業務報告書』.
都市基盤整備公団東京支社・多摩ニュータウン事業本部・株式会社エキープ・エスパス編，2001,『19 住区市民交流型公園整備計画業務報告書』.
都職労経済支部編，1979,『革新都政の新たな前進をめざして——革新都政 12 年の歴史と経済支部の労働組合運動』.
東京府農会編，1917,『東京府の農業 附・林産及水産業』東京府農会.
東京都教育庁社会教育部文化課編，1986,『東京都古文書集 第 4 巻』東京都教育委員会.
トヨタ財団編，1989,『トヨタ財団 1988（昭和 63）年度年次報告』.

――――，2017c，「多摩郡堀之内村誨育学校関連史料の解題と翻刻」『多摩ニュータウン研究』19: 22–40.
奥山洋一郎，2013，「森林教育の場としての学校林活用の推進方策――市民団体との連携の検討」『林業経済研究』59(1): 63–71.
折口信夫，1937，「さへの神祭りを中心に」『日本民俗』2: 7.
大阪自然環境保全協会，1983，「里山動物調査報告」『都市と自然』88: 5–9.
パルテノン多摩・財団法人多摩市文化振興財団編，2006，『多摩の里山――「原風景」イメージを読み解く』パルテノン多摩.
林野庁計画課編，1971，『里山再開発事業について』.
佐伯弘次編，1990，『寺沢茂世家文書 第一巻』多摩市教育委員会.
齋藤暖生，2009，「半栽培とルール――きのことつきあう作法【ローカル・ルール】」宮内泰介編『半栽培の環境社会学――これからの人と自然』昭和堂，155–79.
佐久間大輔，2019，「里山は林か草山か――統計や民俗から探る大阪の里山の実態」『生物科学』70(4): 195–204.
佐久間大輔・伊東宏樹，2011，「商品経済からみた森林――里山の商品生産と自然」湯本貴和編／大住克博・湯本貴和責任編集『シリーズ日本列島の三万五千年 人と自然の環境史 第3巻 里と林の環境史』文一総合出版，101–28.
佐野静代，2017，『中近世の生業と里湖の環境史』吉川弘文館.
関礼子，2019，「土地に根ざして生きる権利――津島原発訴訟と「ふるさと喪失／剥奪」被害」『環境と公害』48(3): 45–50.
瀬戸口明久，2009，「「自然の再生」を問う――環境倫理と歴史認識」鬼頭秀一・福永真弓編『環境倫理学』東京大学出版会，160–70.
四手井綱英，1973，『生態系の保護と管理 I――森林』共立出版.
重松敏則，1991，『市民による里山の保全・管理』信山社出版.
重富健一，1986，『都市の農業と食糧を考える』芽ばえ社.
敷田麻実，2014，「自然共生社会の実現に向けた生物文化多様性の議論」『環境経済・政策研究』7(1): 73–6.
島田錦蔵，1941，『森林組合論――部落共有地の実相研究を基として』岩波書店.
進士五十八，1996，『都市になぜ農地が必要か』実教出版.
白川部達夫，2013，『旗本知行と石高制』岩田書院.
菅豊，1998，「深い遊び――マイナー・サブシステンスの伝承論」篠原徹編『現代民俗学の視点 1 民俗の技術』朝倉書店，217–46.
――――，1999，「川の景観――大川郷にみるコモンズとしての川」鳥越皓之編『講座人間と環境 第4巻 景観の創造――民俗学からのアプローチ』昭和堂，92–117.
――――，2004，「平準化システムとしての新しい総有論の試み」寺嶋秀明編『平等と不平等をめぐる人類学的研究』ナカニシヤ出版，240–73.
――――，2006，『川は誰のものか――人と環境の民俗学』吉川弘文館.
鈴木直樹，2018，『近世関東の土豪と地域社会』吉川弘文館.
高橋実，1984，「「新規関東郡代」制の成立と展開」村上直編『論集関東近世史の研究』名著出版，352–65.
高橋佳孝，2014，「「草のSatoyama」の生態系サービスとその再構築――阿蘇草原再生協議会の

──古文書・古記録編』茨城県立歴史館.）
宮内泰介，2001,「環境自治のしくみづくり──正統性を組みなおす」『環境社会学研究』7: 56–71.
────，2013,「なぜ環境保全はうまくいかないのか──順応的ガバナンスの可能性」宮内泰介編『なぜ環境保全はうまくいかないのか──現場から考える「順応的ガバナンス」の可能性』新泉社，14–28.
水本邦彦，2015,『村──百姓たちの近世』岩波書店.
水野章二，2015,『里山の成立──中世の環境と資源』吉川弘文館.
文部省編，1874,『文部省第二年報』.
────編，1875,『文部省第三年報 第二冊』.
────編，1876,『文部省第四年報 第二冊』.
────編，1877,『文部省第五年報 第二冊』.
────編，1883,『日本教育史資料 第八巻』.
文部省内教育史編纂会編，1938,『明治以降教育制度発達史』.
森本幸裕，2013,「里地里山の保全と公園緑地としての活用」『環境情報科学』42(1): 13–8.
森岡正博，1994,『生命観を問いなおす──エコロジーから脳死まで』筑摩書房.
室田武・三俣学，2004,『入会林野とコモンズ──持続可能な共有の森』日本評論社.
中川千草，2008,「浜を「モリ（守り）」する」山泰幸・川田牧人・古川彰編『環境民俗学──新しいフィールド学へ』昭和堂，80–98.
中尾佐助，1974,「自然の文化誌栽培植物篇 2 半栽培という段階」『自然』29(2): 20–1.
中田実，1994,「都市と農業──市街化区域内農地を手掛かりに」『名古屋大学社会学論集』15: 3–21.
韮山町史編纂委員会編，1996,『韮山町史 第 11 巻（通史 2 近世）』韮山町史刊行委員会.
西澤晃彦，2000,「郊外という迷宮──逃げる」町村敬志・西澤晃彦『都市の社会学──社会がかたちをあらわすとき』有斐閣，203–33.
丹羽邦男，1989,『土地問題の起源──村と自然と明治維新』平凡社.
野田公夫，2011,「里山・草原・遊休農地をどうとらえるか」野田公夫・守山弘・高橋佳孝・九鬼康彰『里山・遊休農地を生かす──新しい共同＝コモンズ形成の場』農山漁村文化協会，13–39.
小田光雄，2000,「郊外文学の発生」若林幹夫・三浦展・山田昌弘・小田光雄・内田隆三『「郊外」と現代社会』青弓社，139–73.
太田猛彦，2012,『森林飽和──国土の変貌を考える』NHK 出版.
大石堪山，1981a,「請願運動からみた都市問題としての農業・農村問題──多摩ニュータウン開発におけるいわゆる「第 19 住区問題」の意味するもの」『総合都市研究』12: 145–66.
────，1981b,「大都市居住環境保全と都市市民運動──多摩ニュータウン開発における酪農問題に発する都市と農村の諸関係」『総合都市研究』13: 79–128.
岡田航，2016,「明治初期南多摩郡堀之内村の農業と地域経済」『多摩ニュータウン研究』18: 72–87.
────，2017a,「「里山」概念の誕生と変容過程の林業政策史」『林業経済研究』63(1): 58–68.
────，2017b,「村落における入会林野の多義的な利用が持つ意味──武蔵国多摩郡堀之内村の共有地を事例として」『村落社会研究ジャーナル』24(1): 25–36.

甲野毅，2017，「居住者主体の緑地保全活動を促進するプログラムと要因の探究――集合住宅におけるグリーンワークショップの実践事例の検証を通して」『帝京大学教育学部紀要』5: 13–23.
小山靖憲，1987，『中世村落と荘園絵図』東京大学出版会.
倉石忠彦，1990，『道祖神信仰論』名著出版.
――――，2005，『道祖神信仰の形成と展開』大河書房.
倉沢進・園部雅久・平岡義和・文屋俊子，1982，「市街地開発事業と住民――多摩ニュータウン区画整理地区における住民の生活意識」『総合都市研究』16: 33–62.
黒田暁，2013，「都市農業における生業と実践とを結び直すサスティナブル・リンク――東京都日野市の地域社会と農業用水路のかかわりから」『サステイナビリティ研究』3: 115–31.
桑子敏雄，1999，『環境の哲学――日本の思想を現代に活かす』講談社.
町田市史編纂委員会編，1970，『町田市史史料集 第一集』町田市.
――――編，1973，『町田市史史料集 第九集』町田市.
――――編，1976，『町田市史 下巻』町田市.
間宮士信・林述斎編，1830，『新編武蔵風土記稿 巻之九十七』（再録：1981，『大日本地誌大系11 新編武蔵風土記稿第五巻』雄山社.）
丸山徳次，2007，「今なぜ「里山学」か」丸山徳次・宮浦富保編『里山学のすすめ――〈文化としての自然〉再生にむけて』昭和堂，1–26.
松井健，1998，『文化学の脱＝構築――琉球弧からの視座』榕樹書林.
松木洋一，1985，『都市農家と土地経営』財団法人農政調査委員会.
――――，1986，「東京都多摩ニュータウンの酪農団地の土地利用計画」和田照男編著『地域農業振興と農地利用計画――計画実践事例と計画手法』地球社，308–32.
――――，2000，「都市農地の多面的機能の実現システム――市民・農業者・行政によるパートナーシップ公共事業の形成」『農業と経済』66(13): 101–14.
松宮朝，2006，「都市における住民主導型市民農園の地域的展開――愛知県西尾市楽農園の事例から」『愛知県立大学文学部論集』54: 151–70.
松村正治，2007，「里山ボランティアにかかわる生態学的ポリティクスへの抗い方――身近な環境調査による市民デザインの可能性」『環境社会学研究』13: 143–57.
――――，2012，「多様な人びとと多様な里山，その多様な関係性」『多摩ニュータウン研究』14: 8–16.
――――，2013，「環境統治性の進化に応じた公共性の転換へ――横浜市内の里山ガバナンスの同時代史から」宮内泰介編『なぜ環境保全はうまくいかないのか――現場から考える「順応的ガバナンス」の可能性』新泉社，222–46.
――――，2019，「低成長時代に都市近郊の里山で仕事をつくる」『ランドスケープ研究』83(1): 24–7.
松崎憲三，1997，「生活環境の一つとしての〈サトヤマ〉」『野鳥』604: 8–9.
南木睦彦，1994，「縄文時代以降のクリ（Castanea crenata SIEB. et ZUCC.）果実の大型化」『植生史研究』2(1): 3–10.
南多摩新都市開発本部・社団法人東京都畜産会編，1985，『昭和59年度多摩ニュータウン19住区に関する酪農経営調査報告書』.
宮本茶村，n.d.，『安得虎子 巻十一』（再録：茨城県立歴史館史料学芸部編，2017，『安得虎子泉雅博，1987,「武蔵野の根柄議定」『神奈川大学評論』2: 94.
住宅・都市整備公団南多摩開発局編，1997,『多摩ニュータウン 19 住区環境形成基礎検討業務』.
住宅・都市整備公団南多摩開発局・(株)U-MAC 編, 1981,『多摩ニュータウン 19 住区基本構想 '81 報告書』.
住宅・都市整備公団南多摩開発局・(株）アーバンデザインコンサルタント・日本技術開発株式会社編，1984,『多摩ニュータウン 19 住区基本設計報告書』.
株式会社宅地開発研究所編，1974,『東京都住宅供給公社多摩ニュータウン 19 住区基本計画』.
嘉田良平，2011,「都市近郊里山の役割と創生への課題」佐土原聡・小池文人・嘉田良平・佐藤裕一編著『里山創生——神奈川・横浜の挑戦』創森社，212–26.
嘉田由紀子，2001,『水辺ぐらしの環境学——琵琶湖と世界の湖から』昭和堂.
科学技術庁資源調査会編，1958,『日本の森林資源——その現状と将来の見通し 第 1 部（歴史的所産としての現状分析)』科学技術庁資源局.
甲斐友朗・柴田祐・澤木昌典，2014,「兵庫県但馬地域の消滅集落における元住民による「通い」の実態に関する研究」『日本建築学会計画系論文集』79(695): 123–9.
戒能通孝，1964,『小繋事件——三代にわたる入会権紛争』岩波書店.
亀山慶一，1969,「八王子市堀之内の通過儀礼」『日本民俗学会報』63: 64–8.
神奈川県立教育センター編集，1971,『神奈川県教育史 資料編 1』神奈川県教育委員会.
神奈川県立図書館，1965,『神奈川県史料 第一巻 制度部』神奈川県立図書館.
金子淳，2017,『ニュータウンの社会史』青弓社.
環境庁企画調整局調査企画室編，1996,『環境白書（総説）平成 8 年版』大蔵省印刷局.
環境庁企画調整局里地研究会編，1996,『里地からの変革——地球環境時代のふるさとづくり』時事通信社.
環境省編，2002,『新・生物多様性国家戦略——自然の保全と再生のための基本計画』ぎょうせい.
環境省自然環境局, 2010,『里地里山保全活用行動計画——自然と共に生きるにぎわいの里づくり』環境省自然環境局.
加藤衛拡，2007,『近世山村史の研究——江戸地廻り山村の成立と展開』吉川弘文館.
————，2008,「近代日本の青年組織による共同造林——埼玉県秩父郡名栗村「甲南智徳会」を事例として」井上真編『コモンズ論の挑戦——新たな資源管理を求めて』新曜社，62–79.
川島武宜・潮見俊隆・渡辺洋三編，1959,『入会権の解体 1』岩波書店.
木俣美樹男・井村礼恵・大崎久美子，2010,「生物文化多様性と農山村振興——在来品種と伝統的知識体系」『国際農林業協力』33(2): 27–32.
木村礎，1975,「江戸時代の村と小名——相模国を例として」和歌森太郎先生還暦記念論文集編集委員会編『近世封建支配と民衆社会』弘文堂，241–72.
木下勇，1997,「住民参加の組織論」『ランドスケープ研究』60(3): 218–20.
木下陸夫，1987,「里山保全運動のこれまで」『都市と自然』130: 4–5.
桐原邦夫，2010,『士族授産と茨城の開墾事業』岩田書院.
小平市中央図書館編，1997,『小平市史料集 第八集 御用留（廻り田新田 2)』小平市教育委員会.
小泉栄一，1967,「春秋・鑓水学校」『多摩文化』19: 41–60.
国際連合大学高等研究所・日本の里山・里海評価委員会編，2012,『里山・里海——自然の恵みと人々の暮らし』朝倉書店.
小酒井大悟，2018,『近世前期の土豪と地域社会』清文堂出版.

酪農・養蚕家の岐路」『日本都市社会学会年報』28: 183–200.
平凡社地方資料センター編，2002,『日本歴史地名大系 東京都の地名』平凡社.
Heller, M. A., 1998, "The Tragedy of the Anticommons: Property in the Transition from Marx to Markets," *Harvard Law Review*, 111: 621–88.
日野市，1978,『日野市史史料集 近世 1（交通編）』日野市史編さん委員会.
————，1979,『日野市史史料集 近代 2（社会・文化編）』日野市史編さん委員会.
————，1992,『日野市史 通史編二下（近世編 2)』日野市史編さん委員会.
————，1995,『日野市史 通史編二中（近世編 1)』日野市史編さん委員会.
平井勇介，2014,「森林環境保全・生活保全のための所有権制限の論理——平地林をめぐる地権者の考え方」『社会学評論』65(1): 97–115.
平野義太郎，1946,「山村の解放——かねて日本林業対策の急務」『新生』2(12): 13–7.
————，1948,『森林資源についての研究課題』経済安定本部資源調査会森林部会.
廣川祐司，2013,「現代社会に適合した新たなコモンズの探求——荒廃する里山の再生にむけて」間宮陽介・廣川祐司編『コモンズと公共空間——都市と農漁村の再生にむけて』昭和堂，49–76.
北條晃敬，2012,『多摩ニュータウン構想の全貌——私にとっての「多摩ニュータウン」』多摩ニュータウン歴史研究会.
北條浩，1978,『村と入会の百年史——山梨県村民の入会闘争史』御茶の水書房.
北條勝貴・結城正美・黒田智，2017,「里と山の相克」結城正美・黒田智編『里山という物語——環境人文学の対話』勉誠出版，269–316.
池田寛二，1992,「都市農業の現在と可能性」鈴木広編著『現代都市を解読する』ミネルヴァ書房，224–42.
池上甲一，2011,「本書の課題と構成」『年報村落社会研究』47: 7–21.
猪瀬浩平，2006,「「学習」という通路——見沼田んぼ福祉農園の実践をめぐる「よそ者」論の検討」『環境社会学研究』12: 150–64.
色川大吉，1984,『民衆史の発見』朝日新聞社.
————責任編集，1979,『三多摩自由民権史料集 下』大和書房.
石田麻奈加，2002,「都市近郊農村における近隣集団の変貌——川崎市宮前区旧平村」有末賢・内田忠賢・倉石忠彦・小林忠雄編集『都市民俗の生成』明石書店，525–50.
石田頼房，1990,『都市農業と土地利用計画』日本経済評論社.
石井実，1993,「里山が危ない」石井実・植田邦彦・重松敏則『里山の自然をまもる』築地書館，2–18.
————，2000,「里山の歴史と人々の生活」平野伸明・新開孝・大久保茂徳『里山大百科——いちばん身近な自然の四季』TBS ブリタニカ，214–5.
————，2005,「「里やま」とは——里やま自然の成り立ちと生態学的な価値」石井実監修／日本自然保護協会編『生態学からみた里やまの自然と保護』講談社，1–24.
石川謙，1929,『日本庶民教育史』刀江書院.
伊藤寿和，1998,「中世東国の「堀の内」群に関する歴史地理学的研究——北関東を事例として」『歴史地理学』40(1): 63–80.
伊藤好一，1966,『江戸地廻り経済の展開』柏書房.
————，1990,「近世における武蔵野の開発と秣場争論」『地方史研究』40(4): 57–62.

引用文献

安芸皎一，1949，『水害』学生書房．

秋道智彌・野本寛一・赤坂憲雄・田口洋美，2005，「里山・里海の民俗システム――人間と自然との関係の変容と新たな創出」『季刊東北学』5: 6–27．

昭島・歴史をよむ会編，2009，『御用留――武州多摩郡上河原村（二）』昭島・歴史をよむ会．

秋津元輝，2000，「二〇世紀日本社会における「山村」の発明」『年報村落社会研究』36: 151–82．

有末賢，1999，『現代大都市の重層的構造――都市化社会における伝統と変容』ミネルヴァ書房．

千葉正士，1962，『学区制度の研究――国家権力と村落共同体』勁草書房．

千葉徳爾，1956，『はげ山の研究』農林協会．

藤村美穂，1996，「社会関係からみた自然観――湖北農村における所有の分析を通じて」『年報村落社会研究』32: 69–95．

――――，2001，「「みんなのもの」とは何か――むらの土地と人」井上真・宮内泰介編『コモンズの社会学――森・川・海の資源共同管理を考える』新曜社，32–54．

――――，2003，「「在地性」の視点から農山村を考える」『環境社会学研究』9: 22–36．

藤沢秀夫，1969，「里山再開発事業」『林野時報』16(4): 26–9．

福永真弓，2014，「生に「よりそう」――環境社会学の方法論とサステイナビリティ」『環境社会学研究』20: 77–99．

福武直編，1965，『地域開発の構想と現実 3』東京大学出版会．

舩戸修一，2013，「「援農ボランティア」による都市農業の持続可能性――日野市と町田市の事例から」『サステイナビリティ研究』3: 75–83．

古川彰，1996，「生活環境保全「主体」の変容と村落構造――村の「日記」をよむ」『年報村落社会研究』32: 97–131．

後藤光蔵，2003，『都市農地の市民的利用――成熟社会の「農」を探る』日本経済評論社．

八王子市立由木中央小学校百周年記念協賛会編，1974，『由木の小学校 百年のあゆみ』．

八王子市市史編集委員会編，2013，『新八王子市史 資料編 1（原始・古代）』八王子市．

――――編，2015，『新八王子市史 資料編 4（近世 2）』八王子市．

――――編，2016，『新八王子市史 通史編 2（中世）』八王子市．

――――編，2017，『新八王子市史 通史編 4（近世・下）』八王子市．

萩野敏雄，2008，『官林・官有林野の研究――その国有林前史と 30 年』日本林業調査会．

原直史，1993，「慶応二年開墾奨励令と房総農村」吉田信之・渡辺尚志編『近世房総地域史研究』東京大学出版会，59–104．

原田信男，2011，「中世～近世における沖積地の開発と景観――船木田荘と多西郡三郷」原田信男編『地域開発と村落景観の歴史的展開――多摩川中流域を中心に』思文閣出版，186–220．

原田敏丸，1969，『近世入会制度解体過程の研究――山割制度の発生とその変質』塙書房．

長谷川昭彦，1979，「近郊農村における農業と農村生活の構造的変化――八王子市堀ノ内部落について」『明治大学農学部研究報告』45: 1–22．

林浩一郎，2010，「多摩ニュータウン「農住都市」の構想と現実――戦後資本主義の転換とある

2009（平成 21）		東京都、堰山や宮嶽谷戸一帯を堀之内寺沢里山保全地域に指定する。
2010（平成 22）	堀之内町会の部会としてまちづくり自然環境部結成。	
2012（平成 24）	「堀之内寺沢里山公園アドプト委員会」、「里山楽友会」へと改称。	
	寺沢ねぎの再興を目指したまちづくり団体「ねぎの里」結成。	
2014（平成 26）		環境省、由木地区に残る雑木林や谷戸田を「生物多様性保全上重要な里地里山」に指定。

1993（平成5）	上記移転に合わせて、芝原のどんど焼きの実施場所も移転する。	
1994（平成6）	4月、引切公園開園。以降、引切のどんど焼きの実施場所もここになる。	
1996（平成8）	由木区画整理事業終了。京王線以南の区域が堀之内から切り離され、別所へと編入。また事業区域に住居表示が実施され、それぞれ「堀之内二丁目」「堀之内三丁目」となる。番場公園もこの年開園。	19住区、事業者によって「次世代街づくりプロジェクト」に位置づけられる。以降、緑地を残し、活かしていく都市計画を積極化させる。
1999（平成11）	引切地区の運営体制が地区長、会計以下、新住民主体となる。	
2000（平成12）	堀之内の新・旧住民5名によって「里山農業クラブ」結成。	この頃から政策用語として持続可能性概念が含意された「里山」の普及が進み、「里山ブーム」も過熱。
	この頃、上寺沢のどんど焼きは再度小規模化。	
2001（平成13）	引切のどんど焼きの主催者に地区が加わり、地区の新年会という位置づけとなる。	
	日影・番場のどんど焼きの実施場所が番場公園へと移転。現在に至る。	
2003（平成15）	堀之内寺沢里山公園の計画が具体化。堀之内町会、「まちづくり住民会議」を結成して応対。	
2006（平成18）	堀之内こぶし緑地、開園。	3月、多摩ニュータウン新住宅市街地開発事業を終了。里山公園等を除く19住区未開発地は民間ディベロッパーへと払い下げ。
2007（平成19）	堀之内町会、公園開園に先立ち、「里山保全講座」を実施。この時の参加者を中心として「堀之内寺沢里山公園アドプト委員会」を結成し、公園管理を始める。	
2008（平成20）	8月、堀之内寺沢里山公園開園。土地所有権が八王子市に移管される。	

1983（昭和 58）	堀之内町会の部会として子ども会結成。	
	7 月、19 住区の農業者ら 13 人「T 農事農地利用組合」結成。10月、組合と東京都の間で酪農経営に関する調査を行う覚書が交わされる。	
1984（昭和 59）	前年の覚書により、専門家グループによる「多摩ニュータウン 19 住区酪農経営調査委員会」による調査開始（～ 1985 年 3 月）。	
1985（昭和 60）		11 月、東京都、「多摩ニュータウン 19 住区開発と酪農についての方針」を示す。
1986（昭和 61）	引切にて子ども会主体によるどんど焼きの再開。	
	19 住区の農業者らと専門家グループによって R 研究会が組織される（～ 1988 年）。	
	南陽台団地として開発されていた上寺沢の一部が堀之内より分離され、南陽台となる。	
1988（昭和 63）	京王相模原線延伸に伴い京王堀之内駅開業。	東京都、19 住区の土地買収の目途を立たせる。
1990（平成 2）	旧誨育学校学校林が事業者へ売却される（のちに一部が「堀之内北八幡緑地」として整備）。	
	3 月、12 住区の「街びらき」。以来、その景観がたびたび研究者（郊外論）の関心を引く。	
	下寺沢住民 12 世帯の芝原への集団移転が進み、新しい街区が新芝原と名づけられる。	
1991（平成 3）	この頃には上寺沢のどんど焼きも子ども会によって大規模化されている。	バブル崩壊。これ以降、住宅需要の低迷が続くこととなる。
1992（平成 4）	12 月、芝原の道祖神碑がニュータウン開発に伴い移転し、移転式典が開かれる。	

1972（昭和 47）	堀之内に残っていた入会林野の売却が急速に進み、旧学校林などわずかになる。以降、堀之内町会では自治会費を徴収するようになる。	
	19 住区でトウキョウサンショウウオ発見。以降、下記の運動のシンボルとなる。	
1973（昭和 48）	12 月、2 集落の住民が「集落除外期成同盟」を結成し、自らの集落の区画整理事業からの除外を求める請願を東京都議会へ提出。	由木土地区画整理事業事業決定。
1975（昭和 50）	2 月、シンポジウム「東京の農林漁業を守り発展させる研究集会」に 19 住区から農地の除外を求める農業者 4 名が参加。農業者と専門家グループの連携が進むきっかけとなる。	
1976（昭和 51）	ニュータウン事業区域からの除外を求める住民ら「多摩ニュータウンの酪農と農業を守る会」結成。	都知事美濃部亮吉、都議会にて 19 住区の酪農存続を確約する趣旨の答弁。
1979（昭和 54）	8 月、南八幡宮の若手氏子、30 年間途絶えていた村芝居を復活させる。この流れのなかで日影・番場のどんど焼きを大規模化させていく。	
1980 年代		この頃から、自然保護団体が「里山」の用語を用いて二次的自然環境保全を行うようになる。また、市民や専門家との協働のもと、里山や都市農地の保全を進めることが重要視されるようになる。
1981（昭和 56）	12 月、ニュータウン事業区域からの農地除外を求める住民ら「寺沢・引切地域の環境と生活を守る会」結成。	東京都による 19 住区の計画変更作業が本格化。
1982（昭和 57）		2 月、東京都、「19 住区の取り扱い方針」提示。酪農集約区域 4.4ha と保留地区 12.2ha、19 住区から除外。8 月、19 住区事業計画変更承認。

昭和初期	少なくともこの頃には、禁止されていた引切のどんど焼きが再開されている。	
1950年代	この頃、堀之内の主産業となっていた養蚕や目籠生産が急速に衰退する。寺沢ではねぎ生産を特産品として拡大。	この頃からエネルギー革命が進行。次第に薪炭需要が低下していく。
1955（昭和30）		この頃から、高度経済成長期が始まる（～1973年頃）。
1958（昭和33）		七生村程久保に多摩動物公園開園。堀之内では多摩動物公園の工事に携わる住民が多く、地域で農業以外の仕事が広がるきっかけとなる。
1960年代前半	寺沢ねぎの生産急減。酪農がそれに代わる主産業として寺沢を中心に広がる。	1961年頃から、東京都首都整備局によって南多摩郡の多摩丘陵域内に住宅整備を行う計画が進む。
	この頃、引切では再開していたどんど焼きが再度休止される。	
1963（昭和38）		7月、新住宅市街地開発法の成立。東京都、多摩丘陵において同法を活用した「新都市建設」の計画を具体化させ、多摩ニュータウン計画につながっていく。
1964（昭和39）	由木村、八王子市に吸収合併される。堀之内区も八王子市の慣例に倣い、堀之内町会と改称。	
1965（昭和40）		12月、多摩ニュータウン計画、都市計画決定。
1968（昭和43）	堀之内町会の部会として体力づくり部結成。盆踊りなどが企画される。以降、堀之内町会は部会制を採用し、部会が増設されていく。	
1969（昭和44）	誨育学校旧校舎、老朽化のため解体。	
1971（昭和46）	誨育学校旧校舎に代わり建設された堀之内会館が完成。	東京都、多摩ニュータウン計画を集落部については区画整理事業による開発へ変更。由木土地区画整理事業都市計画決定。

1884（明治 17）	1 月、堀之内村議会、入会林野売却を村民に諮る。売却案は否決され、実施されず。	8 月、御殿峠にて武相困民党事件の発生。堀之内村からも参加者か。
	7 月、元入会林野の殿藪が開墾されて畑となる。	
1889（明治 22）	4 月、堀之内村、周辺 10 ヶ村と合併し由木村成立。堀之内村は自治会・堀之内区へ改組。堀之内村の入会林野は堀之内区へと移管。	
1900 年代	遅くともこの頃には入札によって住民が堀之内区に代金を支払うことで、入会林野の利用を行う形式が確立していたと思われる。	
	この頃の日影・番場のどんど焼きは力石の持ち上げ等、盛大に行われるものだった。	
1903（明治 36）	堀之内区、隣村住民の手に渡っていた山林を買い取り、共有地とする。	
1910（明治 43）		この年から部落有林野統一政策が始まるが、堀之内の入会林野は大字の共有地という形態を維持した。
1915（大正 4）	在郷軍人会堀之内会員によって学校林にヒノキが植林される。	
1918（大正 7）	誨育学校、右記の政策のために廃校。旧校舎は分教場として存続。学校林は堀之内・別所両区の共有地となる。	この頃、村の小学校を一校とする学校統廃合政策が実施される。
1920（大正 9）	旧誨育学校の仮教室廃止。旧校舎は堀之内区の集会場として利用（現在の堀之内会館に至る）。	
	この年から翌年にかけて、「中沢」「土橋」の入会地分割が実施された後、開墾され、「オチアラク」「小山田アラク」と呼ばれる畑になる。	
1927（昭和 2）	堀之内への電気供給が開始される。	

1873（明治 6）	学制の施行を受けて筆学所閉鎖。誨育学校設立。	大蔵省、官林の払い下げを停止。開墾を念頭に置いた士族への払い下げは以降も続く。
1873 ～ 1875 頃	村内の入会林野（秣場）の一部に学資のため、雑木を植樹。	
1875（明治 8）	北八幡神社の神社林など、社寺林が上知令によって官有林化。4 月～ 10 月、堀之内村、誨育学校校舎新築を名目に旧神社林の払い下げを神奈川県に繰り返し申請。	上知令の発令。
	堀之内村において地租改正の実施。堰山は村に無関係の士族所有とされる。	
1877（明治 10）	堀之内村、堰山を買い戻し村の共有地に編入。	
1878（明治 11）	堀之内村で官民有区分事業が実施される。しかし採草地 6 畝あまり以外は官有地化されず、村の共有地として維持することに成功。	
	5 月、堀之内村と別所村合同で再度旧神社林の払い下げを申請。8 月、神奈川県より認可。	
	9 月、豪雨により大栗川氾濫。誨育学校校舎はじめ村に甚大な被害。	
1880（明治 13）	5 月、堀之内村、大規模な入会林野整理を実施。殿藪、峯松の一部が村民 10 名に売却される。一方、民有地を堀之内村が買い上げ共有地としたうえで、そこに誨育学校新校舎建設。	
1881（明治 14）	誨育学校（堀之内村と別所村）、旧神社林を学校林とすることを神奈川県に申請。認可される。	
1882（明治 15）	年末頃より右記緊縮政策の影響により、堀之内村に深刻な農村不況の発生。	蔵相松方正義、緊縮政策の実施。
1883（明治 16）	堀之内村議会、峯松（のちに堰山も追加）を除く入会林野をすべて売却し、預けた共有金から得た利益を税金充当する議案提出。	

1790（寛政 2）	堀之内の道祖神碑で唯一造立年が明確な、中・下寺沢の道祖神碑が造立。	
天保年間	幕領代官中村知剛が「中沢」「土橋」等の見分の実施。村々は秣場として残すことを要望。	
1850（嘉永 3）	御林「峯松」にて林野利用をめぐり相給村落間の紛争が発生。	
1859（安政 6）	落合村上組が秣場への漆の植樹を企図。堀之内村等の反発により失敗。	
1861（文久元）	誨育学校の前身となる筆学所の創立。	
1866（慶応 2）	12 月、堀之内村ほか 6 ヶ村、秣場開発の免除を求める書面を提出。	幕府による「慶応二年開墾奨励令」の実施。
1867（慶応 3）	8 月、佐右衛門ら、江戸へ出府し秣場開発免除を韮山代官所へ出訴。その後差し戻しとなる。	
	11 月、佐右衛門ら、勘定奉行小栗忠順に対し越訴の決行か？	10 月、徳川慶喜、大政奉還の決断。
	12 月、一部入会林野の開発を受け入れ、林畑とする妥協案の調整。	
1868（慶応 4）	3 月、入会林野分割交渉の難航。その後入会林野開発計画は立ち消えに。	1 月、鳥羽・伏見の戦い。2 月、韮山代官江川英武、新政府へ降伏。
	7 月、勝田知行地を除く 3 給が上知。明治新政府の直轄地となる。	5 月、江戸開城。
（明治元）	10 月、堀之内村、武蔵知県事古賀定雄に対し御林利用の継続を要望。	9 月、江戸を東京と改称。10 月、明治改元。
	12 月、御林利用が差し止め。大蔵省の所管へ。	
1870（明治 3）	7 月、残っていた勝田知行地が上知。堀之内村の相給村落状態が完全に解消。	
1872（明治 5）	この頃、官林とされていた峯松、殿藪を堀之内村が買い戻す。	学制施行。宿駅制度の廃止。大蔵省、官林の払い下げを積極化。

年表：本書に関連する堀之内の環境史（近世以降）

西暦（元号）	堀之内で生じた事象	堀之内に影響を与えた外部社会の事象
1590（天正 18）		小田原合戦で北条氏直が豊臣秀吉に降伏。関東は徳川家康の支配下に入る。
1596（慶長元）	北八幡神社、徳川家康より朱印状を得る。「境内山林竹木」の「諸役免除」を認められる。	
1599（慶長 4）	土豪井上七兵衛が刑死。井上氏一族が堀之内村から退去。土豪中心の村落運営体制の終焉？	
1603（慶長 8）		徳川家康が征夷大将軍に就任。江戸幕府の創設。
慶安年間	この頃の堀之内村の村高、202 石 8 斗 6 升。	
1664（寛文 4）	堀之内村、日野助郷村に組み入れられ、以降「御伝馬」の飼養義務が発生。	
1665（寛文 5）	寛文検地の実施。この時堀之内村の村高が 593 石 2 斗 3 升 9 合へと急上昇。	
寛文～延宝年間	当時堀之内村を領していた土屋数直により、御林「峯松」が植樹される。	
1689（元禄 2）	秣場「中沢」が記録上はじめて登場。	
1706（宝永 3）	堀之内村で分郷が行われ、以降相給村落として分割統治される。	
1722（享保 6）	秣場「土橋」が記録上はじめて登場。	徳川吉宗、享保の改革の一環として武蔵野の大規模新田開発を開始。
寛保年間	幕府役人萩野藤八郎が「中沢」「土橋」等の見分の実施。村々は秣場として残すことを要望。	
1764（宝暦 4）	堀之内村御林から材木商が木材伐出。相給村落間で異なる対応で紛争発生。	

【ま行】

【や行】

【ら行】

【た行】

【な行】

【は行】

事項索引

【ま行】

【や行】

【わ行】

人名索引

著者紹介

岡田　航（おかだ　わたる）

尚絅学院大学総合人間科学系准教授。専門は環境社会学、地域社会学。2018年東京大学大学院新領域創成科学研究科単位取得退学。博士（環境学）。日本学術振興会特別研究員PD（立教大学）などを経て、2023年より現職。
おもな著作に
「都市農地保全をめぐる地元農業者の論理」『ソシオロゴス』46号（2022年）、「村落における入会林野の多義的な利用が持つ意味」『村落社会研究ジャーナル』24巻1号（2017年）、「「里山」概念の誕生と変容過程の林業政策史」『林業経済研究』63巻1号（2017年）など。

里山と地域社会の環境史
多摩ニュータウンにおける社会変動と〈根ざしなおし〉

初版第1刷発行　2025年2月28日

著　者　岡田　航
発行者　堀江利香
発行所　株式会社　新曜社
101-0051　東京都千代田区神田神保町3-9
電話 (03) 3264-4973 (代)・FAX (03) 3239-2958
e-mail : info@shin-yo-sha.co.jp
URL : https://www.shin-yo-sha.co.jp
組　版　キヅキブックス
印　刷　新日本印刷
製　本　積信堂

ISBN978-4-7885-1872-8 C3036

新曜社の本